青弓社ルネサンス
7

# 〈こっくりさん〉と〈千里眼〉・増補版

日本近代と心霊学

一柳廣孝
Hirotaka Ichiyanagi

青弓社

〈こっくりさん〉と〈千里眼〉・増補版——日本近代と心霊学／目次

# 第2部　その後の〈こっくりさん〉と〈千里眼〉

## 第1章　千里眼は科学の分析対象たりうるか

カバー装画――村上辰午郎『村上式注意術講話』（明文堂、一九一五年）と小島百三編『人身電気の図画――一名・コックリサンの理解』（小島百三、一八八六年）から
装丁――神田昇和

# 第1部　〈こっくりさん〉と〈千里眼〉

# はじめに

## 近代の疲弊

### 友人に起きたタタリ

現在、私たちのまわりには「霊」に関する情報が充満している。さまざまなメディアを媒介にして、「霊」をめぐる物語は膨張し続けている。それらは、民話的な定番を土台にするものから、リアリティーにあふれた個人的な体験に根ざすものまで、多種多様な形態をとる。例えば、口裂け女、人面犬、幽霊屋敷の訪問談、「こっくりさん」の体験談などだ。

「こっくりさん」に関する話は、小学校・中学校時代に、複数の友人とおこなったという話が多い。言い換えれば、高校時代以降、一人で初めて「こっくりさん」をやってみた、という話は、ほとんどない。また、そこには必ずなんらかの「たたり」が作用する。友人が狐の霊に取り憑かれた、突然友人が失神した、精神病院に収容された、などだ。

ただし、このようなヤバイ状況に陥るのは、語り手ではない。たたられるのは、必ず語り手の「友人」である。そして、「たたり」の背後には、不可思議な存在、端的にいえば、悪質な「霊」が存在する。流通する物語のなかで、たいていの解釈はそこに行き着くことになる。

もちろん、これらの「体験談」は、他人に披露するというコミュニケーション・システムのなかで、しばしば「物語」に転化している。「こっくりさん」をめぐる話が「友人に起きたタタリ」の話に収斂《しゅうれん》し、語り手が傍観者、第三者の立場から動かないのは、ある意味での虚構処理のたまものだろう。話は「おもしろい」ほうがいい。そのために、より「おもしろい」解釈へと流れる傾向がある。だからこそ、不思議な体験は「霊」の物語として位置づけられていくのだろう。

しかしなぜ、これらの「体験」は、しばしば「霊」の物語に回収されてしまうのだろうか。それは、私たちの常識を形成している、近代科学合理主義と真っ向からぶつかりあう。このような傾向について、オカルト・ブームの表れの一つにすぎないと切り捨てることは簡単だ。だが、ことはそう簡単ではない。このような現象は、おそらく「近代」が抱え込んでしまった問題を象徴するものなのだ。

言い方を換えれば、「霊」が現実化したのは、近代日本に「科学」が導入されたためである、ということだ。その意味では、現代しきりに科学への懐疑、近代への懐疑が語られることもまた、オカルト・ブームと裏表の関係にある現象なのだ。明治以降、近代化の進展とともにときおり浮上する不可思議なノイズ。それは具体的には、一八八七年前後の「こっくりさん」の流行、一九〇〇年代（明治三十年代後半）の催眠術の流行、そして一〇年に始まる「千里眼事件」などである。

このような「科学」に対するノイズの一つとして、現在のオカルト・ブームを位置づけることができる。それでは、このようなノイズは、どのような条件のもとに発生するのか。まずは、現在の状況の背景にあるものを概観しておこう。

## 薄暗い教室の片隅で

一九七〇年代以降、いわゆるオカルト関係の番組が、しばしばテレビ・メディアで取り上げられるようになった。そこでは透視、予知、霊の存在証明、さらには催眠術などがメインに据えられている。そして、ほぼ同様の現象は、漫画の世界にも色濃く見いだすことができる。いわゆる、心霊漫画の登場である。

「霊」をめぐるさまざまな設定を漫画の世界へ導入し、広くアピールしえた最初の漫画家は、おそらくつのだじろうである。彼が「週刊少年チャンピオン」に『恐怖新聞』（一九七三―七五年）を、また「週刊少年マガジン」

に『うしろの百太郎』（一九七三―七六年）を連載し始めたのは、七三年だった。この時期は、「こっくりさん」の爆発的な流行が、しばしばマスコミで取り上げられた時期と一致している。

つのだの、学校を主な舞台とする作品群は、なにげない日常のすぐそばに存在する霊的世界の恐怖を、強烈なイメージ形成力によって描き出した。またそれは、学校に伝承されてきたさまざまな怪談、例えば「トイレの花子さん」「深夜ひとりでに鳴る音楽室のピアノ」「笑う校長の肖像画」「赤い紙白い紙」などの伝承に、リアリティーを与えていった。そして、学校の日常を反転させるつのだの漫画のシステムは、「こっくりさん」の流行と無縁ではない。

教師に代表される教室的・日常的な秩序は、突然襲いかかってくる理解不能の存在によって、容易にひっくり返ってしまう。そのような状況を、つのだの漫画はリアルに再現してみせた。日常のなかへ「他界」を呼び込む簡単なシステム、「こっくりさん」。それは、つのだが描いてみせた「他界」に自ら参入するための儀式である。こうして「こっくりさん」は、いまなお薄暗い教室の片隅で、ひそかに子どもたちを魅了し続けている。

ところで、つのだ以降のオカルト漫画の隆盛は、高度経済成長時代以降の特色である。高度経済成長の時代とは、世の中から闇の空間が消え去り、空間がどんどん均質化されていった時代である。それは同時に、日常のなかから不思議なこと、怪しいこと、異常なことが淘汰されていった時代でもある。

「科学」の万能性が経済の成長と同一の文脈のもとに語られ、現実＝日常はより強固になる。こうして空間と同様、人々の発想、想像力もまた限定されていく。子どもたちは塾通いを強いられ、「勉強」というレールのうえで日常を積み重ねていく。これが日常であるならば、そんな日常を無化させてしまうような強力な「理屈」が浮上してくるのは、当然のなりゆきであったろう。

また、高度経済成長時代は、高度にシステム化され、管理化された社会を生み出した。このような社会システムのなかでは、自分のいまいる位置から、将来的にどのようになるかが、ある程度予測できてしまう。ちまたの雑誌には、サクセス・ストーリー、シンデレラ・ストーリーが満ちあふれているにもかかわらず、その「物語」

の虚しさに、人々はため息をつく。サクセス・ストーリーも、シンデレラ・ストーリーも、めったにないからこそ、記事になる。だからこそ、人々の欲望を誘う。

## 「考える」ことは罪である

しかし、もしも人間が幸福を希求する動物であるとして、将来自分が獲得できるであろう「幸福」の量に満足できなかったら、どうだろう。そして、サクセス・ストーリーもシンデレラ・ストーリーも、いまの自分には縁がない。必殺のワザは、価値観の枠をズラすことだ。「社会内における幸福」という価値観の枠組みを逸脱して、社会を超えたなにものかに、新たな幸福を委ねればいい。そのとき、「社会」の常識を支配してきた近代の科学的・合理的思考は、音を立てて崩れていく。

そして、現実に私たちのまわりには、明確な価値観など存在しない。近代以降、新たな宗教が次々に登場したのは、明治維新前後、第二次世界大戦後、そして現代だといわれている[1]。日本のなかに「近代」が導入される時期、それまでの「日本」が崩壊した時期、そして「近代」そのものに不安なまなざしが投げかけられている「いま」だ。

固定した価値基準にのっとって生きることは、楽なことかもしれない。自己の人生観、価値観は、既存の価値観のうえに築いていけばいいのだから。しかし、世の「常識」が存在しない時代には、すべてを自前で作らなければならない。これは、しんどい。そしてこのときに、人間を超越したなにものかが指示してくれる、というスタイルは、非常に魅力的にみえる。

この場合、「考える」ことは罪である。「信じる」こと、これのみだ。そうすれば、本来自分が負わなくてはならない責任をすべて、宙吊りにすることができる。責任は、全部「信じる」対象が負ってくれる。その結果、しばしば自己に帰属するはずのアイデンティティーは全否定され、洗脳された信者の群れだけが残されることになる。

付け加えておけば、現在の社会システムが汚物を排除するシステムであることも、「霊」の流行現象を分析するための重要な指標になるだろう。汚いものには、価値がない。すべて隠蔽しなければならない。そして、現代における最大の汚物とは、人間の「死」である。かつて私たちのまわりには、「死」があった。人々は、家のなかで、家族に見守られて死んでいった。それは、もっともリアルに人の死を教える教科書だった。

私事で恐縮だが、私が三歳のとき、祖父が亡くなった。通夜をすませ、火葬場へ向かった。私も、そのなかにいた。祖父との最後の別れということで、祖父の棺桶が開けられ、花束を添えることになった。その役は、私に回ってきた。私は父親に抱きかかえられ、花束を祖父の遺体の横に置こうとした。その途端に、泣いた。放してくれと泣き叫んだ。

なぜ、そんなにいやだったのか。臭かったからだ。いやな臭いが鼻について、急に怖くなったのだ。また、あんなにかわいがってくれた祖父が、青い色のなにものかに変わっていたのも、怖かった。物心ついて、「あれが死の臭いなんだ。人は死ぬと、青い色のモノになるんだ」と、思った。不思議なほど、いまでもよく覚えている。

現在、ほとんどの人は、病院で死ぬ。身近にあった「死」は、日常的な世界からは消され、病院に隔離されてしまった。死ぬ直前の苦悶、死後硬直、死臭、死斑。これらは、病院で仮に見たところで、家に帰れば平和な日常のなかで解消されてしまう。しばらくして家に帰ってくるのは、お化粧を施され、身じまい正した死体だ。それは、リアルな「死」の実感をきれいに捨象してしまった、なにものかに変わってしまっている。(2)

こうして病院は、すべての汚れを一身にまとう。病院こそは、都会のなかの異界である。霊をめぐるさまざまな逸話が病院のなかに満ちあふれているのは、当たり前なのだ。そして、「死」が隠された日常のなかでは、あまりにも「死」の消滅した世界を補完するかのように、日常のなかの亀裂、「霊」をめぐる物語が大量に生産されている。

このように見るかぎりでは、「霊」を呼び起こしているのは、「近代」という制度の疲弊である。あまりに硬直化した日常。頼るべき価値観の消滅。近代的なシステムにのっとった「死」＝ケガレの排除。その結果、いまや

「霊」は、「近代」のなかのノイズどころか、「近代」そのものの「死」を宣言するかのように、ウイルスと化して増殖し続けているのである。

## オカルトの存在証明

しかし、そもそも私たちにとって、科学的か否かという文脈とは異なるところで、「霊」が身近な存在であったことも事実だ。元来日本は、霊に満ちあふれた国、「多《さわ》に蛍火《ほたるび》の光《かがや》く神」「蠅声《さばえな》す邪《あ》しき神」(『日本書紀』七二〇年)の国だったはずだ。そして祖霊信仰を日本民族の土台と位置づけたのは、柳田国男《やなぎたくにお》だった。

柳田は『先祖の話』(筑摩書房、一九四六年)のなかで「日本人の死後の観念、即ち霊は永久にこの国土のうちに留まって、そう遠方へは行ってしまわないという信仰が、恐らくは世の始めから、少なくとも今日まで、可なり根強くまだ持ち続けられて居る」と述べていた。それは現代もなお、無意識のなかで「空気」のように維持されているように思える。

しかしこのような、日常のなかでは顕在化しない、あたかも「空気」のような信仰の形態は、同時に「常識」としての科学的・合理的思考との矛盾を裏側へ覆い隠す役割を果たしている。だからこそ、「科学」による証明不可能性がオカルトの存在証明であるという、転倒した論理がまかり通ってもいるのだろう。いわば、現代の私たちは、「科学」的な認識と「霊」の問題とを別の次元の事柄として、無意識のうちに「棲み分け」させているのだ。このような屈折の原因は、明治期におこなわれた「霊」の隠蔽工作と関わっている。

一八八八年、三遊亭円朝《さんゆうていえんちょう》は「真景累ケ淵」を、次のように語り出していた。

今日より怪談のお話を申上げまするが、怪談ばなしと申すは近来大きに廃《すた》りまして、余り寄席で致す者もございません、と申すものは、幽霊と云うものは無い、全く神経病だと云うことになりましたから、怪談は開化先生方はお嫌いなさる事でございます。それ故に久しく廃《すた》って居《お》りましたが、今日になって見ると、却《かえ》っ

て古めかしい方が、耳新しい様に思われます。(3)

円朝が皮肉交じりに語る「近代」。文明開化を推進する知識人によって「神経病」へと転化されてしまった「幽霊」が、一八八七年前後に復活しつつあることを、ここで円朝は指摘している。科学的・合理的思考に基づく「近代」のパラダイムが絶対的な価値基準になっていく過程は、言い換えれば、従来の土俗的・民俗的な思考を、「迷信」というマイナスのレッテルによって葬り去っていく過程でもあった。円朝によれば、この時期にはすでに「幽霊」的な存在は、前時代の無知の結晶として過去の遺物とされている。

しかし、このような急速な価値観の転倒は、さまざまな屈折を生み出すことにもなった。「怪談」の復活も、その一つだろう。「却って古めかしい方が、耳新しい様に思われます」という円朝の言葉は、正統に対する影として呼び起こされた「霊」が、そのなかで確固としたポジションを獲得していった様相を物語っている。ただ、それはあくまで「正統」によって生じた付属物にすぎない。そして、「正統」を形成していった大きな原動力は、概念としては「科学」であり、装置としては「国家」である。

## 管理される「霊」

明治国家は、「先祖」を天皇のもとに体系化することで、天皇と国民を直接に結び付けた。いわゆる家族国家観である。川村邦光は、天照大神を頂点とする氏神―祖霊のヒエラルキーが設定され、それにともなって「霊」が体系化、記号化されることで、祖先崇拝の起源に存在した多義的な霊魂観は一元化され、「霊」の文明化＝世俗化が進行した結果、祖先崇拝が天皇教を支える祖先教へと変貌したことを指摘している。

さらに日露戦争(一九〇四―〇五年)後、戦死者が靖国神社に「祭神」として合祀されることで、「天皇教」は完成する。郷土の自然のなかに先祖がとどまり、現世に生きる私たちを見守ってくれているという民俗的な祖先観は、「天皇のための死者」を神として祭るという国家の霊魂管理のなかに吸収されてしまうのだ。

こうして、「天皇教―靖国教―祖先教の三位一体の政治的宗教体制」が確立することで、多義的な「霊」の世界は、一元的な空間の内部に閉じ込められていく。(4) また、このような「霊」の管理は、制度化された「科学」が日本に導入されることでさらに加速化し、進行していった。

明治期の啓蒙運動と国家による教育システムの整備は、新たな世界の価値基準たりうる思考法としての、「科学」のイメージを定着させていった。それは、明治以前の土俗的な思考と、新たなパラダイムとしての「科学」がせめぎあうプロセスでもあった。こうしたせめぎあいのなかから、「こっくりさん」、催眠術、千里眼などの流行が生まれてくる。現代の「こっくりさん」、催眠術、透視などの流行の根っこは、明治にある。また、こうした一連の流れのなかで、「科学」の側から「霊」の研究を進める西欧の動きが、明治期の日本に紹介されてもいる。

十九世紀後半のヨーロッパは、何度目かのオカルト・ブームを迎えていた。その流れは日本にも伝えられ、明治期後半にはエマニュエル・スウェーデンボルグ、ヘレナ・P・ブラヴァツキーの神智学など、さまざまな神秘思想が移入されている。そのなかで「霊」をめぐる科学的研究が注目されたのは、「文明開化」の代名詞である「西洋直輸入」の「科学」が、「霊」の実在証明に取り組んでいるという衝撃性ゆえである。いったんは「迷信」とみなされた「霊」が、「科学」的な考察の対象としてよみがえったのだ。それは、「迷信」を「科学」へ転換する装置となったのである。しかし、明治末期の千里眼事件を経由するなかで、「霊」は再度「科学」によって切り捨てられることとなる。

## 「科学」というパラダイム

このような明治の揺らぎは、現代に至るまでさまざまな形で影響を与えている。それは、「近代」の成立にともなって進行した種々の「制度」の確立と無縁ではない。「科学」の導入は、従来の「宗教」的な見方を「真理」から「迷信」へと転換させた。また、「科学」は「近代」の方向性を示し、それにともなってアカデミズム

＝「大学」もまた、分化、専門化が進んでいった。すべての制度が流動的で、混沌としていた明治期に、「科学」というパラダイムが強烈な規範として作用することで、「近代」という制度の定着は加速していったのである。

しかしそれは、同時に前代の規範を根こそぎ再構成する痛みをともなっていた。その痛みは、おそらく現代にまで及んでいる。制度の成立と、その硬直化にともなう「内部」「心」の問題の浮上である。明治のパラダイム・チェンジにともなうさまざまなノイズの意味と、ノイズの背景に広がる世界的な動向を探ること。それは、現代の状況をあらためて把握するための、「鏡」の役割を果たしてくれるだろう。

注

（1）井上順孝／孝本貢／対馬路人／中牧弘允／西山茂編『新宗教事典』弘文堂、一九九〇年、井上順孝『新宗教の解読』（ちくまライブラリー）、筑摩書房、一九九二年

（2）水木しげる／小松和彦「妖怪談義――あるいは他界への眼差し」「ユリイカ」一九八四年八月号

（3）三遊亭円朝口述、小相栄太郎筆記『真景累ケ淵』井上勝五郎（薫志堂）、一八八八年

（4）川村邦光『幻視する近代空間――迷信・病気・座敷牢、あるいは歴史の記憶』青弓社、一九九〇年

# 第1章　明治のこっくりさん

## 1　「こっくりさん」の流行

### ばらばらになったボールペン

小学校のとき、「こっくりさん」がすっごくはやっていました。私も、友達といっしょにやっていました。そんなある日、クラスのごみ箱に、ばらばらになった赤のボールペンが捨てられていました。赤インクが飛び散ってて。それが一週間、続きました。そのうちに友達が夢を見ました。「こっくりさんをやめろ〜」と、脅される夢です。何日も、同じ夢を見たそうです。彼女がその話をしたので、「こっくりさん」をやめました。そうしたら、ボールペン事件もなくなりました。

N女子大のAさんが教えてくれた、小学校時代のエピソードである。すでに紹介したように、現代では、「こっくりさん」の舞台はほぼ小・中学校に限られている。とはいえ、その影響力は相変わらず、大きい。しかし、明治の「こっくりさん」の流行は、現代とは比較にならないほど広範囲にわたっていた。例えば、次のような描写がそのありさまを示している。

方今《このごろ》狐狗狸さんと称え花街《いろまち》初め市中郡村《まちかたざいけ》のきらいなく家毎にこっくりさんの声かしましく三味《さみ》太鼓ではやしたてそれカッポレそれヘラ〱とこのみしだいに踊り何某《だれ》の年を尋ぬ誰の妻を聞かんと三本脚の盆に片手を掛け居る中《うち》誰か一人の手が草臥《くたびれ》その重みにて自然と盆が傾《かたぶ》き三本脚の中《うち》一本が畳を少し放《はな》れるに依り自分の草臥たる手の重みとは知らず是れぞこっくりさんの来りしなりと人々は漫《みだり》に信ずるなり

大阪周辺に流行する「こっくりさん」の様子を描いたこの一文は、小島百三編『人身電気の図画――一名・コックリサンの理解』（小島百三、一八八六年）による。ほぼ同時期、京都においても「こっくりさん」は大流行している。

此頃《このごろ》同地《どうち》にては彼狐狗狸《かのこくり》が大流行にて新京極辺《へん》には狐狗狸伝授所《こくりでんじゅしょ》という看板を掲げたる方《かた》も出来《でき》又《また》所々に之に用いる三本の竹を売る家も多く出来しが蛸薬師《たこやくし》の寺町南へ入七宝堂《いるしちほうどう》は其《その》効用を版木《はんぎ》に彫り印刷して売出《うりいだ》したるを下京警察にては之を取押えられ狐狗狸竹《こくりだけ》を売捌《うりさば》きたる噺家《はなしか》の松助《まつすけ》を始め七名の者も亦《また》同署にて当時取《とり》調中《しらべちゅう》なりという

一八八六年七月十六日付「朝日新聞」に掲載された記事である。八五年以降、「こっくりさん」はあっという間に全国をかけめぐっていた。

「こゝもコクリ、かしこもコクリ、東西南北至るところコクリの大流行なり」と「団団珍聞《まるまるちんぶん》」が報じたのは、一八八六年四月二十四日。

十七歳の巌谷小波《いわやさざなみ》が「こっくりさん」を試みたのは、一八八七年一月二十六日。彼の日記によれば、七歳の外国の女神がやってきて、姉の出産の時期や試験の結果など、いろいろ質問に答えてくれたという。「こっくりさん」の大ブームは、八七年から八八年にかけて、そのピークを迎えている。

## アメリカからの輸入品

しかし、そもそも「こっくりさん」が最初に、いつ、どこに現れたのかは、いまひとつはっきりしない。いくつかの説は、ある。約三百年前にすでに日本に伝わっていて、日本で最初に「こっくりさん」をおこなったのは織田信長であるとするもの。薩摩から発生したものであるというもの。キリシタンが伝えた邪法であるというもの。明治維新の際に、アメリカにいた日本人が持ち帰ったものであるという説もある。しかしこれらの説は、一八八七年前後の「こっくりさん」の流行に、直接関わるものではなさそうだ。

よく知られているのは、明治の妖怪博士とうたわれた井上円了《いのうええんりょう》の説明である。円了の調査によれば、「こっくりさん」流行のスタート地点は、伊豆下田。一八八四年ごろ、伊豆下田沖で難破したアメリカの帆船乗組員が、下田に滞在中当地の人々に伝えたという。そして、下田にいた各地の漁師たちが、この遊びをそれぞれの母港にもたらした。

その原型は、アメリカ、ヨーロッパで爆発的に流行していたテーブル・ターニング（テーブルを囲んだ出席者が、テーブルの動きによって、未知の存在と通信をおこなうもの）であるという。かくして「こっくりさん」は、全国に猛烈なスピードで伝わっていったと、円了は言う。(1)

しかし、これ以外の説もある。

例えば、一八八四年にアメリカで大流行していた「こっくりさん」が、翌八五年に横浜に伝わった結果、この遊びに品川の芸娼妓たちが熱中し、「狐狗狸《こくり》さん」という名前をつけたとするもの。先にあげた『人身電気の図画』が主張する説である。

もう一つは、凌空野人《りょうくうやじん》編『西洋奇術　狐狗狸怪談――一名西洋の巫女』（イーグル書房小説部、一八八七年）によるものである。この本は、次のような説をあげている。

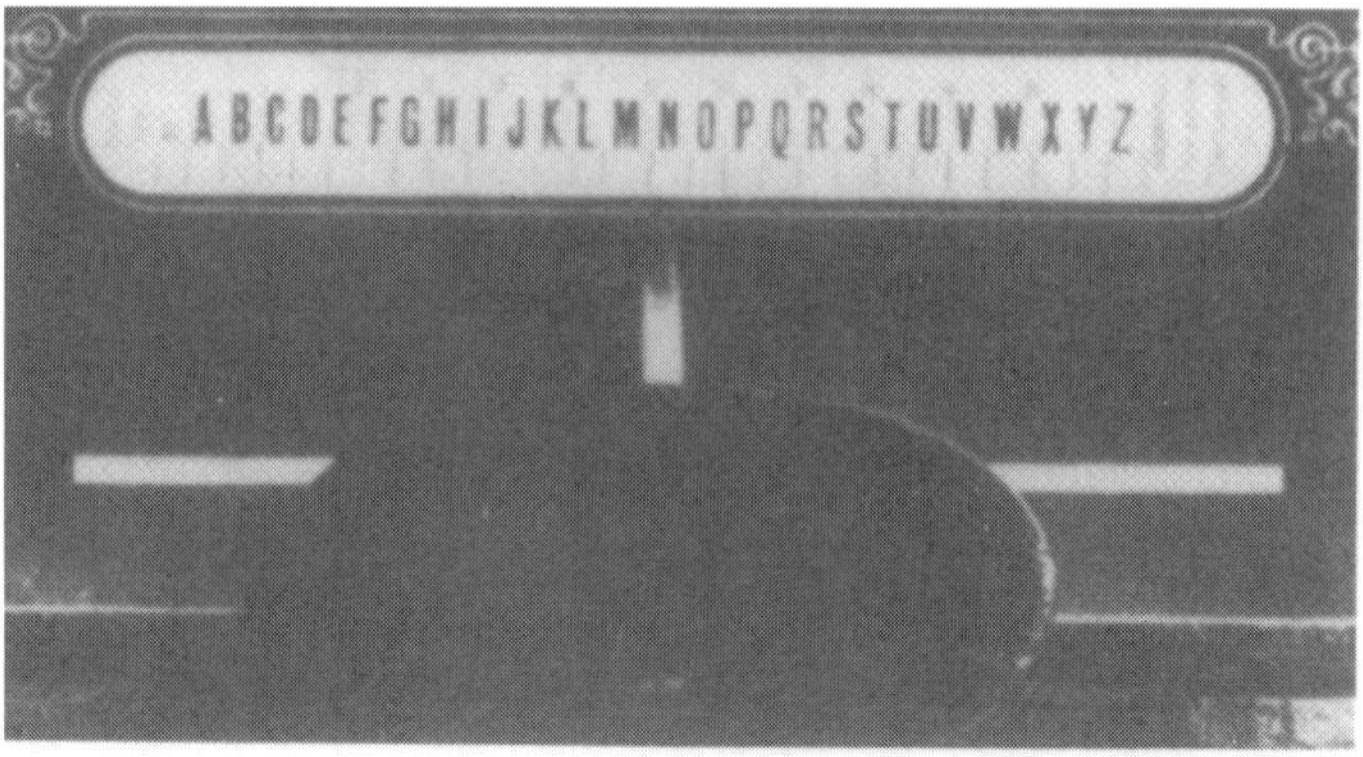

図1　ウィジャ盤

アメリカに留学していた理学士の増田英作《ますだえいさく》が、一八八三年、アメリカから「こっくりさん」の専用台を持ち帰った。彼は翌八四年、数人の友人とともに新吉原《しんよしわら》の引手茶屋《ひきてぢゃや》、東屋で「こっくりさん」をおこなった。それが日本で「こっくりさん」を試みた第一号だったというのだ。

また、「こっくりさん」の命名者も増田であるという。増田は当初、おそらく「道理を告げるもの」というニュアンスで、「告理《こくり》」と名づけた。しかし、それがいつしか「こっくり」になり、その愛好者が「狐狗狸」の漢字をあて、さらに敬称の「様」をつけるに至ったという。

ちなみに、『西洋奇術 狐狗狸怪談』はひどく円了を意識している。同書は、「ある文学士」による「こっくりさん伊豆下田起源説」を紹介して、はなはだしい間違いだと言い切る。さらに、僧侶で学位を持っているようなやつは、吉原なんて行ったこともないだろうから、東京の「こっくりさん」の流行を見落としたんだろう、と揶揄したりしている。やたらに「文学士」の称号にこだわっているところをみると、円了の学歴が気にくわなかったのかもしれない。

ともあれ、この三つの説に共通しているのは、「こっくりさん」がアメリカからの輸入品であるという指摘だ。テーブル・ターニング、あるいはアメリカで流行していたウィジャ盤（アルファベットと数字を記した盤。三脚指示器の上に手を置き、自然に動きだした指示器が示す文字によって文章がつづられるというもの。その起源は古く、古代ギリシャ、ピタゴラスの時代までさかのぼれるという）、プランセット（小さな脚輪がついたハート型の板。ハートの前面の一カ所に鉛筆を差し込み、装置に触れていると自然に動いて文字をつづるというもの。一八五三年にフランスで発明され、一八六九年にアメリカの玩具メーカーが販売。アメリカ、イギリスで大流行した）が日本にもたらされ、そこに日本の伝統的な憑物信仰がドッキングしてアレンジされたもの、それが明治の「こっくりさん」だったらしい。

## 言うに云われぬ面白味

付け加えておけば、一九〇七年前後には、日本でもプランセットが販売されている。発売元は、博士書院。仕掛け人は、催眠術研究家から霊術家へと転身を遂げ、博士書院という出版社まで作ってしまった古屋鉄石《ふるやてつせき》（景晴）である。ちなみに彼は、霊界廓清同志会編『破邪顕正 霊術と霊術家』（二松堂書店、一九二八年）にも、精神研究会会長として紹介されている。霊術家として活動した期間からいえば、もっともキャリアの長い一人だろう。

ともあれ、「男女身の上予言不思議に当る」「言うに云われぬ面白味あるプランセット」というキャッチ・コピーのついている広告文の内容は、次のようなものだ。

図2　プランセット

> 本具は一種の玩具に過ぎざるも、催眠心理学上の実験具、家庭娯楽の滑稽具として米国の家庭にては必ず一個を具うると云う、依て本院にては米国より原物を取り寄せ、原物に違わぬ様模造し同好の士に分ちたるに、幾何もなくして面白き結果を得たりとの報告続々あり、本院実験用として製造せしもの余分あり、何人にも直に使用し得らるゝ様使用法を附して希望者に分譲す。

さて、再び一八八七年前後の「こっくりさん」に戻ろう。アメリカ経由の「こっくりさん」は、どのようにアレンジされて流行していたのだろうか。

## こっくり、こっくりと傾く

まず、生竹を三本用意する。その三本の竹の中央をひもで三叉に結ぶ。その上に飯櫃《めしびつ》の蓋を載せる。これで装置は、できあがり。

次に、この装置の三方に、三人が向かい合わせに座る。片手、あるいは両手で飯櫃の蓋を軽く押さえる。一人がおもむろに、こう唱える。「こっくりさまこっくりさま、お移りくだされお移りくだされ、さあさあ早くお移りくだされ」。するとおもむろに、装置が動きだす。「こっくりさん」がやってきたのだ。そこで、「こっくりさん」と約束を交わす。例えば、装置が右に傾いたら「はい」、左に傾いたら「いいえ」という具合に。三人は、次々に質問を浴びせかける……。

円了の報告する「こっくりさん」のシステムである。ほかにもさまざまなバリエーションがあったらしいが、この形が基本形のようだ。この装置のイメージからいうと、移入時の「こっくりさん」は、テーブル・ターニングの変形であった可能性が高い。付け加えておけば、円了は「こっくりさん」語源説として、この装置がこっくり、こっくりと傾くことから「こっくりさん」、または「御傾《おかたぶき》」と名づけられたと説明している。

また、「こっくりさん」への呼びかけの文句も、さまざまなバリエーションがあった。橋本万平氏によれば、一八八七年の春に東京で出版された一枚刷り『幼童遊流行こっくり踊り』には、次のような文句が記されているそうだ。「こっくりさん、こっくりさん、おいでなすってください。おいでなすったら、このあしをもちあげてください。おいでなすったら一ツおどってください。かっぽれならこっちのあし、かんかんのうならこっちのあし[2]」。

以降、「こっくりさん」はさまざまに形を変えながら、現在に至っている。五十音、数字などを記した紙の上に、割り箸で作った小型の三叉を置き、その三叉に数人が指を添えて「こっくりさん」を呼び出す。現れたら質問をして、移動する三叉がつづった文章で答えを知るという方式（この時点で、テーブル・ターニングの要素にウィジャ盤の要素が加わっている）。例えば戦時中、福岡で「神風は吹くのか」などと「こっくりさん」に尋ねたという回顧談にも、この形式が使われている。(3)

このような形式と並行してみられるのは、三叉の代用品として杯、筆記用具、硬貨などを用いる方式である。最近では、「こっくりさん」が行為者に乗り移り、行為者が直接文字を書く自動筆記法とか、行為者に乗り移った「こっくりさん」が、行為者の口を借りて語る直接対話法などもあるようだ。(4)

筆者も、中学生のころに「こっくりさん」をやってみたことがある。「こっくりさん」が入って出ていくという鳥居、五十音、数字などが書いてある紙と、十円硬貨を使うポピュラーな方式だった。三人が十円硬貨を人さし指で押さえて、「こっくりさん、こっくりさん、おいでください」と唱えた。しかし、十円硬貨はぴくりともしない。で、ばかばかしくなって、やめてしまった。

しかし、やめたら、いっしょにやっていた女の子に怒られた。「途中でやめたら「こっくりさん」にたたられるから、鳥居のところまでやらなくちゃだめ！」というのだ。慌てて、三人がもう一度十円硬貨を押さえて、力づくで鳥居のところまで十円硬貨を移動させた。彼女は、真剣に怒っていた。そっちのほうが、怖かった。たしか、たたりはなかった、ような気がする。

## もっともトレンディーな遊び

現在おこなわれている「こっくりさん」は、どちらかといえば、「怖いもの見たさ」的な要素が大きい。動物霊、悪霊、地縛霊、浮遊霊……。やってくるものの「名前」は、なんでもいい。

ただ、それは確実にコワイものである。「呪い」「たたり」と隣り合わせの、スリルとサスペンス。そうした恐怖感を取り除くために、「エンゼルさん」「キューピットさん」などといった、かわいらしい名称で「こっくりさん」の装いを変えていたりもする。しかし、明治期に「こっくりさん」を楽しんだ人々は、「怖いもの見たさ」

の好奇心だけで、のめり込んでいたわけではないようだ。むしろそこでは、娯楽的な要素が非常に大きい。

まず、「こっくりさん」はお手軽だ。装置は簡単に作れる。誰でも、やろうと思えばやれてしまう。自分でやるなら、無料である。巫女さんとか拝み屋さんとかに、金銭を払って自分の運命などを聞かなくていい。

さらに、普段は縁もゆかりもない超自然的存在が、気軽に自宅の茶の間まで出張してくれる。こちらの下らない質問にも、気安く付き合ってくれる。まるで、神様の宅配だ。たまには、外国の女神様まで来てくれる。いっしょに、踊ってくれることもある。そして、「こっくりさん」そのものが舶来ものである。とっても、物珍しい。

つまり明治の「こっくりさん」とは、子どもから大人まで、誰でも簡単に参加できる託宣システムなのである。そしてそれは、アメリカからやってきた、もっともトレンディーな「遊び（カウンター・カルチャー）」でもあったのだ。

しかし、「こっくりさん」がなにものなのかは、当時から大きな謎の一つだった。いくつかの、代表的な見方があった。まず、人間以外の超自然的存在だとするもの。いわゆる「鬼神」の類いである。次いで、人間を化かすといわれてきた動物の仕業であるとするもの。「鬼神」なんて偉いものが、そう簡単に庶民のお茶の間に登場してくれるはずがない。せいぜいやってくるのは、狐や狸の類いだろうと考えたのである。「狐狗狸」の語源の一つは、ここにある。三つ目には、電気作用であるとするもの。最後に、参加者の誰かが、意識して装置を動かしているにすぎないというもの。

当時考えられていたこれらの代表的な意見を、かたっぱしから否定したのは井上円了である。円了は、こう考えた。まず、「鬼神」がなにものなのかは、いまだに解明されていない。したがって、「こっくりさん」の原因を「鬼神」といったところで、なんの説明にもならない。

次に、狐や狸が人を化かすというのは、単なる迷信である。また、電気と装置の関係がはっきりしないから、原因は電気でもない。では、参加者の誰かが意図的に動かしているのか。自分で実験してみたが、それは認められなかった。よって、参加者の意図的な操作でもない。

## 思い込みに基づく

ならば、真の原因はなにか。

円了は、自らの実験結果から、次のことがわかったという。「こっくりさん」は、知識人がおこなうよりも、教育の乏しい者のほうがよく動く。「こっくりさん」は、過去の出来事についてはよく的中するが、未来の予言はしばしば外れる。また、「こっくりさん」をおこなう際には飯櫃、茶盆など、竹の上に置く道具には必ず手を触れていなければならないのだが、竹の上に置く道具は、動揺したり、回転したりしやすい。

以上の点から、円了は次のような結論を出した。まず、装置自身の問題。三本の竹の上に、比較的重い飯櫃の蓋などを置く装置が、すでに動きやすいものであるということである。次に、「こっくりさん」をおこなう人間の側の問題。「こっくりさん」が来ているという思い込みが、無意識のうちに筋肉を動かすということである。そして、この二つがドッキングすれば、こうなる。つまり、誰でも多少の時間、空中に手を浮かべてなにかを支えようとすれば、必ず手が動く。また、「こっくりさん」をおこなっている何人かのうちで、一人でも手を動かせば、その動きが他人に伝わり、はなはだしい動きになる。さらに、その動きを見て動揺した人間に動きは伝わり、どんどん大きくなる。

冒頭にあげた引用でいえば、「三本脚の盆に片手を掛け居る中誰《うち》か一人の手が草臥《くたびれ》その重みにて自然と盆が傾《かたぶ》き三本脚の中《うち》一本が畳を少し放《はな》れるに依り自分の草臥たる手の重みとは知らず是れぞこっくりさんの来りしなりと人々は漫《みだり》に信ずるなり」の部分が、円了の説明と重なっている。

こうして、「こっくりさん」は無意識の思い込みに基づく、無意識の筋肉の動きに原因があると、円了は言い切るのだ。だからこそ、比較的思い込みの激しい婦人、子どもがおこなう場合には、「こっくりさん」はよく動く。その半面、冷静さ、客観性を身上とする知識人には起こりにくい。また、円了は「こっくりさん」の背景、セッティングの問題にも言及している。「こっくりさん」をおこなえば、なにやら妖しげな存在がやってくるものだと思い込んでいる人々が、いかにも、という雰囲気のなかで「こっくりさん」をおこなう場合、この装置はもっとも円滑に動くのである。

円了のこの説明は、現在においてもほぼ認められている。一種の集団自己催眠であり、その結果としての、筋肉の無意識作用によるというものである。テーブル・ターニングの原因として、物理学者のマイケル・ファラデーが採用した説である。

## 「人身電気」説

さて、ここまで見てきて気になるのは、どうも「こっくりさん」が世界的な流行現象の一環だったらしい、という点である。それがよくわかるのは、先ほどあげた『西洋奇術 狐狗狸怪談』の「こっくりさん」の説明だ。同書は、「こっくりさん」の原因を分析するにあたって、再び円了との比較を試みる。そして、円了の無意識作用説を紹介して、「頗《すこぶ》る綿密に論じたるは有繋《さすが》本色を現わして」いる、と一応評価しながら、すぐさま「なれども米国に於ては是を専ら人身電気の作用に帰したり」と記す。問題は、この「人身電気」だ。

同書によれば、「こっくりさん」は「人身に有る電気（すなわち Human-Electricity）の作用《はたらき》に拠《よ》りて活動するものにして原名スピリチュアリズム（Spiritualism）と謂い宛然《さながら》我邦《わがくに》の往時《いんじ》巫女《いちこ》の口寄を為す如く米国に於て若き男女の間に愛玩《もてはや》さるゝ一種の遊戯《ゆうぎ》」である。またそれは、「メリメリズム《(ママ)》」、または「スピリチュアリズム」と呼ばれていて、「人の面《おもて》を撫《なで》て睡眠《ねむり》を催さしめ施術者の心の儘に活動《うごか》す奇術と類似《により》て之と一対の奇術」なのだと説明している。

要するに、『西洋奇術 狐狗狸怪談』が説明する「こっくりさん」とは、「人身電気」の作用に基づく、催眠術に似た現象なのである。しかし、同書の説明は非常にわかりにくい。「メスメリズム」も「スピリチュアリズム」も、また、肝心の「動物電気」についても、はっきりした説明がなされていないからだ。

たしかに、「催眠術はメスメリズム又はスピリチュアリズムと称《とな》えて英国などにては」「一種の奇術として」見せ物になっているが、もともとは学問的なもので、医学上必要とされているものだ、という説明はある。しかし現在、催眠術、メスメリズム、スピリチュアリズムは、それぞれ独立した用語として流通している。そのため、こうした説明の妥当性を疑わざるをえなくなる。

　おそらくこうした説明の背景には、科学的に説明しにくい現象に出くわしたとき、すべて「電気」のせいですませていたという、明治の風潮も影響しているのだろう。円了はいっている。「近来電気説一たび世に行われてより以来、一時は彼も此も皆電気の作用に帰し、苟《いやしく》も了解し難き妖怪不思議あれば、悉《ことごと》く之を電気の作用なりと謂うに至れり」。それにしても、『西洋奇術 狐狗狸怪談』は、用語の整理がなされないまま強引にまとめているため、いまひとつ説得力に欠けることは否めない。

　だが、少々話が入り組んでしまうのは、『西洋奇術 狐狗狸怪談』の「こっくりさん」の説明が、まったく間違っているというわけでもないことだ。実は、『人身電気の図画』もまた、「こっくりさん」の原因を「人身電気(Human-Electricity)」にあると述べている（ただし、ではこの「人身電気」がどんな作用をするのか、については「今だ編者《かくもの》の発明せざる所」と、身をかわしてしまうのだが）。この二書がともに「こっくりさん」＝「人身電気」説を唱えているのは、「こっくりさん」の背後に、「人身電気」＝「メスメリズム」や、「スピリチュアリズム」が隠されていることを物語っている。

「こっくりさん」の流行の向こう側には、スピリチュアリズムやメスメリズムがある。おそらく、「こっくりさん」＝「人身電気」説を唱える二書のタネ本には、そう書いてあったのだ。十九世紀後半の、世界的な心霊ブームの一端が、ここには秘められている。その意味では「こっくりさん」とは、世界的なパラダイム・チェンジの波の変形現象なのである。

　次節では、「こっくりさん」ブームの背景に目を向けてみよう。舞台はアメリカ。近代スピリチュアリズムの誕生期へとさかのぼる。

## 2　近代心霊学の誕生

### ハイズヴィル事件

一八四八年三月下旬、ニューヨーク州ロチェスター近郊のハイズヴィルで、奇妙な事件が起こった。フォックスの家に、不可解な物音が響くようになったのだ。なにかを叩くような音、家具を引きずるような音、寝ているときに、突然ベッドが揺り動かされることもあった。フォックス家の人々は、そのつど、明かりをつけて家のなかをくまなく探した。騒音はそのあいだ中、続いた。ほぼ、同じ場所から聞こえてくるようだった。しかし、原因はわからなかった。

三月三十一日、いつものような音が聞こえ始めた。そのとき、母親と同じ部屋のベッドに寝ていた子どもたちが、あることに気がついた。指先を鳴らす音が、この奇妙な擬音に似ていることに。娘のケイトが、「幽霊さん、私と同じことをしてみて」と言って、指をパチンと鳴らした。すると、すぐさま同じ音が部屋に響いた。姉のマーガレットがやってみた。たちまち、同じ音が聞こえた。

母親は見えないなにものかに向かって、子どもたちの年齢を順に、音の数で示してくれと頼んでみた。たちどころに、音が鳴った。どれも正確だった。音はそれぞれを区別するために、十分に間をあけて鳴らされた。七人目までできたとき、それまで以上の沈黙があった。そして、三つ音が鳴った。それは、いちばん末の、死んだ子どもの年齢にあたっていた。

フォックス家の人々は、この「霊」の同意を得たうえで、近所の人々とともに「霊」の訴えを聞くことになった。子どもたちによって、「霊」と会話できることがわかったのだ。ここでは、「はい」は音が一つ、「いいえ」は音が二つ、という問答法が使われた。その結果、いくつかのことがわかった。

この「霊」は、まだフォックス一家がこの家に越してくる以前、この家のなかで殺された、当時三十一歳の行商人である。遺体は、この地下室に埋められている。犯人は、まだ生きている……。

このとき、近所の住人の一人が別の問答法を思いついた。アルファベットを何度も発音し、そのうちの一つを「霊」が選ぶ。そうすれば、文章になる。

「霊」の名前がわかった。チャールズ・Ｂ・ロスマ。彼は五年前、大金を持ってこの家に泊まったが、火曜日の夜に殺されたという。犯人の名前も、わかった。住人の一人が、尋ねた。「君は、君を殺した人物を、裁判にかけることができると思うかね？」。答えは、「ＮＯ」だった。事実、「犯人」は裁かれなかった。ハイズヴィルの家の地下室から一体の人骨が発掘されたのは、一九〇四年。事件から、五十六年後のことである。

## あなたは神を信じますか

こののち、フォックス家には大勢の見物人が押し寄せる。二人の娘は、すでに独立していた子どもたちの家へ避難させられた。兄デビッドのもとへケイトを、姉リアのもとへマーガレットを。すると、両家に異常現象が多発した。どうやら、子どもたちに霊がついていったようなのだ。子どもたちは、「霊媒」であるとみなされた。

さまざまな異常現象に悩まされていたリア家で、ある日交霊会がおこなわれた。そのとき、不思議なメッセージが寄せられた。次のようなものである。

友よ。あなたがたは、この真理を世に広めなければならない。これは、新時代の曙である。あなたがたは、もはやこれを押し隠してはならない。あなたがたがその義務をおこなうとき、神はあなたがたを守り、善き霊たちがあなたがたを見守るであろう。

このメッセージは、のちに近代スピリチュアリズムの幕開けを示すものととらえられた。スピリチュアリストのコナン・ドイルは、このメッセージを次のように解釈している。ロスマの霊は、単なる先駆けにすぎない。彼が現世と通信する手段を見いだしたため、彼を押しのけて、無数の知性的存在が我々にメッセージを送ってくれたのだと[5]。

こうして、霊の実在、および霊界と交信が可能であるという「事実」があらためて認められたと、ドイルは言う。たしかに、霊の存在、霊界の存在については、古来からあらゆる地域、あらゆる時代に認められた観念である。ハイズヴィル事件は、そうした観念に対して具体的な「事実」という基盤を提供してくれたと考えられたのである。ここに、近代スピリチュアリズムが誕生した。

近代スピリチュアリズムとは、霊の実在と霊界との交信可能という二点を、「事実」と認める。そのうえで、いわゆる心霊現象を科学的に解明し、現世と霊界を統括する形而上的法則を探求する、さらに現世と霊界を治める神を信仰するというものである。つまり、スピリチュアリストとは「あなたは霊の存在を信じますか?」「あなたは霊が死後も残ることを信じますか?」「あなたは神を信じますか?」といった質問に、すべて「はい」と答える人々である、と考えていいだろう。

スピリチュアリズムは、日本では「心霊主義」と訳される場合が多い。しかしそれ以外にも、「心霊論」「心霊術」「降神術」「神霊主義」「心霊科学」「精霊主義」などの訳語があって、しかも、どれも微妙にニュアンスが異なっているため、すこぶるややこしい。そこでここでは、スピリチュアリズムと立場が重なるサイキカル・リサ

図3　フォックス家の姉妹マーガレット（上）、ケイト（中）、リー（下）

ーチ、スピリティズム（ともに、後節で紹介する）を合わせて、「心霊学」と命名しておくことにする。科学的な心霊現象研究をもとにして、広い意味で心霊現象に関する哲学的な認識や、宗教的な認識を含み込むもの。それが「心霊学」であると、とりあえず押さえておこう。

## 霊媒の役割

さて、ハイズヴィル事件についての解釈は、必ずしも心霊学の方向でまとまったわけではない。むしろ、強固な反対意見がいくつも登場していた。一つは、伝統的なキリスト教会である。教会関係者は、フォックス家の怪異を「悪魔の仕業」ととらえ、蔑視した。もう一つは、ようやく力を持ちつつあった近代科学の立場である。しかし、反対派および賛成派の動向が何度も大きく新聞に取り上げられたことで、一躍フォックス家のケイト、マーガレットは注目を集めていった。

彼女たちは、以後、著名な霊媒として活躍し、生涯に三百回以上の交霊会をおこなったという。いうまでもなく、霊媒とは、霊が人間と交信するための媒介となる存在である。日本でも、イタコによる「口寄せ」がよく知られている。心霊学というアプローチのなかで、さまざまな心霊現象を示す霊媒は欠かせない存在だった。また、ごく一般の人々にとっても、肉親や恋人の霊と話ができることは大きな魅力だった。

第一次ボーア戦争（一八八〇―八一年）、第二次ボーア戦争（一八九九―一九〇二年）、または第一次世界大戦（一九一四―一八年）。戦争の「近代」がスタートして、不慮の死を遂げる人々は飛躍的に増大した。そんな時代にあって、「霊媒」は人々に大きな慰めを与えた。フォックス姉妹は、そうした霊媒の代表的な存在として活動したのである。

だが、彼女たちは一八八八年に、交霊会はすべてトリックだったと告白した。彼女たちは、膝関節を故意に脱臼させることで、「霊」の出す音を作っていたと言った。そののち前言を撤回するが、マーガレットはアルコールにのめり込む悲惨な晩年を送ったという。

しかし、彼女たちの霊媒能力が事実だったかどうかは、すでに別の問題になっていた。彼女たちの出現以後、アメリカのスピリチュアリスト人口は爆発的に増加した。ロチェスター周辺には、一時百人以上の「霊媒」が出現したという。ハイズヴィル事件の一年前に、アンドリュー・ジャクソン・ディビスの『自然の法則』が出版され、評判を呼んでいたが、そのなかに次のような一節があった。「霊は遠い昔から、示唆行為によって真の意志を明らかにしてきた。世界は、人間の本性が解放される時代の到来を歓喜とともに迎えるであろう」。ハイズヴィル事件こそが、そのきっかけとみなされたのである。

## 近代の歪みに反応したノイズ

ハイズヴィル事件後、三年もたたないうちに、心霊学はアメリカ全土を席巻した。そして、霊との交信はスピリチュアリストたちの必須条件となった。そんな彼らにとって、もっとも簡便な交霊装置がテーブル・ターニングだった。「こっくりさん」の原型としてテーブル・ターニングやウィジャ盤があったことは、すでに触れたとおりだ。「こっくりさん」からテーブル・ターニングへとさかのぼれば、そこにはスピリチュアリズムがあった。その意味で、『西洋奇術 狐狗狸怪談』の説明は、決して間違ってはいない。

だが、日本に心霊学の思想が本格的に紹介され始めるのは一九〇〇年代前半（明治三十年代半ば）である。日本で心霊学関連の書籍の出版ブームが到来するのは、さらに下って一〇年前後（明治四十年代）になる。このような流れからいえば、『西洋奇術 狐狗狸怪談』の説明は、あまりに早すぎた。そして、「こっくりさん」に興じた人々が、心霊学を意識していた形跡はまったくない。

「こっくりさん」は、心霊学という思想的な背景とは完全に切り離されて、日本的な「霊」（例えば動物霊など）との関係のみで語られることになった。なによりも「こっくりさん」は、楽しい「遊び」だったのだ。ただしそれは、円了をはじめとする啓蒙主義者によって、科学的合理主義が広く宣伝されつつあった明治日本のなかで、「近代」の歪みにいち早く反応した「ノイズ」でもあった。「こっくりさん」の流行は、心霊学がはらむ科学へのまなざしと遠く響き合ってもいたのである。

ただし、心霊学という思想そのものが日本に影響を与えるには、「こっくりさん」が流行した一八八七年前後から、さらに十五年以上待たなければならない。

そして、その頃には心霊学は、リアル・タイムの世界的現象といえるところまで成長していた。アメリカでスタートした近代スピリチュアリズムは、あっという間にヨーロッパに飛び火して、大陸を駆けめぐった。近代スピリチュアリズムがヨーロッパに最初に上陸したのは、イギリスである。

## ナポレオンの手

一八五二年十月、ヘイデン夫人がイギリスを訪れた。彼女はハイズヴィル事件によって世に現れた霊媒の一人である。彼女が示した叩音現象は、人々を驚愕させた。イギリスのジャーナリズムは、一方ではペテン、欺瞞にちがいないと書き立てた。また一方では、心霊学に対する肯定的な論調も現れた。人々は自らテーブル・ターニングを試み、実際に動くことを知ってさらに驚いた。

テーブル・ターニングは、ビクトリア朝時代の新しい風俗の一つとなる。また、時を経ずフランスにもテーブル・ターニングは紹介され、イギリス同様、あっという間に広がっていった。約三十年後、同じ流れが遠い日本にも伝わることになる。「こっくりさん」である。

また、一八五五年四月には、ダニエル・ダングラス・ホームが訪英。コナン・ドイルは、ホームを「現代社会においてもっとも偉大な霊媒」と位置づけ、こう述べている。

おそらく、彼よりも劣る能力の持主でも、その異常な力を用いて、何か特別の宗派をつくり、押しもおされもせぬ高僧におさまるか、あるいは自身を神秘の魔力で包み込むこともできたにちがいない。ホームのような能力を持っていれば、大抵の人がその力を金儲けのために使ったことであろう。ところが金銭という点では、ホームはその奇妙な職業についていた三十年間というもの、その才能に対して支払われた一シリングの金に対してすら決して手を触れなかったということを、この際、躊躇なくいっておきたい(6)。

以後、彼はイギリスからイタリア、フランス、ロシアなどヨーロッパ全土を精力的に訪問した。フランス皇帝ナポレオン三世に招かれ、彼はテュイルリー宮殿で交霊会をおこなっている。そのときには、ナポレオン一世の手が現れ、紙の上にサインをしてみせたと伝えられている。

彼が示した霊能力としては、霊の物質化現象、空中浮揚、発光現象、耐火現象、身体の伸長・縮小現象などが紹介されている。彼はいつ、いかなる場所においてもこれらの現象を実行してみせたという。ホームによって、欧米全土には心霊学の嵐が吹き荒れることとなる。

## 神の死を憂慮する

しかし、こうした流行もまた、きわめて風俗的なものだったともいえる。アメリカと同じく、教会関係者は心霊学の流行に無関心だった。科学者は、嘲笑で答えた。十九世紀のイギリスは、資本主義が整備されつつあった時代、近代科学の成立期、そして、進化論の時代である。「神」はすでに息絶え絶えだった。「科学」による、無限の可能性を秘めた人類の未来が予測され、人々はバラ色の未来を夢見た。しかし、こうした事態こそが、逆に一部の科学者を心霊学に向かわせることとなった。

彼らは、自然科学の発達にともなう「神」の死を憂慮した。「科学」的に考えれば、我々は有限の存在にすぎない。同時に、進化論に基づいて考えれば、人間は他の種と異なる特権的な存在でもない。そして、適者生存、優勝劣敗などの法則が人間界にも適用されれば、社会的なモラルさえも意味をなさなくなる。その意味では、「神」は必要なのだ。しかし、「神」の存在は「科学」では証明不可能である。

## SPRの誕生

それでは、「霊」の存在は？　「霊」の実在が科学的に証明可能ならば、我々の生はこの世限りのものではないということになる。言い換えれば、人間の限界と生に対する謙虚さを、つまりは「神」への信仰を呼び覚ますことになる。

かくして、SPR（Society for Psychical Research〔英国心霊研究協会〕）が生まれた。一八八二年である。当初のSPRが研究対象にしたのは、いわゆるテレパシー、催眠術、死の瞬間に現れた霊姿、幽霊屋敷、霊媒が起こす物理的心霊現象などだった。彼らの基本方針は、徹底的に自然科学的方法にこだわることである。

まず、あらゆる現象を疑うこと。そのうえで「事実」と認められた現象について、科学的なアプローチを試みること。このようなSPRの基本理念をサイキカル・リサーチと呼ぶ。スピリチュアリズムが最終的に「信仰」に行き着くのに対して、サイキカル・リサーチは「科学」にこだわる。その点で、同じ対象を扱いながらも、両者の姿勢は異なっている。

SPRには、多くの有力な学者が集まった。パリ大学医学部生理学教授、ノーベル生理・医学賞受賞者のシャ

図4　ダニエル・ダングラス・ホーム

図5　SPR初代会長ヘンリー・シジュウィック

ル・リシェー。十九世紀イギリスを代表する物理学者のオリヴァー・ロッジ。同じくイギリスの著名な物理学者で、世界最初の天体の写真撮影をおこなったことでも知られるウィリアム・クルックス。チャールズ・ダーウィンとともに進化論の提唱者とされている博物学者・地理学者のアルフレッド・ラッセル・ウォーレス。プラグマティズムの指導者である哲学者・心理学者のウィリアム・ジェームズ。フランスの哲学者・ノーベル文学賞受賞者のアンリ・ベルグソンらである。まさしく、当代一流の学者集団であった。にもかかわらず、彼らの活動が世論に影響を与えたことは、ほとんどなかった。

理由は、いくつか考えられる。一つは、彼らの厳密かつ科学的な報告集がほとんど読まれなかったこと。「科学」的な手続きに従って分析された幽霊の話など、おもしろくもなんともない。人々は、『私は幽霊を見た！』的な、エンターテインメントを娯楽として読むことはあっても、幽霊を自然科学にのっとって分析してみようなどとは考えもしなかった。一方、ＳＰＲがもっとも説得したかった唯物論派の科学者たちは、最初から彼らの研究を無視していたから、ＳＰＲの研究書を読んでみようなどとは、これもまた夢にも思わなかった。

また、霊媒のトリックが次々に暴露されたことも痛かった。クルックスが実験の対象にしていた、フローレンス・クックのトリックが暴かれた。イタリアの犯罪学者、チェザーレ・ロンブローゾが研究したパラディーノ夫人も、交霊会でのトリックを発見された。またフォックス姉妹は、自らの能力をすべて詐術だったと告白した。ダニエル・ダングラス・ホームでさえ、一度は裁判にかかっている。有名な霊媒は、すべて詐欺師である。そんな連中に、まともに付き合っている「科学者」など、信じられるか。世間は、そう見た。(7)

## テーブルの具合はいかがですか

そしてなによりも、近代科学は飛躍的な進歩を遂げつつあった。十九世紀にいたって、「科学」の意味、守備範囲がほぼ決まる。「科学」という考え方のルールも、ほぼ成立した。「科学」は、経験的な探求を重んじる。また、方法論の確実さを要求する。したがって、仮説や先入観、形而上学は「科学」になじまないものとされた。

こうして、哲学と科学は別物となる。人間の魂の問題は哲学の分野に限定された。目に見える範囲のものを扱うのが「科学」であると考えられた。「科学」は物質的な方向で進んでいくことが、決定的になるのである。

科学革命以降、科学は確実に「神」から遠ざかりつつあった。さらに、客観的であるという「科学」のルール、体系は急速に整備されていく。その結果「科学」は、誰でも一定の知識、手順、方法を学びさえすれば、マスターできるものとなった。まさに「科学」は、学校教育にもっとも適した「思想」、どこへでも移入できる、誰でも習得できる、その意味での「世界共通語」になったのだ。

同時に産業革命、世界規模の戦争を経過した段階で、「科学」が金になることを認識した国家は、「科学」の専門家の養成に力を入れ始めていた。そして、「科学」は着々と専門化が進む。いつしか、自然を対象にした解釈システムとしての「科学」は、万能の「思想」として独り歩きを始めていた。

物質主義「科学」が絶対的な規範として成立したとき、「科学」になじまないＳＰＲの試みは抹殺されるしかなかった。幽霊の存在は、実験室で何度も精密に実験できるものではない。霊媒が起こす心霊現象は、霊媒の体調によってバラツキが生じる。ＳＰＲのメンバーは、そう主張する。これでは、「科学」が認めるわけにはいかない。

しかし、「科学」が万能の認識装置であるという考え方もまた、相対化されつつある。「近代」そのものの枠組みに疑問がもたれつつあるいま、「臨死体験」「生まれ変わり」の研究に注目が集まっているのは、興味深い現象である。初期ＳＰＲの虚しかった試みは、再び脚光を浴びようとしている。ＳＰＲは現在も活動を続けている。一八八五年に成立したＡＳＰＲ（American Society for Psychical Research〔アメリカ心霊研究協会〕）も、同様である。

さて、イギリスに上陸したテーブル・ターニングの流行の嵐は、すぐさまフランスに伝わった。フランスの上流階級のあいだでは、「テーブルの具合はいかがですか?」「ええ、良好です。で、そちらは？」が、日常的なあいさつと化した。テーブル・ターニングの浸透ぶりは、イギリスよりも速やかで熱狂的だった。

ヴィクトル・ユーゴーは一八五三年から五五年にかけて、二年を費やしてテーブル・ターニングに没頭した。霊との会話によって、ユーゴーはいくつかの詩をものにしている。(8) ちなみに、フョードル・ドストエフスキーがスウェーデンボルグを介して心霊学に関心を抱き、交霊会などにも積極的に参加していたのは、七〇年代である。(9)

## 霊が与えたペンネーム

さて、フランスは心霊学の一つの型も提供した。アラン・カルディックによるスピリティズムの提唱である。アラン・カルディック。本名はイプリット・レオン・ドゥニザール・リヴァイユ。「アラン・カルディック」は、霊によって与えられたペン・ネームである。彼の手になる『霊の書』（一八五六年）は、当時のもっとも精密な心霊学の理論的達成と評価されている。『霊の書』は、次々に版を重ねた。英語にも翻訳された。じきに『霊の書』は、心霊学に関心を抱く人々の必読文献になった。

彼は言う。「新しい思想には新しい言葉が必要である」と。現在使われている「スピリチュアリズム」という用語は、「マテリアリズム」とペアの語、つまり唯物論に対する「唯心論」というニュアンスが強い。我々が提唱するのは、「霊」（スピリッツ）によって述べられた理論である。したがって、「スピリティズム」「スピリティスト」の語を用いるべきだと、カルディックは主張する。

彼の説明するスピリティズムの体系は、スウェーデンボルグ以降のスピリチュアリストたちが主張する理論から、大枠で外れるものではない。ただ一点だけ大きく異なるのは、「霊は再び受肉する」という、再生の主張である。カルディックによれば、霊は知識と純化のために彷徨する。そんな霊たちにとって、肉体を持って現世に出ることは特別の試練であり、絶好の学習の機会である。霊は、何度もこの世に肉体を持ち、そのつど進歩していく。

例えばカルディックの呼び出した「霊」は、「霊が肉体の形をとって誕生する目的はなにか」という彼の質問に対して、次のように答えている。

完全に到達する手段として、神の課し給うた必要な体験である。ある霊にとっては罪亡ぼしの意味をもち、またある霊には、これをもって使命を果たすことになる。完全を達成するために、彼等は地上生活のあらゆる盛衰変化を体験せねばならぬ。罪亡ぼしのためにいろいろ経験することは大変有用なことである。この誕生のためにはまたもう一つの目的がある。即ち、創造の事業に役割を果たせる霊になること、これである。この目的に沿い、彼は誕生した世界の物質状況と調和した道具にふさわしいものになる。またこれを通じて、彼が神から任ぜられたその世界と結びつつ、彼固有の仕事を果たすことが出来るのである。かくて、彼は一つの歯車のごとく、自己の役割をもって貢献し、他方では自分自身の進歩向上をも達成するのである。[10]

こうしたカルディックの再生説は、広く人々に受け入れられた。いや、あまりにも安易に受け入れられた、と言うべきかもしれない。ダニエル・ダングラス・ホームは人々の「再生」熱について、皮肉を込めて次のように書き残している。「私は、数多くの再生論者に出会った。前世がマリー・アントワネットであった人に少なくとも十二人、スコットランドのメアリー女王であった人に六、七人、ルイ王その他の国王であったという人々極めて多数に、お目にかかる光栄に浴した[11]」。

スピリチュアリズムの輪廻転生版ともいうべきスピリティズムは、以後もフランスに大きな影響力を持った。しかし、一八六九年にカルディックが逝去したのち、スピリティズムは国内での影響力を徐々に失っていった。ただし、南アメリカにはいまも多くのスピリティストが存在する。特にブラジルでは、カルディックの記念切手が発行されているし、スピリティズムの理論に基づいた都市も存在するらしい。現在、ブラジルのスピリティスト人口は、約二千万人ともいわれている。

## ぼくの手がお礼を言った

一七六八年、十二歳のヴォルフガング・モーツァルトは、父レオポルドとともにユーデンガッセに滞在していた。ある日、知り合いの医者が彼らの住まいを訪ねた。父は喜んだ。息子が肩凝りに悩んでいたからだ。医者がヴォルフガングのうなじをもみ始めると、たちまち肩凝りが嘘のようにほぐれていった。「奇跡だ！　先生の手のおかげで、肩凝りが治った！」。ヴォルフガングはこの医者の手を、不思議なものを見るかのようにしげしげと見つめた。

ヴォルフガングは、この医者をピアノに誘った。二人は心地よく連弾した。彼は医者に言った。「とても具合をよくしてくれたんで、ぼくの手が先生の手にお礼を言ったんです」。医者は、あらためて自分の手をじっと見つめた……。

この医者の名前はフランツ・アントン・メスメル。彼が提唱した治療法（メスメリズム）は、のちにパリで、そして現代に至るまで、さまざまな波紋を投げかけることとなる[12]。

フランスで心霊学が比較的スムーズに受け入れられたのは、ヨーロッパの十九世紀が、擬似科学の時代だったということもある。それまでの怪しげな「知」の集積が、「科学」というふるいにかけられて分化していく、過渡期の様相を呈していた時代である。観相性格学、骨相学、水療法、電気療法。一見「科学」的な装いを持ちながら、どこかうさんくさいこれらの「知」。そのなかでも、現代に至るまで命脈を保っているのがメスメリズムである。フランスがテーブル・ターニングにそれほど拒絶感を示さなかった背景には、メスメリズムの歴史がある。

## メスマー先生の魔法の石

元ウィーン大学医学部の医師、フランツ・アントン・メスメルがパリにその姿を現したのは、一七七八年である。彼の理論と治療法があまりにも突飛だったため、彼はオーストリアを追われたのだった。彼はパリで、さっそく自らの理論を実践した。それは、想像以上の反響を呼んだ。

メスメルによれば、宇宙にはきわめて微細な物質が充満している。この物質は、磁気を帯びている。そして、宇宙万物のあいだを流れており、影響を与えている。人間の体内も、同様である。この物質が「動物磁気」である。病気とは、この動物磁気の体内のバランスが崩れることによって生じる。したがって、体内に豊富な動物磁気を持っている人間がその動物磁気を患者に流してやれば、患者の体内の動物磁気がスムーズに流れるようになり、病気が治る。そして、メスメルこそが、膨大かつ強力な動物磁気の保有者だった。少なくとも、メスメルはそう信じていた。

彼の治療は大きな反響を呼んだ。メスメルは、自分の両膝を患者の両膝につけ、さらに患者の両手の親指を自分の親指につけて、自分の「動物磁気」を患者に流した。その結果、患者は次々に癒やされた。

じきに、彼は押し寄せる患者を一人ではさばききれなくなった。そこで、鉄棒の突き出た、「磁気」の充満した大きな桶を用意した。患者はその棒に触れる。施術者は、手にしている棒で患者に触れる。こうして、桶のなかの磁気と施術者から直接流れる磁気とが、患者に作用する。患者たちは、大声で叫んだり、痙攣《けいれん》したり、恍惚《こうこつ》としした。そして、多くの人々が病から解放された。メスメリズムのシステムとは、このようなものである。現代では、暗示効果に基づく心理的な精神療法だったと判断されている。

しかし、厄介な問題も起きた。こうして治癒した人々は、自分たちもまた、動物磁気治療法を施す有資格者になったと考えた。自分の身体には、メスメルから分け与えられた大量の動物磁気が存在するのだ。自分たちがメスメルから与えられた恩恵を、今度は病人に返す番である。

ただ、患者には女性もいた。日常のなかで男性に接触する習慣を持たなかった十八世紀フランスの貴婦人方は、独特なこの療法によって、しばしば暗示状態に陥った。新参の動物磁気治療師たちは、彼女たちの愛情転移を素直に受け止めた。その結果、スキャンダル、醜聞が続出した。「磁化」は、サロンの遊びとして大いにもてはやされていく。
一七八四年、フランス政府は、科学アカデミーおよび王立医学協会に動物磁気の検討を命じた。その背景には、良俗を乱すメスメリズムへの反感がある。しかし、ここでの調査項目は、病気治療の要因と主張されている「動物磁気」が、本当に存在するのか否かであった。両委員会が出した結論は「否」である。「動物磁気」が病気の治療に効果があったのは、患者自身による暗示の産物であるとされた。しかし、メスメリズムの流行はまったく衰えなかった。
一七九〇年に初演されたモーツァルトのオペラ『コシ・ファン・トゥッテ』には、動物磁気治療の場面がある。この場面のなかのある台詞《せりふ》は、次のように訳せるという。

あちらこちらと触れましょう
この磁石で、
メスマー先生の魔法の石で。
メスマー先生、生まれも育ちもドイツではあるけれど
その名をかように上げたのはフランスでのことでございます。(13)

以後、メスメリズムをめぐる白熱した議論は、五十年以上続いた。一八四〇年、学識者集団が動物磁気を再度否定し、これ以上論議しないことを宣言するまで、メスメリズムはフランスをかき回し続けるのだ。そして、テーブル・ターニングのフランス上陸は、この宣言から約十年後のことだった。

## 心霊術への転機

しかし、メスメリズムはさまざまな副産物を生み出した。例えば、メスメルの弟子ピュイセギュールが発見し

た磁気夢遊病である。ピュイセギュールによって磁気化された羊飼いの少年は、明晰な意識を保ったまま催眠状態に陥った。そのとき少年は、不透明な物体の内部を透視した。ほかの患者の患部を透視し、最適の治療法を指示した。それは、普段の少年では考えられない知性と教養を感じさせるものだった。同様の不可思議な報告は、ほかの動物磁気治療師からも見いだすことができる。例えば千里眼、予知、霊界との交信などである。

しかし、メスメル自身、これらの現象を説明できなかった。彼は、今後の研究課題のなかに、次のような項目をあげている。

眠れる人はいかにして自分の病気はおろか他人の病気をも診断できるのか？
眠れる人は何の「医学的訓練」もなしに最も効果的な治療法をどのようにして見出すのか？
いかにして眠れる人はあらゆる距離を隔ててものを見、また未来の出来事を予見できるのか？（いわゆる透視、予知の問題）
いかにして眠れる人は自分以外の者の意志に対して何かを感じ取ることができるのか？（いわゆるテレパシーの問題）
動物磁気という手段を用いた場合、これらの現象がより頻繁に、また極めて顕著な形で発生するのはいかなる理由によるのか？(14)

こうしてメスメルの第二世代は、急速に神秘主義に接近していくことになる。彼らはメスメリズムを、不可視の世界との交信を可能にするシステムと考えた。動物磁気とは、神の叡知に属するものなのである。ただ、彼らメスメリストは、メスメリズムを科学的な発展の産物と捉えてもいた。彼らは、「科学」の上位に「魔術」があるとし、今後の科学の発達によって「魔術」、いや、メスメリズムという「高等科学」の全貌が明らかにされるだろうと考えたのである。

のちに「動物磁気」は、ジェイムズ・ブレイドによって「催眠術」と命名されることとなる。催眠現象は動物磁気によるものではなく、主体の脳の内部で起きる心理学的な作用であるとされた。ジャン＝マルタン・シャルコー、イポリト・ベルネームらによって、催眠術が「科学」の対象として認められるのは、一八八〇年代。そして、フロイトは催眠術研究から精神分析学へと歩を進めていった。

その意味で、メスメリズムとは催眠術の先駆的形態であり、またのちの異常心理学、精神分析学の母体であった。しかし、いまもなお催眠術にはなんらかのうさんくささが付きまとっているように、そもそもメスメリズム自体が、「不可視の世界」との流通関係を持ったなにものかとみなされていたのである。したがって、こうしたメスメリズムの延長上にテーブル・ターニングが理解されたのは、不思議でもなんでもない。

すでにメスメリズムの実践によって不可視の世界との交信を楽しんでいた人々にとっては、テーブル・ターニングは、より簡便な他界との通信装置にすぎなかったのである。あたかも、アラン・カルディックが、メスメリズムからテーブル・ターニングへとその関心を移し、ついにスピリティズム理論を公にしたように。

こうして、メスメリズムと心霊学はかぎりなく接近する。言い換えれば、スウェーデンボルグ以降の神秘学の系譜に、擬似科学的な体系を与えたものがメスメリズムであり、心霊学だったといえよう。さて、そこであらためて『西洋奇術 狐狗狸怪談』、および『人身電気の図画』の「こっくりさん」の説明を思い出してみなければならない。

この二書が、「こっくりさん」の原因を「人身電気（Human Electricity）」に求めていたことについては、すでに述べた。「人身電気」とは、メスメリズムのいう「動物磁気」のことである。そして、『西洋奇術 狐狗狸怪談』が力説していたのは、「こっくりさん」が別名「メスメリズム」、または「スピリチュアリズム」と呼ばれているという指摘だった。

心霊学と「こっくりさん」のつながりについては、すでに確認した。そして、欧米の心霊学ブームが、メスメリズムの延長線上に位置していることが明らかになった。『西洋奇術 狐狗狸怪談』、および『人身電気の図画』

の指摘は、図らずもメスメリズムから心霊学、そして「こっくりさん」に至る歴史的な系譜を、知らず知らずのうちにたどっていたことになるのである。

## 「知」の動揺

「哲学雑誌」の一八八九年五月号、六月号に、「社会現象として降神術を論ず」という記事がある。ドイツの医師フランツ・クレーティーがある雑誌に載せた記事を要約したものである。この記事は、一八九〇年前後のドイツの社会状況を、次のように分析してみせている。

——現代は、宗教と、日進月歩の勢いで飛躍しつつある科学とが激しく争っている時代である。そして、この宗教と科学の闘争のさなかに突然出現したのが「降神術」＝心霊学である。宗教者も科学者も、「降神術」を激しく攻撃しているにもかかわらず、その流行はとどまることを知らない。それは、なぜか。

現代のドイツには、従来の宗教の影響を強く受けている一般の人々と、最近の科学文明の教育を受けた人々とのあいだに、中間層を形成している人々がいる。彼らは、最新の科学教育を十分に受けていないため、新生活に踏み切る力はない。かといって、従来の信仰を盲信するほど、科学を知らないわけでもない。その結果、彼らは従来の道徳の基礎を失い、どこに価値観を置いていいのかわからなくなっている。

そうした人々の目に、宗教と科学の中間に立って、従来の宗教的な知識を新しい「科学」という基礎のうえに示してみせたものが、「降神術」なのである。「降神術」とは、霊魂についての信仰を保証し、来世への願望を人々に与え、同時に「霊魂」や「来世」の存在を「科学」的に証明してくれるものなのだ。

こうして「降神術」は、宗教と科学それぞれの長所を借りて、その教義を完成させる。宗教と科学が争うと、従来の調和的な世界観は崩れる。「万有の知識」はアヤシゲなものに変わり、「道徳」の価値も疑われる。ドイツの現在とは、このような状況である。そして、このような社会のなかで「降神術」が大流行するのは、ごく自然な社会現象なのである——。

おそらくこの文章を「哲学雑誌」に訳した筆者は、こうしたドイツの状況と「こっくりさん」や催眠術の流行する一八九〇年前後（明治二十年代）の日本を、重ね合わせて見ていたのだろう。大筋では、この筆者の見方は正しい。文明開化によって従来の価値観が転倒し、科学の絶対性が声高に叫ばれていた時代の反動として、「こっくりさん」や催眠術の流行をとらえることは、間違ってはいない。

ただし、決定的に異なることがある。一八八七年前後の「こっくりさん」や催眠術の流行には、思想性が希薄なことである。ドイツにおける「降神術」＝心霊学流行の背景には、宗教／科学の深刻な対立が存在する。ダーウィニズムの余波がドイツにまで伝わるのは、七〇年代。ドイツにおける進化論普及の最大の功労者エルンスト・ヘッケルが、ベスト・セラーになった『宇宙の謎』を出版したのは、一八九九年である。

進化論の普及によって、自然主義的な科学観はさらに促進されていった。その結果、従来の宗教的な世界観が、徹底的に破壊されていく。人々は、どこに価値観を定めればいいのか困り果てる。「社会的現象として降神術を論ず」が紹介しているのは、このようなドイツの思想的な混乱状況である。そして、それはドイツのみの問題ではなかった。進化論に象徴される近代科学の波は、従来の発想の枠組みを根本から変えてしまう、とてつもない起爆力を秘めて、ヨーロッパ全体を覆い尽くそうとしていた。

## 遊戯性が第一の要素

一方、いままで見てきた一八八七年前後の「こっくりさん」の流行には、「価値観」の問題は、ほとんどからんでこない。「霊」がいるかどうか、などという疑問そのものが、ここでは取り上げられていないのである。円了もまた、「こっくりさん」を暗示作用で説明しつつも、「鬼神」「動物霊」などの存在の有無については言及を避けた。そして、「こっくりさん」に求められていた第一の要素は、なによりもその遊戯性だった。

むしろ、こうした「霊」的な流行現象をその思想性から考えてみるならば、「こっくりさん」よりも、その後の催眠術の展開が興味深い。メスメリズム＝催眠術は心霊学ブームの土台として、フランスのみならず、ヨーロッパ各地に足跡を残していた。それは、遠く近代日本にも移入されている。催眠術の紹介は、ほぼ「こっくりさん」の流行と時期を同じくしていた。舞台は、再び近代日本に戻る。

注

（1）井上円了『妖怪玄談』哲学書院、一八八七年
（2）「「コックリさん」考」「日本古書通信」一九九三年九月号
（3）松谷みよ子『軍隊――徴兵検査・新兵のころ・歩哨と幽霊・戦争の残酷』（「現代民話考」第二巻）、立風書房、一九八五年
（4）今泉寿明「「こっくりさん」を契機に発症した鑑別診断が困難な精神分裂病の1例」「臨床精神医学」一九九二年十一月号
（5）田中千代松『新霊交思想の研究――新スピリチュアリズム・心霊研究・超心理学の系譜』共栄書房、一九七一年
（6）コナン・ドイル『神秘の人』小泉純訳、大陸書房、一九七三年
（7）荒俣宏監修・解説、コリン・ウィルソン『コリン・ウィルソンの「来世体験」』梶元靖子訳、三笠書房、一九九一年
（8）稲垣直樹『ヴィクトル・ユゴーと降霊術』水声社、一九九三年
（9）中村健之介『知られざるドストエフスキー』岩波書店、一九九三年
（10）アラン・カーデック編『霊の書――大いなる世界に』上、桑原啓善訳、潮文社、一九八七年
（11）前掲『新霊交思想の研究』
（12）ジャン・チュイリエ『眠りの魔術師メスマー』高橋純／高橋百代訳、工作舎、一九九二年
（13）ヴィンセント・ブラネリ『ウィーンから来た魔術師――精神医学の先駆者メスマーの生涯』井村宏次／中村薫子訳（ヒーリング・ライブラリー）、春秋社、一九九二年
（14）同書

# 第2章　催眠術と「煩悶の時代」

## 1　催眠術の流行

### 幸田露伴と夏目漱石の催眠術

金左《きんざ》　恐れながら催眠術はキリシタンバテレンの邪法の類で、甚だ以て怪《け》しからん義と金左衛門愚考仕《つかまつ》りまする。然るに承《うけたまわ》り及びますれば御上《おかみ》に於かせられましては、大金を以て独逸《ドイツ》帰《がえ》りの術者より御伝授を受けさせられたるの由にて、其より深く御心《お》を其事に傾けさせられ、日夜に魔法の御修業をば御積みなさるゝやの御様子、全く以て御本心より出でたることとは金左衛門は存じませぬ。平生《ひごろ》御《お》学問を御凝《おこ》りなされたる余り天魔《てんま》に魅《みい》られ玉いて、斯様の事を御好みに相成《あいな》る義にも立至《たちいた》られたかと存じまする。

抜磨《ぬけまろ》　これ金左衛門何を申すのだ。催眠術というものは決して然様《さよう》の訳のものでは無い。然るべき理があって然《しか》るところの心理的現象で、最も研究を値するところの深奥の道である。であるに因《よ》って予《よ》も之を研鑽して居《お》るのだ。決して危険または有害の事では無いから予の自由に任《まか》せて置け。(1)

右の会話は、幸田露伴「術比べ」(「新小説」一九〇五年一月号)の一節。この物語は、催眠術に興じる金持ちの若様・朽藁抜麿《くちわらのぬけまろ》が、忠実な執事である石部金左衛門《いしべきんざえもん》との催眠術対決に敗れ、「催眠術を玩弄《おもちゃ》にするのは止す」と金左衛門に誓うまでを描いた喜劇調の戯曲である。この「術比べ」には、当時流行していた催眠術の受容のありさまがはっきりと表れている。

例えば、催眠術に対して「キリシタンバテレンの邪法の類」「魔法」/「然るべき理があって然るところの心理現象で、最も研究を値するところの深奥の道」という、相反したイメージが持たれていたこと。催眠術は、近代西欧の先端的な「科学」として把握されていた半面、明治以前から日本に存在した、催眠術に類した「術」と重ね合わされていたようだ。

また、物語の最後で「催眠術を玩弄にするのは止す」と金左衛門に誓う抜麿が、「矢張《やは》り写真や玉突《たまつき》の方が宜《よ》いから其《それ》にする」と述べているのは、おもしろい。抜麿はフランツ・アントン・メスメル、リーボーの名前をあげて、自己暗示の概念に言及しながら「天眼通の実験」や「暗示の実験」をおこなっていた。彼は、西欧のリアル・タイムの催眠術研究についても、そこそこ理解していたらしい。しかし、そんな彼においても催眠術は「写真や玉突」と同レベルの、カウンター・カルチャーの一つにすぎなかったことがわかる。催眠術が日露戦争後の風俗のなかで占めていたポジションについては、またのちに触れることにしよう。

さて、露伴同様、催眠術の流行に注目していた作家に、夏目漱石《なつめそうせき》がいる。彼は早くから、催眠術に関心を抱いていた。すでに大学在学中の一八九二年には、アーネスト・ハート「催眠術」の翻訳を「哲学雑誌」に載せている。また漱石最後の小説「明暗」(「朝日新聞」一九一六年五月二十六日—十二月十四日付)には「夢中歩行者《ソムナンピュリスト》」という催眠術用語が見られるように、漱石の催眠術への関心は、晩年まで続いていたようだ。実際、「明暗」だけでなく、いくつかの漱石の小説には催眠術が顔を出している。

例えば、「吾輩は猫である」(「ホトトギス」一九〇五年一月—〇六年八月号)には、次のような場面がある。苦沙弥先生が、主治医の甘木先生に「先達て催眠術のかいてある本を読んだら、催眠術を応用して手癖のわるいんだの、色々な病気だのを直す事が出来ると書いてあったんですが、本当でしょうか」と尋ねる。そこで甘木先生は苦沙弥の瞼《まぶた》を何度もなでて、「だんだん目が重くなる」という言葉を繰り返し、催眠術をかけようとするが、結局うまくいかない。

また漱石は、「琴のそら音」（『七人』一九〇五年六月号）のなかで、有耶無耶道人『浮世心理講義録』という不思議な本を登場させている。この本は「狸が人を婆化すと云いやすけれど、何で狸が人を婆化しやしょう。ありゃみんな催眠術でげす」と催眠術を紹介して、さらに次のように記述を進めている。

> すべて狸一派のやり口は今日開業医の用いて居《お》りやす催眠術でげして、昔から此手《このて》で大分大方《だいぶたいほう》の諸君子を胡《ご》魔化《まか》したものでげす。西洋の狸から直伝《じきでん》に輸入致した術を催眠法とか唱え、之を応用する連中を先生抔《など》と崇《あが》めるのは全く西洋心酔の結果で拙抔《せつなど》はひそかに慨嘆の至《いたり》に堪えん位《くらい》のものでげす。何も日本固有の奇術が現に伝《つたわ》って居《い》るのに、一も西洋二も西洋と騒がんでもの事でげしょう(2)。

日本の狸による自らの術の解説書といった風情の不思議な本だが、この引用箇所で気になるのは、漱石も露伴同様、西洋「科学」の一端として催眠術が日本に移入される以前から、催眠術に類似した「日本固有の奇術」があったと述べていることだ。

また同時に、『浮世心理講義録』の描写は、催眠術をネタにして、「一も西洋二も西洋と騒が」しい文明開化以降の風潮を皮肉ってもいる。それでは、いったい西欧直伝という催眠術が日本に移入されたのは、いつごろだったのか。また、催眠術と類似した「日本固有の奇術」とは、なにを指しているのだろうか。

## 日本催眠術の元祖は誰か

中村古峡《なかむらこきょう》は『催眠術講義』（日本変態心理学会、一九二二年）で、近代日本における催眠術の移入状況を次のように説明している。いわく、日本で「催眠術」という語が使われ始めたのは一八八七年前後。しかし「メスメリズム」などの用語は、七一、二年ごろから使われていた、と。

試みに明治初期の辞書類にあたってみると、ジェームス・カーティス・ヘボン『和英語林集成』初版（一八六七年）、同二版（一八七二年）には、「催眠術」「メスメリズム」に相当する語は収録されていない。また、『附音挿図 英和字彙』（柴田昌吉／子安峻編、日就社、一八七三年）には、「催眠術」に相当する語はないが、「メスメリズム」については「動物磁石力」という訳語があてられている。『哲学字彙』（井上哲次郎／有賀長雄編、東京大学三学部、一八八一年）には、「Mesmerism　伝気術」「Hypnotism　催眠術」とある。少なくとも一八八一年には、辞書の記述のなかに「催眠術」が登場していたことになる。

ただ、メスメリズムと催眠術の違いとか、メスメリズムから催眠術へという歴史的な経緯などについてどの程度まで知られていたのかは、よくわからない。また、そもそも誰がどのようなプロセスを経て催眠術を日本にもたらしたのかも、はっきりしない。

例えば高橋五郎は、「日本催眠術の元祖」は榎本武揚《えのもとたけあき》であると述べている。彼が外国に駐留していたとき、当地に流行していた催眠術の書を東京の友人に送り、欧米の催眠術流行の様子を通報したのが、そもそもの最初であるというのだ。(3)

一方古峡は、「幻術家」として知られていた宇都宮三郎の名前をあげ、同時に「日本最初の催眠術家」は馬島《まじま》東伯《とうはく》だと述べている。馬島は、一八八八、九年ごろから催眠術治療を試みていた医師で、九〇年には、小石川表町の伝通院前に日本最初の催眠術病院を開設している。(4)

しかし、馬島がいつ、誰から催眠術を学んだのかは、よくわからない。おそらく妥当な見解は、井村宏次が言うように、医学系のお雇い外国人教師を媒介にしたか、もしくは日本人留学生が伝えたか、のどちらかだろう。(5)

少なくとも一八八七年前後には、催眠術はかなりポピュラーな流行現象になりつつあった。

ただし、ここまでで気になるのは、古峡の言う「幻術家」である。漱石「琴のそら音」に登場した『浮世心理講義録』のいう「日本固有の奇術」とは、この「幻術」を指しているようにみえる。西洋から催眠術（当初はメスメリズムと混同されていた）が移入される以前に、日本固有の「術」として伝えられていたのが「幻術」らしい。このような「術」が、明治初期には見世物のような形でしばしば演じられていたことについては、何人かの証言がある。例えば、医学者の大沢謙二《おおさわけんじ》は、次のような趣旨の発言をしている（大沢謙二「催眠術に就て――東京学士会院講演」「東洋学芸雑誌」一九〇三年九月号）。

明治二十年頃、築地に御岳山の行者がいた。行者は、信者の一方の手にお札を、もう一方の手に褌《ふんどし》を持たせる。つぎに彼は、信者に自分の目を見つめよと命令する。彼もまた、信者の目をじっと見つめる。そのうちに、お札を持った手は自然にあがり、褌を持った手はそれにつれて下がっていく。このように行者は見物人にアピールして、お札に霊験のあることを示した。

彼はこの目撃談を紹介したあと、催眠術が決して新しい事実ではないことを強調している。「幻術」とはそもそも妖術、魔法を表す語である。一種の暗示法として日本独自の発達を遂げていた「幻術」は、縁日の見せ物などでしばしば披露されていたようだ。当時の催眠術書の一つには、次のような指摘がある。

> 我国に在《あり》ては古来催眠術と名《なづ》けて此の術を行いたる者あるを聞かずと雖《いえ》ども之に似たる術なきにあらず即《すなわ》ち人の精神作用を休止せしめ一種の困睡状となすことは最も古くより行われたるが如し例之は現今尚俗間に行わるゝ加持《かじ》、祈禱《きとう》の一種或《あるい》は口寄せと称する者の如き亦一種の睡魔術《すいまじゅつ》に外ならず其《そ》の始めは詳《つまびらか》ならずと雖《いえ》

ども之を行うこと恐《おそら》くは仏教渡来の時代より始まりし者なるべし(6)。

以上の経過を、もう一度確認しておこう。おそらく催眠術は、外国人の医学関係者か、もしくは日本人留学生によって日本にもたらされた。それは、日本に古来から伝わる「幻術」と類似していたこともあって、容易に浸透していった。また催眠術には、西洋最先端の科学というイメージが付け加えられていたため、一種のカウンター・カルチャーとしても注目を集めていた。日本土着の観念と西洋における流行現象との奇妙なドッキングという点で、「こっくりさん」の流行と催眠術の流行は同一の現象であると考えられよう。

## 森鷗外と「魔睡」

森鷗外に、「魔睡」（「スバル」一九〇九年六月号）という小説がある。法科大学教授の大川渉は、妻が磯貝医師に「魔睡術」（催眠術）をかけられ、暴行されたのではないかと悩む。大川は、「魔睡術」について詳しい知識を持っている。その理由を、「魔睡」は次のように描写している。

博士が子供の時、東京でこっくりさんというものが流行《はや》った。それから洋行していると、欧羅巴で机叩《つくえたたき》という事が流行った。こっくりさんの不思議が先《せん》から気になっていたので、それに似寄った机叩の解釈を求めようと思って、Spiritismus の本を覗いて見た。それから魔睡術の本を見ることになったのである。

この「魔睡」の描写は、いくつかのことを教えてくれる。「こっくりさん」と「机叩」＝テーブル・ターニングの類似、これらの解釈格子としての心霊学、そして、心霊学と催眠術の関連性。同時に、こうした流行現象がヨーロッパと日本でほぼ同時に起こっていること。また、さらに確認しておけば、「こっくりさん」と催眠術の流行現象は、近代日本においても近接した時期に見いだせるのである。

B・H・チェンバレンが一八八八年の流行としてあげていたのは、「催眠術」「テーブルに手を触れると自然に持ち上がる心霊現象」＝テーブル・ターニング、「こっくり占い板」だった。(7) 催眠術の流行がアカデミズムのレベルから注目されるのも、ほぼこの時期である。例えば、「東洋学芸雑誌」一八八六年五月号の雑報欄には、次のような記述を見つけることができる。

催眠術は英語にてはメズメリズム（ママ）或《あるい》はヒプノチズムと云う。近頃我国《わがくに》にては余程《よほど》流行する由《よし》なり然《しか》るに其顕《そのけん》象《しょう》稍《やや》想像外に出《い》ずるを以て随分教育のある人にても何にか理外（Supernatural）の事の如く思い半信半疑の様子なり。抑《そもそも》催眠術にて見る所の現象は疑う可《べか》らざる事実なるに相違なけれ共《ども》之を解明すは神経系筋肉系等の作用より説明して充分に事足り何《な》にも理外の理（Supernatural）とか不思議とか云う事を頼むには及ばざるなり　今少し生理学の進歩したらんには何にも不思議と思う事はなきに至るべし　動物電気とか何とか和解《わけ》も分らぬ事を云うは瞞着《まんちゃく》に非《あらざ》れば無学より起《おこ》るなり。

ちまたに流行する催眠術について、アカデミズムの側から発言した早い例の一つである。ここに、当時の催眠術に対するまなざしの一例がある。この記述からは、次のようなことがわかる。催眠術の流行が知識人にも及んでいたこと。そして、彼らもまた催眠術によるさまざまな現象を、「疑う可らざる事実」として認めていること。ただし、それらはすべて「神経系筋肉系等の作用」で説明できるので、「動物電気」などという概念をもってくる必要はない、と考えていること。

この記事では、催眠術を生理学の範疇に属する現象と考えてはいるが、しかしメスメリズムと催眠術との相違などについてはいまだ情報が不足しており、混乱が生じているようにみえる。暗示効果、無意識などの概念に基づく催眠術のシステムの解明は、この時点では日本に紹介されていない。催眠術における暗示の機能を強調したナンシー学派の研究が世界的な反響を呼んだのは、一八八九年のことである。

## ナンシー学派とサルペトリエール学派

イギリスの外科医ジェイムズ・ブレイドが動物磁気を「催眠術」へと転換させ、大脳のメカニズムを強調することで、催眠術は心理学、生理学の分野からあらためて注目されることとなった。フランスの医師アンブロワーズ＝オーギュスト・リエボーは、催眠のシステムを心理的過程から考察し、暗示効果を研究の中心に据える。そして一八八二年、ナンシー大学医学部教授ベルネームは、リエボーの仕事を高く評価し、自ら催眠術の研究に取りかかった。いわゆる、ナンシー学派の誕生である。

一方、シャルコーを中心とするサルペトリエール学派は、人格的要素よりも物理的因子を重視した。一八八九年八月にパリで開催された第一回国際生理学的心理学会の席上で、サルペトリエール学派は、催眠を物理的刺激による身体的状態であると定義している。このような臨床解剖学的な立場をとることによって、シャルコーらは、催眠を「科学」の考察対象として認めさせることに成功したのである。(8)

両派の対立は、必然的に催眠研究の隆盛をもたらした。日本においても、「魔睡術検究の二学派」（「哲学会雑誌」一八八九年八月号）が両派の基本的な立場を、心理学、生理学の観点から紹介している。この二つの学派は、のちのフロイトによる精神分析学の誕生を促すとともに、新たな学問分野としての実験心理学を世界にアピールした。こうした、フランスを中心とする欧米の動向が、ほぼリアル・タイムで日本のアカデミズムに伝播していくのである。

なかでも精力的にフランスの催眠研究を紹介したアカデミズム関係雑誌は、「哲学雑誌」（当初は「哲学会雑誌」）だ。その批評紹介欄、雑報欄には、しばしば催眠術研究の動向が紹介された。「催眠術の解説」（一八八八年八月号）、「催眠術彙報」（一八八八年十月号）、「魔睡と犯罪」「『メスメリズム』と催眠術」（ともに一八九〇年十月号）、「催眠術に罹る人の国別統計」（一八九二年七月号）などである。

例えば「催眠術の解説」は、「方今催眠術は生理学及心理学を研究する者の大に注意を置くところの問題」と述べ、「催眠術彙報」は、欧米で一八八〇年以降に刊行された催眠術書が七百種類にものぼり、また八六年の一年間で、二百五十種類もの催眠術書が出版されている旨を紹介した。

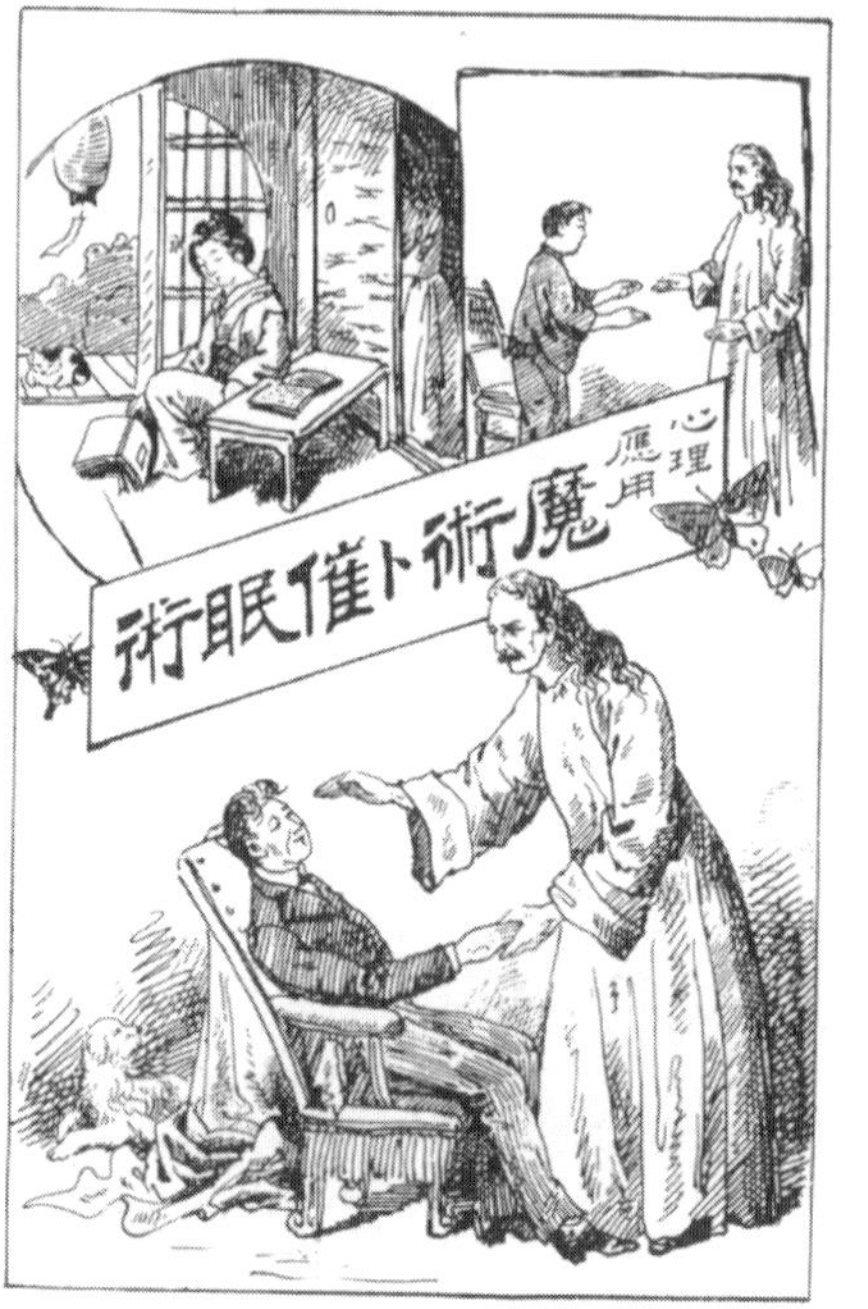

図6　近藤嘉三『心理応用 魔術と催眠術』穎才新誌社、1892年

## 秘められた精神の力が解放される

こうして日本においても、井上円了をはじめ馬島東伯、高島平三郎などが独自の催眠術研究を開始した。円了は、哲学館（現在の東洋大学）に馬島らを招いて催眠実験をおこない、「妖怪学雑誌」の「心理学部門・心術篇」に催眠術の歴史、催眠術の応用方法などについて執筆している。

円了はこのなかで、催眠術の原理を考えるには生理的・物理的説明と心理的説明の二種類があると述べ、そのなかでもとくに重要なのは心理的な要素であると言う。彼は、催眠術についてはまだ研究の方向が定まっておらず、流動的ではあるが、と留保をつけながら、あえて催眠術に定義を下している。いわく、催眠術とは被術者を「正しく或事情によりて意志の作用を止め、諸観念は無意的機械的連起を呈するに至りし状態」へ導くシステムである、と。なお、円了の催眠術研究の成果は、のちに『心理療法』（南江堂、一九〇四年）にまとめられている。

また、アカデミズムというよりは啓蒙書の色彩が強いが、一八九〇年前後（明治二十年代）の催眠術概説書としては、近藤嘉三『心理応用 魔術と催眠術』（穎才新誌社、一八九二年）が早い。近藤によれば、魔術とは「精神作用即《すなわ》ち心性の感通力《かんつうりき》に因《より》て人及び諸動物の心身を左右し或《あるい》は物質の変換を試《こころみ》るの方術」である。

また催眠術とは、人間の精神力を解放するための前段階として精神を眠らせる術である。催眠術によっていったん精神を眠らせ、しかるのちに「睡魔術」（別名「メスメリズム」！）を施せば、秘められた精神の力が解放されると、近藤は主張している。つまり「睡魔術」とは、「人の精神作用を休止して睡眠の状となす之に向て行う所の魔術」である。

こうした記述の中核には、「魔術」を一種の精神作用と考える発想が存在する。その意味で、近藤の言う「メスメリズム」は、西洋オカルティズムとの混淆《こんこう》がなされた以降の、メスメリズムの系譜を想起させる。フランス革命（一七八九―九九年）以降のヨーロッパにおいて、他人の精神を自由に操ることのできる「魔術の徒」とみなされた動物磁気催眠術師の姿が、『魔術と催眠術』の記述には反映しているように思われるからである。

同書の記述は、生理学的な知見をちりばめながら、同時に「精神の感通作用」の真実性を力説している。ここからは、奇妙に歪んだ形の「科学」とオカルティズムの混合状態を見ることができよう。しかし、催眠術の科学的証明がいまだはっきりしない状態のなかで、『魔術と催眠術』が不思議な説得力を発揮した可能性は十分にある。むしろ一八九〇年前後（明治二十年代）の催眠術をめぐる風景の一端は、同書のなかに集約されているようにも思える。

図7　ジョーンスツロム『催眠術』渋江保訳、博文館、1894年

一方、一八九〇年前後（明治二十年代）に出版された学術書としては、ジョーンスツロム『催眠術』（渋江保訳、博文館、一八九四年）がある。訳者の渋江保によれば、ジョーンスツロムはスウェーデンの精神医学者であり、ストックホルム病院長。原著名は Hypnotism; Its History and Present Development である。

なお渋江は、例言に「書中奇々怪々の事多く、初学の人をして疑を起さしむべきの恐れなきにあらざれど、一々皆学理と経験とに基きたるものにして、決して妄誕無稽の空説にはあらず」「本書は、恰かも古代の神託、禁咒、妖術、予言等を始めとして、我が邦の憑狐者《きつねつき》、生霊《いきりょう》等を学理に由りて説きたるものなれば、興味殊に深く、且つ有益なり。只訳書紙数限りありて詳説するを許されざるを遺憾とするのみ」と記している。日本に伝承されている不可思議な現象と催眠術の結び付き、それに対する訳者の関心が、この例言には強く表れている。

## 快楽亭ブラックの催眠術

ともあれ、催眠術が流行現象となった一八九〇年前後（明治二十年代）には、小説の分野にも催眠術が取り入れられ始める。伊藤秀雄によれば、黒岩涙香《くろいわるいこう》訳「銀行奇談 魔術の賊」（「絵入自由新聞」一八八九年一月十六日―二月十六日付）が、その最初であるという。そののち、「やまと新聞」には快楽亭ブラック講演、今村次郎速記「切なる罪」（一八九一年五月八日―六月二十一日付）が、「万朝報」にはノリス、黒岩涙香訳「露国人」（一八九七年九月一日―十二月三十一日付）、「中央新聞」にはガイ・ブースビー、水田南陽訳「魔法医者」（一八九九年五月十五日―七月十日付）が、それぞれ掲載された(9)。

また、一八九四年ごろからは、落語家の快楽亭ブラックによる催眠術の講演が世間の評判になり、しばしば新聞をにぎわせている。例えば一八九六年十一月一日付の「読売新聞」には、ブラックの催眠術が「一種不可思議の奇術なり」とちまたの評判になり、十月三十日から両国の回向院で昼夜二回の興行をおこなっているという記事がある。少なくとも一九〇五年まで、ブラックは催眠術をレパートリーの一つとして披露し続け、観客の喝采をさらっていた(10)。

こうした催眠術ブームの一コマを、北原白秋が回想している。白秋『思い出』（東雲堂書店、一九一一年）に登場するエピソードである。

叔父が嘗《かつ》て催眠術の新書を手に入れた事があった。それからというものは無理に私を蚕室《さんしつ》の暗い一室に連れ込んで怪しい眼付《めつき》やおかしな手真似《てまね》を為《し》はじめた。私は決して眠らなかった。始めはよく転げて笑ったものの、後にはあまりに叔父の生真面目《きまじめ》なのに恐ろしくなって幾度か逃げようとした。

白秋の回想はおそらく、全国あちこちに見られた催眠術をめぐる光景の一つだったろう。しかし、こののち催眠術の流行はいったん途切れる。古峡によれば、ある術者の過失が原因で世間の誤解、非難を招き、火が消えたように流行も消えていったという。

## 竹内楠三——催眠術の啓蒙家

再び催眠術ブームが訪れるのは、一九〇三年前後である。〇三年以前に刊行された催眠術関係の書籍といえば、近藤嘉三『魔術と催眠術』、ジョーンスツロム『催眠術』（渋江保訳）、花沢浮州《はなざわふしゅう》『催眠術』（高等成師学会、一九〇二年）など、数えるほどにすぎなかった。ところが、〇三年を境にして、状況が変わった。催眠術関係の書籍が、この年から大量に刊行され始めるのだ。

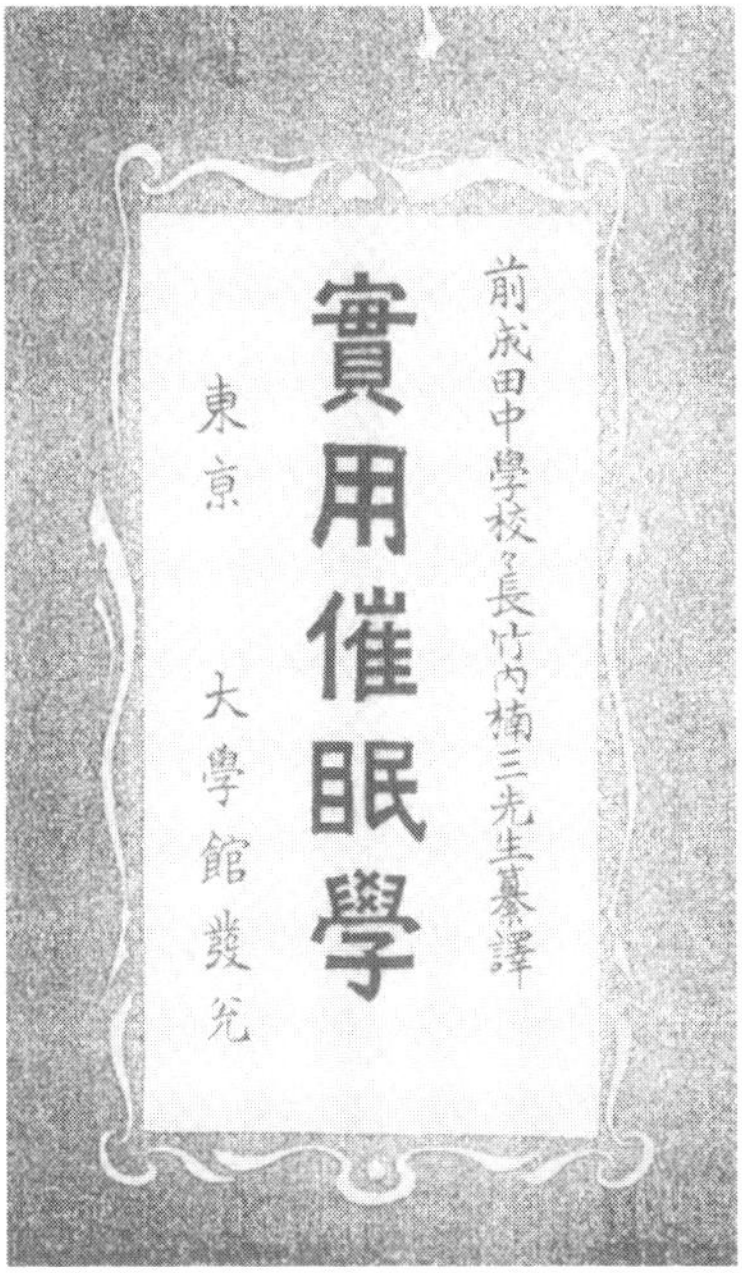

図8　竹内楠三訳編『実用催眠学』大学館、1903年

このブームの火付け役は、おそらく竹内楠三である。彼は東京帝国大学を卒業後、成田中学校長を務めていた人物だが、一九〇四年までに、少なくとも十冊以上の催眠術書を執筆、公にしている。『学理応用 催眠術自在』（大学館、一九〇三年）、『実用催眠学』（竹内楠

三訳編、大学館、一九〇三年)、『催眠術治療自在』(大学館、一九〇四年)、『催眠術矯癖自在』(竹内楠三訳編、大学館、一九〇四年)、『実験自在 動物催眠術』(竹内楠三解説、大学館、一九〇四年)などである。

この竹内について、古峡は「モールの『催眠学』を唯一の種本」とする「一種の書籍製造者《ブックメーカー》」にすぎないと述べている。だが、古峡の指摘した竹内のタネ本、Moll, A “Hypnotism”(一八八九年)は、漱石も読んでいた催眠術に関するスタンダードな学術書だった。明治期に、日本で唯一催眠術の学術的・体系的な研究を進めていた福《ふく》来友吉《らいともきち》は、モールの同書を次のように評している。「催眠術に関する諸研究を系統的に叙述し、催眠現象と類似せるものを日常の現象に求めて相比較し、以て催眠現象の別段神怪《べつだんしんかい》不可思議として驚くに足らざることを述べたるものなり。其の理論には幼稚なる所多しと雖《いえども》、先《ま》ず必読の書物なり(11)」。

だとすれば、なにも竹内は見当違いの書物を大量に刊行したわけではない。むしろ彼は、モールの論を人口に膾炙しやすい形に薄め、わかりやすさを第一に据えて一般社会に「催眠術」の意義を訴えたともいえる。その意味では彼は、きわめて優秀な催眠術の「啓蒙家」だった。

こうして、再び催眠術は息を吹き返した。竹内以外にも、渋江易軒《しぶええきけん》(保)、佐々木九平《ささききゅうへい》、熊代彦太郎《くましろひこたろう》、古屋鉄石などが次々に催眠術書を刊行し、ブームは拡大の一途をたどった。この章の冒頭に掲げた露伴、漱石の小説もまた、こうしたブームと重なっている。あまりの催眠術の流行ぶりに、催眠術が軽犯罪として取り締まりの対象とされたのは一九〇八年九月二十九日である。

さて、この時期に出版された催眠術書の特色は、次のようなものだ。まず、催眠術が決して魔術的なものではなく、科学的、理論的に研究されつつある「学術」の一つであると強調していること。ただし、そうした「学術」性にも限界があるとすること。次に、催眠術が誰でも簡単にマスターできることを強調する半面、心理学、生理学、病理学などに通じていなければ、実行は困難であるとする点である。

例えば先の点については、竹内楠三『実用催眠学』に、次のように記されている。

元来、説明と称するものは、是《こ》れまでには未《いま》だ知れて居《い》ない事を既《すで》に知《し》れて居《い》る事に帰《き》するのである。然《しか》るに精神作用の本統《ほんとう》の性質というものに就《つ》いては、吾人《ごじん》は未《いま》だ何等《なんら》の知る所もないのであるから、従って催眠中の精神状態に就《つ》いて満足なる知識を得《え》んことを望むも、固《もと》より得《う》べからざる所である。だから吾人が科学的知識の今日《こんにち》の程度に於《おい》ては、催眠状態の現象を覚醒状態の現象に比較し、其れに依って得たる知識を以て満足するより外に道はないのである。

また第二の点については、竹内の同書は次のように述べている。

催眠術を応用して疾病《しっぺい》の治療をしたり、悪癖《あくへき》の矯正《きょうせい》をしたりするには、催眠学の外に、心理学、生理学、病理学、（精神医学をも含む）等を必ず一通り知って居なければならぬ。少くとも此れだけの智識を具えて居ない者には、決して催眠術を施す資格はないのである。

## 科学の限界を暴露する

こうした一見矛盾するような記述は、なにを物語っているのだろうか。第一の点については、次のようなことが考えられる。一九〇〇年前後以降（明治三十年代以降）の催眠術書は、催眠術の神秘性を払拭《ふっしょく》し、その科学性を強調する。しかし、それが図らずも、科学的な認識の限界を示すことに陥っている点に注目する必要がある。催眠術が科学的にはどこまで説明できるのか、という問いかけは、場合によっては「科学」の限界を強調することに反転してしまうのだ。こうして催眠術は、「科学」的な装いを獲得したがために、かえって再び「神秘」の側へ回収され、心霊学との結び付きを浮上させることとなる。

竹内の催眠術書とほぼ同時期に刊行された佐々木九平『催眠術に於ける精神の現象』（矢嶋誠進堂、一九〇三年）は、古来から不思議とされてきた現象のほとんどが精神作用であり、その「精神の霊妙なる作用」を認識しようとするならば、催眠術の研究が必須であるという。しかし佐々木は、催眠術によって現れる「天眼通（千里眼）」などの能力については、「到底現今《とうていげんこん》の学説にては満足の解決を与え得《う》るものなし　然《しか》れども事実は飽迄《あくまで》事実なり」と述べるにすぎない。「学説」に従った「研究」を主張しながら、結果的には、そのような科学的「研究」の無効性を暴露してしまうのだ。

　また、第二の点については、アカデミズムの嫌悪感を回避するための戦略的処置、という一面を持つ。また、実際に催眠術を悪用しようと考える者に対する、牽制の意味もある。大沢謙二による東京学士院での講演「催眠術に就て」は、医師以外の者が催眠術を施す場合の危険について、次のように警告していた。「元来病を治するは其症候《そのしょうこう》に由《よ》りて原因を知り之に由《よつ》て始めて適当の処置を施《ほどこ》すにあり　万病《まんびょう》唯一心抔《こころなど》と称《とな》えて盲《めく》ら治療をなすは実に恐るべき事なり　医師と雖《いえど》も経験技量ある確《たしか》なる者にあらざれば容易に此《この》術を行う可らず」。

　しかし、このようなアカデミズムの牽制にもかかわらず、催眠術流行の勢いはまったく衰えなかった。むしろ催眠術は、物質主義的な「科学」への反発を象徴する装置と化していた感がある。催眠術は、精神主義の優位を示す有力な証拠とみなされていく。さらには、催眠術そのものが一種の「霊学」として機能し始めるのだ。「科学」によって権威づけられながら、同時に「科学」を否定するための有力な武器となった催眠術。そこには、一九〇三年前後という、特殊な時代性が関わっている。

## 2　「煩悶の時代」

### 曰く、「不可解」

　一九〇三年五月二十二日、第一高等学校学生、藤村操《ふじむらみさお》は、日光華厳《けごん》の滝から投身自殺した。現場に駆けつけた一行は、華厳の滝の絶頂で、楢《なら》の木に刻まれた一文を見つけた。そこには藤村の姓名と、「巌頭之感」と題された一文が記されていた。次のようなものである。

悠々《ゆうゆう》たる哉天壌《かなてんじょう》、遼々《りょうりょう》たる哉古今《かなここん》、五尺《しゃく》の小軀《しょうく》を以て此大《このだい》をはからんとす。ホレーショの哲学竟《つい》に何等《なんら》オーソリチーを価《あたい》するものぞ。万有の真相は唯一言《ただいちげん》にして悉《つく》す、曰く「不可解」。我《われ》この恨《うらみ》を懐《いだ》いて煩悶終《はんもんつい》に死を決するに至る。既《すで》に巌頭《がんとう》に立つに及んで胸中何等《なんら》の不安あるなし。始めて知る、大《だい》なる悲観は大《だい》なる楽観に一致するを。

華厳学人天尊「懐疑と信仰」（「東京朝日新聞」一九〇三年六月一日付）は、「巌頭之感」を「文簡潔《ぶんかんけつ》にして旨高《むねこう》妙《みょう》」と評価し、「古今来《ここんらい》哲学考究の為《ため》に、遂《つい》に悶絶《もんぜつ》して死を敢《あえ》てしたる者は、唯可憐《ただかれん》の少年藤村操氏あるのみ」と述べた。また魚住折蘆《うおずみせつろ》は、クリスチャンの立場から藤村の自殺を批判しつつも、「あゝ軽薄の風世に満ち偽を知らざる至誠は君に凝りて姿を潜めしか、君をして時代の煩悶を代表せしめし明治の日本は思想の過渡期に当りて実に高貴なる犠牲を求めぬ」と弔辞を読んだ（「藤村操君の死を悼みて」「新人」一九〇三年七月号）。

事実、「巌頭之感」による藤村の思想表明は、同世代の知的青年層に深刻な影響を与えた。藤村の死後、華厳の滝から投身自殺する者が相次ぎ、一九〇三年だけで、その数は十一人に達したという。[12] 藤村の自殺からひと月もたたない六月十四日には、「厭世教徒」の自殺を「殆ど無意義なり」として自殺を戒める一文が、「東京朝日新聞」に掲載されている（浦門「文科大学哲学科と自殺の非」）。

助川徳是は、「巌頭之感」から「宇宙大から俯瞰された人生の微小さ」「明治的な進化思想の論理的帰結である決定論的人生観や、生物学的人間観を支えた、明治の学問すべて」、「現世的な栄達や名声」に対する断固とした否定、「近代が提出する合理的分析的理性への拒否」＝「西欧の科学の福音への根源的な疑惑の表白」を読み取っている。[13]「巌頭之感」は、明治日本が選択した「近代」に対する強烈なアンチ・テーゼの表明とみなされた。藤村の死は「哲学的自殺」と意味づけられていく。そののち、思想的・宗教的「煩悶」は、知的青年層の必須条件と化していった。

このような認識が俗化されていったとき、「哲学＝死」のイメージが加わっていくことになる。一九二一年ごろ、亀井《かめい》勝一郎《かついちろう》は十五、六歳のとき、将来哲学でもやろうかと両親に告げたそうだ。すると、「藤村操のように自殺するからいかん」と、一言のもとにはねつけられたという。[14] こうして藤村の死は、「煩悶」という時代の象徴として認識されていった。またそれは、精神優位の時代が展開されていくなかで、心霊学への関心を呼び起こすきっかけにもなっていった。

## 「巌頭之感」と心霊学

さて、最初に藤村の死に哲学的な色彩を与えていったのは、藤村の死の直後、新聞報道を通じて流布した藤村の叔父、那珂通世《なかみちよ》の談話である。しかし、藤村の死を「煩悶の時代」というイデオロギーの象徴へと移行させるにあたって、もっとも有効に機能したのは黒岩涙香『天人論』（朝報社、一九〇三年）だったと思われる。「那珂博士の甥華厳の瀑に死す」（「万朝報」五月二十六日付）と並んで掲載された「天人論の著者」による「少年哲学者を弔す」は、藤村操に「一冊を寄献することを得ざりしこと」が遺憾であったと記す。その結果『天人論』は、藤村の自殺の背景を読み解くための解説書といったイメージを獲得した。その広告文には、「二十世紀の暁先《ま》ず人心の暗に発射したる最大光明は此《この》著述《のぶ》る所の心的一元論是《こ》れなり、平易流麗《りゅうれい》の文章を以て高遠博大の議論を説き、人間根本の疑問殆《ほとん》ど一として説破せざるは莫《な》し、真個に万有を魚貫して宇宙の神秘を犀照《さいしょう》する者、之を読まば所謂《いわゆ》る乾坤を呑吐《どんと》する勇気と造化に肉薄する品性とを得るも難からじ」と記された（「東京朝日新聞」六月十一日付）。この文にも、藤村の影が微妙に反映している。

同書は「発売以来毎日千部以上を売尽し」（広告文による）、出版後わずか一カ月のうちに五版を重ねたという。[15] この『天人論』のなかに、心霊学に触れた次の一節がある。

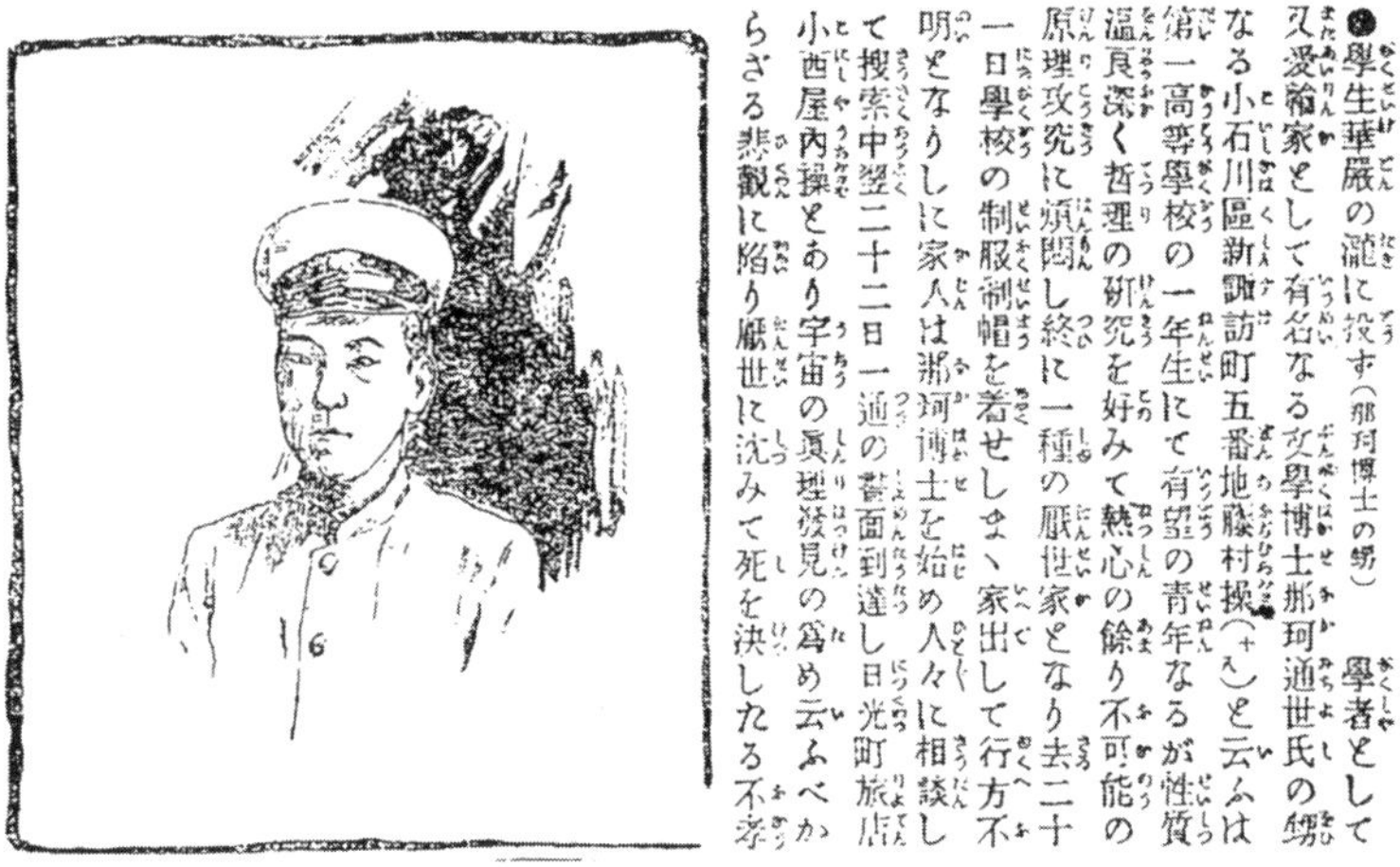
●學生華嚴の瀧に投ず（那珂博士の甥）　學者として又愛輪家として有名なる文學博士那珂通世氏の甥なる小石川區新諏訪町五番地藤村操（十八）と云ふは第一高等學校の一年生にて有望の青年なるが性質溫良深く哲理の研究を好みて熱心の餘り不可能の原理攻究に煩悶し終に一種の厭世家となり去二十一日學校の制服制帽を着せしまゝ家出して行方不明となりしに家人は那珂博士を始め人々に相談して捜索中翌二十二日一通の書面到達し日光町旅店小西屋内操とあり宇宙の眞理發見の爲め云ふべからざる悲觀に陷り厭世に沈みて死を決したる不孝

図9　藤村操の自殺を報じた新聞記事

実に心霊の現象は人智に絶するほど玄妙なり、故に最近十年来、独、仏、英、米、等の学問の中心と称すべき地にして『心霊研究《サイキカルリサーチ》』の学会起《おこ》らざる所は殆《ほとん》ど有ること無し、而《しか》して其《そ》の研究の結果として報告する所は、寡聞《かぶん》なる吾人《ごじん》知り得たる範囲に於《おい》ては、悉《ことごと》く霊魂の実在と其《そ》の不滅とを客観的に証明せるに非《あら》ざるは莫《な》し（略）思うに、廿《にじゅう》世紀の学問は『心霊』を以《もっ》て第一の問題と為《な》すなる可《べ》し、今既《いますで》に学者の頭脳は之れに集中せんとする傾向あり。(16)

『天人論』は、「霊魂論」が復活しつつあることを指摘する。しかしそれは、「物質論」が崩壊したためではなく、むしろ「物質論」が発展したからこそ、あらためて着目せざるを得なくなったのだという。このような論旨は、「科学」の概念そのものが地殻変動を起こしつつあった世界的な動きに連動したものである。と同時に、それは「煩悶の時代」における精神優位の思想を「科学」の側から補強するものでもあった。『天人論』と同一の問題意識は、姉崎嘲風《あねさきちょうふう》「高山樗牛に与うるの書」（「太陽」一九〇二年三月号）からもうかがえる。このなかで姉崎は、自身の心霊学に対する関心を表明するとともに、その理由を次のように解説した。今まで進んできた科学や哲学が袋小路の行き止まりまで進んでしまい、ついに破産宣告をするような状況において、まったく新しい学術の基本を求める機運が高まりつつある。心霊学は「万有と精神との致一的説明」を試みるものであり、「将来の新科学の基本」たらんとするものである。現在の科学に満足せず、新生面を望む者にとって、心霊学の可能性を否定することはできない、と。

このように、「精神」優位の時代の始まりと歩調を合わせるかのように、心霊学へのまなざしも活性化しつつあったことに注目しておく必要がある。西欧における心霊学の動向については、すでに箕作元八《みつくりげんぱち》「奇怪不思議ノ研究」(「東洋学芸雑誌」一八八五年三月号)が、SPRのテレパシー、催眠術実験の模様を紹介していた。しかし、ほとんど顧みられることはなかった。平井金三らがインド霊智学会よりオルコット、ダンパラを日本に招待したのは一八八九年。だがこのときも、心霊現象研究は「野師の所業」とみなされ、「一時は四面楚歌の感」を抱いたという[17]。

この平井の言葉は、二つのことを教えてくれる。一つは、「こっくりさん」、催眠術の流行によって登場する、いわゆる「霊術家」の跋扈《ばっこ》する様相を彷彿《ほうふつ》とさせること。もう一つは、そもそも「神秘」を科学的に考える土壌が、はたして近代日本に存在したのか、という疑問についてである。

## 近代日本の「科学」受容

日本人による西欧近代科学の学習は、一七七〇年代、『蘭学事始』(一八一五年)のころからスタートした。さらに一八五五年、徳川幕府が洋学所その他を設立、ある程度体系的な近代科学教育が可能になる。幕府が採用した機構や方法は、そののち明治政府に継承された。やがて七七年、法・文・理・医学の四学部よりなる東京大学の誕生によって、明治政府主導による科学移植政策は、一つの節目を迎えた。

以後、一八八七年前後には日本の科学はまがりなりにも独り歩きし始める。外人教師から日本人教師への入れ替えも進み、外国語でおこなわれていた講義も日本語へと移行していった。しかし、こうして近代日本に移入された「科学」について、確認しておかなければならないことがある。それは、日本が移入した「科学」とは、ガリレオ・ガリレイ、アイザック・ニュートンの時代の科学ではなく、フランス革命、産業革命を経て、専門化、制度化が進みつつあった「科学」だった、ということである[18]。

十八世紀科学革命以降、西欧の科学は「神」の御手を離れた。科学は客観的なルールと体系のもとに、着々と整理、統合されていった。科学は神の真理でも、信仰の結実でも、教会という場でおこなわれるものでもなくなった。科学とは、人間の心の中にある真理を、理性を体現するものであり、実験室という場でおこなわれるものへと変貌した。

こうして科学は、誰もが一定の知識と手順、方法を身につければ扱えるものとなり、学校で教育可能なものとなった。その結果、近代科学を生み出した西欧の思想的・文化的背景を理解する必要はなくなった。「科学」それ自体が完結した知の体系となったことで、科学はどこへでも移入できる思考装置になったのである。そして、近代日本が移入した科学とは、このような、教科書的に体系化、制度化された科学だった。

こうした「科学」という装置のなかには、そもそも「神秘」的な要素の入り込む余地はない。例えばここに、イギリスにおけるＳＰＲの成立を置いてみよう。ＳＰＲは、科学が制度として確立されていくプロセスのなかで、科学的自然主義による「神」の消滅を憂慮した科学者集団によって成立した。一方、すでに専門化、個別化がなされた、「技術」に近い「科学」の受容から出発した近代日本の「科学」はどうか。この「科学」には、最初から「神秘」の問題――「霊」「神」「死後の世界」など――を扱う概念が存在しない。その意味では、近代日本が移入した科学とは、自然を対象とする唯物論的な解釈装置だったのだ。

先にあげた涙香、嘲風の言説は、近代日本が移入した科学を相対化するためのまなざしが、やっと日本にも現れてきたことを意味している。進化論、資本主義とドッキングした「科学」そのものを疑うまなざし。そうしたまなざしがあってこそ、催眠術という科学／迷信のあわいにたたずむ不可思議な現象がスポット・ライトを浴びることとなったのである。またそのことは逆に言えば、催眠術や心霊学に注目を集めさせた「時代」の問題を浮き上がらせることになるだろう。

## 近代の歪みを暴き出す

明治国家の輪郭が定まってくる一九〇〇年代初め(明治三十年代半ば)に、「明治」が選択した西洋的な合理主義、科学第一主義に対する反動が表面化した。その時代を指して、「煩悶の時代」という。日清戦争後の資本主義の膨張にともなう、「精神」への回帰現象である。立身出世主義に対する批判と懐疑、自己の内なる要求に従って人生の目的を探求し、存在の意味を見いだしていこうとする精神の運動。日露戦争前夜、このような現象が顕在化したのは、「明治」の矛盾がようやく前景化しつつあった時代状況を意識する必要がある。

階層の変化、都市と農村の変貌、下層民の発生と都市への流入、西洋からもたらされるとめどない刺激の受容と、それによって生じるさまざまなカウンター・カルチャー、「はみだし者」の登場。資本主義の膨張によって生じた社会構造の根本的な変質は、国家の規制による思想的な圧迫、または物価高騰による生活難と相まって、厭世的な気分をも生み出しつつあった。このような「気分」は、自然主義文学の発展をもたらした重要な要素でもある。そして、「近代」の歪みが一気に噴出しつつあるとき、隠されてきた歪みを「意識」させてしまう装置として、「催眠術」がある。

その意味では、催眠術の流行現象とは、社会そのものが要求する無意識の願望の現れとみなすこともできるだろう。その願望とは、隠されてきた「近代」の歪みを暴き出すことに他ならない。このような暴力的思考は、他者を思いのままに操ることが可能な催眠術への接近を促すことになるだろう。

または、こうも言える。「近代」の歪みに耐えきれなくなってきたときに生じる、「変身」へのあくなき憧れ、それをいとも簡単に実現させてくれる「催眠術」、というイメージだ。「催眠術」という隠喩《メタファー》が外に向かうのか、内に向かうのかによって、イメージも二極化される。そして、外に向かった「催眠術」イメージのベクトルがもっとも過激化したとき、催眠術は「霊学」の形をとって現れる。それは、「近代」を形成した「科学」的思考に反旗をひるがえす形で、機能し始めるのだ。

## あまりにも反「科学」的

桑原俊郎（天然）が『精神霊動 第一編 催眠術』（開発社）を公にしたのは、一九〇三年八月五日。藤村操の自死から約二カ月後のことである。桑原は一八七三年生まれ。東京高等師範学校卒業後、静岡師範学校に奉職。一九〇三年十月、東京麻布中学の講師に就任するとともに、精神研究会を設立。精神治療と「精神学」の宣伝に努めた。しかし、精神治療のなかで、結核患者の痰を自ら口で吸い取るなどした結果、結核をわずらい、〇六年、三十二歳でこの世を去った[19]。

一九〇三年前後の催眠術ブームを形成していった契機の一つが、竹内をはじめとする催眠術書の大量出版にあったことはすでに述べた。だが、一般社会のなかで催眠術を流布させていった原動力は、桑原をはじめとする民間の団体だった。彼らは組織的な通信教育によって、催眠理論を広く世間に紹介していった。小野福平による大日本催眠術奨励会、山口三之助の帝国催眠学会、そして、桑原の精神学会などである。

これらの団体が催眠術の普及に果たした役割は、非常に大きい。しかし、アカデミズムの側からは、彼らの催眠術観があまりにも神秘の側に偏っていると批判が相次いだ。彼らによって与えられた催眠術のイメージが、あまりにも反「科学」的だったために、アカデミズムの側は彼らの催眠術の研究に嫌悪感を抱いていた。福来友吉は、近代日本の催眠術研究のプロセスを次のようにまとめている。

> 我が日本にありては、八九年前大沢博士、鈴木万次郎、高島平三郎諸氏が催眠術を施行されたるやに聞けども、唯《ただ》一時的の研究に止《とどま》りて、其《そ》の後は杳《よう》として全く断絶したり、然《しか》るに四五年前より、小野福平氏の唱道によりて久しく断絶したりし催眠術の声は再び世間に聞え初め、且《か》つ一昨年に至りては山口三之助氏更に之を奨励し、催眠術治療の名声は漸《ようや》く世人の注意を引くに至れり。然《しか》れども当時に於ける催眠術の流行は主と

して教育の低き人間に限られ、有名なる学者は冷淡に之を看過するにあらざれば、学者の触手《しょくしゅ》すべきものにあらずとして之を拒斥《きょせき》したり。(20)

しかし、こうした福来の指摘は、逆にアカデミズムと対置する「霊学」としての催眠術の存在感を暗示する。つまり、「科学」の側に回収し得ない論理を催眠術の内部に見いだしていった点に、桑原俊郎の特異性がある。

一九〇一年九月、桑原は近藤嘉三『魔術と催眠術』を読み、自ら催眠術の実験を試みるにいたって、それまでの唯物論者から、唯心論者に転身した。彼によれば、催眠術とは心理作用ではなく、霊魂の作用によるものである。催眠術とは、心の多岐にわたる動きを一方的に働かせるための方便にすぎない。そして、催眠術が明らかにするのは、精神の物質＝肉体に対する優位である。

宇宙とは一つのエネルギーであり、物質とはエネルギーの表象である。エネルギーが本源であり、物質はそのあとにくる。エネルギーなくして、物質はない。したがって、物質である肉体は、観念というエネルギーによって変化する。よって、肉体的な病もまた、「治る」という観念が確信になれば必ず全治する。心の形式＝エネルギーの形式が、物質を変化、生成させるのだ。こうして催眠術治療の有効性は保証される。催眠術とは、患者が「確信」を獲得するためのシステムなのである。

また桑原は、自らの思想が西洋的な「知」とは異質なものであることを宣言してもいる。彼は言う。

東洋三千年の昔から知られていた心霊の研究は、西洋の物質主義的な「科学」によって閉塞状態に陥っていた。西洋に心理学などという学問が生まれたばかりに、日本人のような「逆上」しやすい人間は、目を曇らされてきたのだ。例えば、心理学による催眠術の説明を見ればよい。それらは肉体に限定された心のみを研究対象としているため、催眠術によって生じる透視、千里眼などの現象を解釈できない。そのため、苦しまぎれに二重人格説などを立てなければならなくなる。最近では西洋でも、哲学的な研究によって催眠術の原理を解明しようとする動きがあるが（ＳＰＲの研究のことである）、あくまで「精神」の観点から催眠術についても考えなければならない。

こうして桑原は、さらに「精神はどこからきたのか」「神仏とはなにか」「心の滅不滅の問題をどう考えるか」と考察を進め、宗教＝「宇宙心理学」の問題へと歩を進めていく。(21) しかし桑原の理論構築は、「神秘的」「非科学的」「荒唐不稽《こうとうふけい》」など、「科学」の側から激しい非難を浴びた。しかし彼は、いささかも動じなかった。彼は、科学者の批判が「余りに考えの幼稚なる」のに驚いたと述べ、そもそも「科学が精神研究の方面に何程の価値を存するものぞ」と言い切っている。(22)

桑原の論理構築の歩みは、西洋至上主義、唯物論的「科学」に代わる、新たな学の模索を示していた。それは、のちの霊術隆盛下における基礎理論として受容されていくことになる。そして、桑原が唱えた「霊学」の理論は、「煩悶の時代」における精神優位のまなざしに、見事に合致している。催眠術は桑原によって、「近代」を反転させるための有力な観念装置の一つとして、新たな息吹を吹き込まれたのである。

## 3　明治というカオス

### 福来友吉の催眠術研究

一方、一九〇三年前後に始まった新たな催眠術の流行は、アカデミズムの動きを本格化させた。「国家医学会雑誌」が二百号特集として編んだ『催眠術及ズッゲスチオン論集』(国家医学会編、南江堂)の刊行は、〇四年。大沢謙二「魔睡の常態に就て」、福来友吉「催眠術の心理学的研究」、呉秀三《くれしゅうぞう》「催眠術の治療上の価値」など、十編の論文を集めた、催眠術に関する最初の学術論文集である。

個人としては、福来友吉の研究が注目される。彼による『催眠心理学概論』(成美堂、一九〇五年)は、個人の手になる、もっとも早いまとまった学術的催眠術書だろう。同書は、催眠術研究を志す読者を対象に、その時点における科学的催眠術研究の成果を簡潔に紹介したものである。そのため、催眠術の歴史的変遷、催眠術に関する種々の異説と、それに対する反論などといった細部にまでは筆が及んでいない。こうした箇所について増補したものが、『催眠心理学』（成美堂、一九〇六年）である。のちに同書は、第二次世界大戦時まで、日本における唯一の科学的な催眠研究書と評価された。(23)

さて、福来の恩師・元良勇次郎《もとらゆうじろう》は、『催眠心理学』に次のような序文を寄せている。

二三十年以来心理学の実験的研究盛になり、催眠術も該研究に材料を供給する所あるより、多少心理学者の注意する所となれり。而してその研究中、意外なる現象の発見されたるが為め、斯術は大に世間の好奇心を動かし、彼等をして奇怪の感を抱かしめ、以て一時の流行を伝したり。然れども其の実催眠術は決して世人の想像するが如き奇怪のものにあらず（略）吾が国に於て斯術を研究するもの決して少しとせず。亦其目的と研究法に於ても一様ならず。今福来博士の如きに至りては、普通心理学に関する豊富の知識と精密なる研究法とを以て、純然たる科学的眼光より之が研究に従事するもの年あり。故に本書の如き、或る意味に於ける世人の好奇心を満足せしむることはなかるべきも、純然たる科学的方面より斯術の心理学的意義を知らんとするものの為めには無二の好著たることを断言するに躊躇せず。

元良自身、実験心理学の観点から催眠術に関心を抱き続けていた。それもあってか、この序文で彼が強調するのは、「科学」的アプローチによる催眠術研究と、それ以外の、例えば桑原のような試みとの差異である。そして、福来もまた同書のなかで、民間における催眠術師のやり口を激しく非難していた。「我が国の催眠術家は、商売にあらざれば娯楽を目的とす。之を商売にするものは神経不可思議の秘術にして万病を治療し、未来を予言し、運命を卜知するものとして催眠術を吹聴し、臆面もなく荒唐無稽の妖言を放縦にして、伝授料の多からんことを是れ努む」。

当時の催眠術書の多くが、半ば「科学」的説明を放棄することで、逆に催眠術の「神秘」を強調する記述に陥っていたことはすでに見たとおりである。催眠術はその「神秘」によって、身体治療にも有効なシステムとして受容されていった。それは、医学における暗示療法に類似しつつも、根本的な理論の部分で、決定的に異なっていた。

図10　民間治療法の光景（「名古屋新聞」）

## 近代が切り捨てていったもの

医学が唯物論的な「科学」に準拠するのは、当然である。その範囲に従って、医学的な暗示療法も展開される。しかし、民間の催眠術治療の大部分が「理論」として採用したのは、桑原流の「霊」理論だった。「霊」は「肉体」をコントロールする。したがって、「霊」＝精神において病を克服すれば、当然「肉体」の病もまた完治する。

現代にもしばしば見られる、いわゆる「心霊治療」と同一のシステムである。こうした唯心論的な民間療法を駆使する人々は「霊術家」と呼ばれた。長谷川時雨《はせがわしぐれ》の小説、「暗《やみ》」（「文芸倶楽部」一九一〇年五月号）のなかに取り入れたのも、このような「霊術家」の一面である。次のようなものだ。

目の治療のために、上京してきたおかねという女がいる。じきに彼女は、医者の治療に満足できなくなる。そんなとき、催眠術によって十年も子どもを産めなかった女が身ごもったという新聞記事を見る。彼女は、催眠術治療所に赴く。やがて彼女は、笑いこけて帰ってきた。「眼は眼医者の言う通りだって。お前は何事も信じないからいけない。心の通りに鼻も曲っている。あはゝゝ、あはゝゝ、ほんとに曲がっている。あはゝゝゝ、あはゝゝゝ」。

実際に、催眠術治療の新聞広告は当時しばしば掲載されている。「催眠術治療　毎日八時より四時迄　○夜間施術は無料○　△脳△脊髄△神経諸病△脚気△僂麻質△吃　○夜間治療は会員傍観又は施術する事あり　会員募集　会則入申者郵券三銭送れ　東京本郷区西片町十は十五　大日本催眠術奨励会本部　会長　小野福平」といった広告である。

## 信じないからいけない

明治が内包していたさまざまなレベルでのカオスは、「近代」というパラダイムのもとに着々と整備され、制度化されていった。しかしそのプロセスのなかで、パラダイムの内部に吸収し得ない夾雑物をあからさまに見せてくれるのは、当時のメディアにしばしば登場する広告記事である。これらの広告は、「近代」が切り捨てていったなにものかについて、雄弁に語ってくれる。催眠術治療の広告もまた、このような一例とみなすことができるだろう。

また、おかねが催眠術家に言われたという「お前は何事も信じないからいけない。心の通りに鼻も曲っている」という言葉は、術者と患者が精神的に感応し、患者の心のあり方を変えることが、肉体の治療に直結するという「霊学」理論の一端を披露している。「精神の転換」、まさに「心機一転」である。かくして、唯物論的な西洋科学に基づく医学に見放された患者の執着点の一つとして、催眠術療法に人々が殺到する。

このように、非「科学」の側へ再度回収されつつあった催眠術は、「科学」によって馴致されなければならない。ようやく整備されつつあった近代日本の「科学」は、霊術の横行を見逃すわけにはいかなかった。そしてそれは、アカデミズムによって催眠術研究の第一人者と認知された、福来友吉の仕事となった。福来は異常心理学の観点から、催眠術が引き起こす「意外なる現象」の解明に取り組む。その一つが、「千里眼」である。しかし、福来の運命は、「千里眼」研究によって思わぬ方向へと変転することになる。

## 「科学」そのものの価値を問う

前章で示したように、メスメルの弟子ピュイセギュールが「動物磁気催眠」を発見して以来、催眠状態に陥った患者が示す不可思議な現象は、しばしば催眠術と「科学」との結び付きを拒否してきた。千里眼、予知、透視、霊界との交信。こういった現象に対して、「科学」の分析は明確な答えを出せなかった。むしろこれらの現象は、不可視の世界との直接的な交感によるものと考えられてきた。

メスメリストたちは、地上的な認識にとどまらない「神」の領域にまで接近しうる「高等科学」として、メスメリズムを位置づける。メスメリズムがオカルト思想に接近していった結果、いわゆる「科学」の側から白眼視され、「魔術」の範疇に押し込められるに至ったのは、いわば必然的な過程だった。おそらく、近藤嘉三『魔術と催眠術』の記述がオカルト的な色彩を色濃く持っていたのは、メスメリズムに内在する「魔術」的な要素と無縁ではない。

シャルコー、ベルンハイムらによって、あらためて催眠術が「科学」の側へ回収されたとき、相変わらず不可思議な現象の解釈は「謎」のまま残った。福来にとってもまた、千里眼などの現象にいかなる解答を与えるかは難問だったようだ。『催眠心理学概論』で、福来はプランセットによる自動書記現象を第二人格の顕現であるとし、また霊界との交信現象を、強迫観念による幻視、幻聴と解釈する。しかし、催眠術によって生じる感覚の鋭敏化などについては、「潜在意識」の機能を強調しながらも、その内実については明らかでない。

この点については、続く『催眠心理学』においても、福来は前書を踏襲するしかなかった。ただし、ここで彼は、はっきり宣言している。「催眠現象の大部分は、依然として科学的説明の範囲外にあり」と。しかし、だからといって手をこまねいていてはいけない、と彼は言う。「神経不思議のものとして学者の研究範囲外に放擲されたりし催眠現象に合理的新説明を与え、以て斯術をして堅実なる科学的基礎の上に立たしめん」こと、そのための第一歩が同書であるとするのだ。彼は自ら大量の催眠術実験をこなし、その成果に基づいて「実証的」に記述を進めていた。その彼の前に、一人の「千里眼」能力者が現れる。御船千鶴子《みふねちづこ》である。

御船の出現によって、催眠術の流行は新たな展開を迎える。「催眠術」を「科学」の側から回収する装置として、心霊学への関心が高まり、やがてそれは「科学」そのものの価値を問うレベルにまで移行することになる。「千里眼事件」である。

注

(1) 引用は幸田露伴『戯曲』(〔『露伴全集』第十二巻〕、岩波書店、一九七八年)による。
(2) 引用は夏目漱石『短篇小説集』(〔『漱石全集』第二巻〕、岩波書店、一九八四年)による。
(3) 高橋五郎『心霊哲学の現状』大鐙閣、一九一九年
(4) 井村宏次『霊術家の饗宴』心交社、一九八四年
(5) 同書
(6) 近藤嘉三『心理応用 魔術と催眠術』穎才新誌社、一八九二年
(7) チェンバレン『日本事物誌』第一巻、高梨健吉訳(東洋文庫)、平凡社、一九六九年
(8) アンリ・エレンベルガー『無意識の発見――力動精神医学発達史』上、木村敏/中村久夫監訳、弘文堂、一九八〇年、L・シェルトーク/R・ド・ソシュール『精神分析学の誕生――メスメルからフロイトへ』長井真理訳、岩波書店、一九八七年
(9) 伊藤秀雄『明治の探偵小説』晶文社、一九八六年
(10) イアン・マッカーサー『快楽亭ブラック――忘れられたニッポン最高の外人タレント』内藤誠/堀内久美子共訳、講談社、一九九二年
(11) 福来友吉『催眠心理学』成美堂、一九〇六年

(12) 高橋新太郎「「巖頭之感」の波紋」「文学」一九八六年八月号
(13) 助川徳是『啄木と折蘆――「時代閉塞の現状」をめぐって』洋々社、一九八三年
(14) 久山康編『近代日本とキリスト教――明治篇』創文社、一九五六年
(15) 前掲「「巖頭之感」の波紋」
(16) 引用は木村毅編『黒岩涙香集』(〔「明治文学全集」第四十七巻〕、筑摩書房、一九七一年)による。
(17) 平井金三『心霊の現象』警醒社、一九〇九年
(18) 広重徹『科学の社会史――近代日本の科学体制』(〔自然選書〕、中央公論社、一九七三年)、村上陽一郎『近代科学と聖俗革命』(新曜社、一九七六年)など。
(19) 前掲『霊術家の饗宴』
(20) 前掲『催眠心理学』
(21) 桑原俊郎『精神霊動 第二編 精神論』開発社、一九〇四年、同『精神霊動 第三編 宗教論』開発社、一九〇四年
(22) 桑原俊郎『安全催眠術』開発社、一九〇四年
(23) 成瀬悟策「催眠研究の今日的意義」「imago」一九九〇年八月号

# 第3章　千里眼と科学

## 1　最初の千里眼

### 千里眼、目覚める

一九一〇年、師走の大阪。香具師《やし》とも先生とも見える分別盛りの男が二人、「新案千里眼」の大旗を寒風にひるがえし、夜店のなかに立っている。この旗を目印に四、五十人の観客が彼らを取り囲んでいる。そのうち、男の一人が口上を述べ立て始めた。「千里眼はだれでもできる。身体中の神経を、頭へこみあげたらいいのだす」「というて、みんな上げてしもうたらフラフラになるさかい、えらい神経だけをこみあげたらええのや」「指のなかではしらみをひねる人差し指、次は目玉に口中の舌、この三つの神経をこみあげて……」。

ひととおり口上が終わると、選手交代。違う男が、みかんのなかの袋がいくつあるか透視を始めた。二分あまりも気張って、見事に的中。今度は口上の先生が、お客に字を書かせて小箱に入れた。それを透視してみせる。二度やって、二度とも的中。

「ざっと、こんなもんです。御賛成のお客さまには、十銭でご伝授いたします」。先刻から、師走の慌ただしさも忘れて感心していた客たちは、「千里眼秘伝」なるパンフレットに殺到した。しかし、この「秘伝」なるもの、次のような内容だった。「文字をあてるには、他人に文字を書かせ、容器に入れさせる。左手か親指の先かへちょっと唾をつけておき、それを受け取ったあと、懐中でいったん紙を出し、文字をおさえれば手に文字がうつる。これを人に知られないように見て、文字をあてればよろしい」。ようは、インチキである。

　このころ東京では、新橋板新道、旭屋の抱え芸妓の芳江が、箱のなかに隠した文字を透視してみせるということで、お座敷の人気をさらっていた。一方、大阪では霊術家で知られた横井無憐が、千里眼の実地講演会を会費十円で開催しようとしたところ、治安妨害の疑いで警察による厳重な取り調べを受け、講演会は中止になっている。「千里眼」は、すでに一大流行現象になっていた。そのピークは、一九一〇年十二月から翌年一月にかけてである。そしてこの騒ぎのきっかけは、熊本出身の御船千鶴子《みふねちづこ》という女性の出現による。

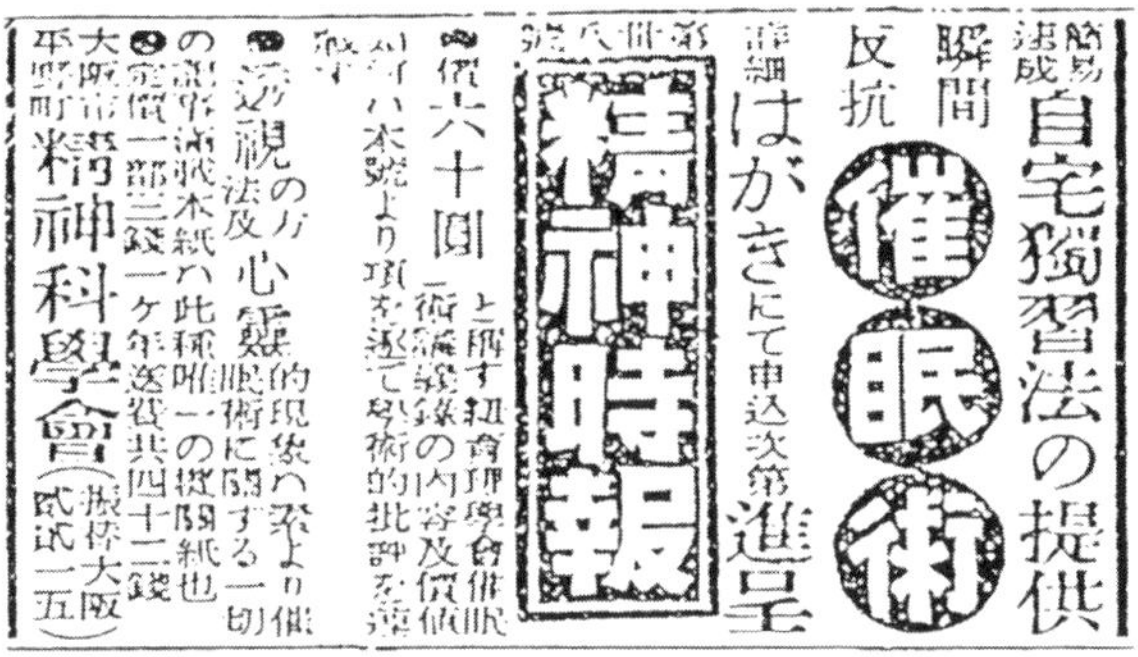


図11　横井無憐の新聞広告

　千鶴子の名前が中央の新聞に登場したのは、一九〇九年八月十四日付の「東京朝日新聞」を嚆矢とする。「不思議なる透見法」というこの記事は、前京都帝国大学総長・木下廣次《きのしたひろじ》が、河地千鶴子という二十三歳の女性を京都の自宅に招き、彼女が研究、発明した「透見法」の試験をおこない、さらに彼女の「心理的治療」を三度にわたって受けたというものである。

　御船千鶴子は一八八六年、熊本県の士族・御船秀益の次女として生まれた。一九〇八年、陸軍歩兵中尉・河地某と結婚したが、一〇年四月、離婚。旧姓の御船に戻った。彼女は右耳が難聴であったが、宗教心が深く、また極度の集中力の持ち主だった。彼女は〇八年、義兄・清原猛雄《きよはらたけお》の誘導によって透視に成功したという。

清原は、一九〇三年から催眠術をおこない始めた。のちに彼は、千鶴子を催眠術の被験者にする。ほどなく彼は、千里眼ができると千鶴子に暗示をかけてみた。そのとき、当時、日露戦争下で常陸丸の遭難が話題になっていたため、常陸丸に第六師団の兵士が乗っているかどうか見てくるように千鶴子に命じた。千鶴子は「第六師団の兵士は、いったん長崎を出発したが、途中故障があって長崎に引き返したので、常陸丸には乗船していない」と答えた。三日後、千鶴子の「千里眼」が的中したことがわかった。

千鶴子が千里眼の能力に目覚めたのは、催眠術がきっかけだった。それは、一九〇三年以降の催眠術ブームによって生まれたものである。その意味では「千里眼」の流行は、催眠術の流行とつながっている。精神の絶対性へのまなざし、アカデミズムの関心、容易に他人と異なる能力がもてるようになるという、民衆の素朴な期待。「千里眼」の流行は、こうした要素を催眠術から引き継いでいる。

## 五感以外の知覚能力

一九〇八年七月、清原は千鶴子に、催眠術なしでも無我の状態にいたれば万物を透視できると言い、毎朝練習するように命じた。それから十日もたたないうちに、彼女は庭の梅の幹のなかに潜む数匹の小虫を透視してみせた。彼女の透視は徐々に評判になっていく。やがて彼女は、人体透視にも熟達した。同時に、身体の治療ができるようになった。その結果、門前市をなすほど患者が集まり始めた。彼女の治療法とは、手を患部に触れて、治るようにと精神を集中するものである(1)。

福来友吉が千鶴子の存在を知ったのは、一九〇九年の春。彼の友人で、当時熊本高等工業学校に勤めていた高橋正熊が、千鶴子の評判を福来に伝えたのである。また同年五月、木下に千鶴子を紹介した熊本済々黌《せいせいこう》校長・井《い》芹《せり》経平が福来を訪問、千鶴子の能力を紹介し、彼に千鶴子の研究を勧める。

しかし福来は当初、千鶴子の能力を視覚の鋭敏なものにすぎないだろうと思っていた。ところが、翌一〇年二月、試しにおこなった通信実験の結果は、驚くべきものだった。彼は千鶴子の能力を、研究に値すると判断する。

一方、京都帝国大学医科大学教授・今村新吉も、千鶴子の能力に注目していた。今村は福来に先立ち、一九一〇年二月二十日、二十一日の二日にわたって、熊本で直接千鶴子の実験をおこなう。今村もまた、千鶴子の能力を確信した。今村は、福来と連絡を取る。両者の共同実験がおこなわれたのは、同年四月十日から十五日にかけてである。実験は、錫箔で密封したカードの文字を透視する、などの形式でおこなわれた。実験結果は良好だった。今村はこの実験結果を、「透視に就て」という題名で同年六月二十七日から七月十五日まで「大阪朝日新聞」の一面に連載した。このころから、千鶴子の名前は一躍世間に知られることとなる。

今村は「透視に就て」で、千鶴子の能力を三種類に分類した。包み込んだ近接する物体の透視、催眠状態における遠隔透視、近い未来における事象の予言、の三種である。しかし、遠隔透視、予言については科学的な実験が困難であるとし、とくに透視の問題に限定してアプローチした旨を述べ、今村自身の実験、福来との共同実験、また福来による三度の通信実験の模様を詳細に報告した。彼はそのなかで、物質を対象とする五感以外の特殊な知覚能力が存在することを強く訴えた。

## テレパシーによる可能性もある

一九一〇年八月三十日、大阪商工教育会主催の透視講演会に招かれた千鶴子は、義兄・清原猛雄、福来らとともに列席した。次いで彼女は、九月二日から五日にかけて、京都で福来、今村の実験に応じる。九月十二日、上京した彼女は、諸学者立ち会いのもとで透視実験をおこない、さらに同月二十四、五日、大阪で医学者を中心とする実験に応じた。その結果、彼女の存在はマスコミを通じて一大センセーションを巻き起こした。

東京で実験に参加した学者の反応は、例えば次のようなものである。元良勇次郎は、なにかあるものが物体を通して一種の感覚を与えるのではないか、と考えた。田中館愛橘《たなかだてあいきつ》は、千鶴子の透視が観察者の目の前でおこなわれるものではないから簡単には信じられないし、「透視」ではなくテレパシーによる可能性もある、サイコロによる実験がもっとも簡単でわかりやすいとした。山川健次郎《やまかわけんじろう》は、五感を超える、トランスの感覚作用の存在を示

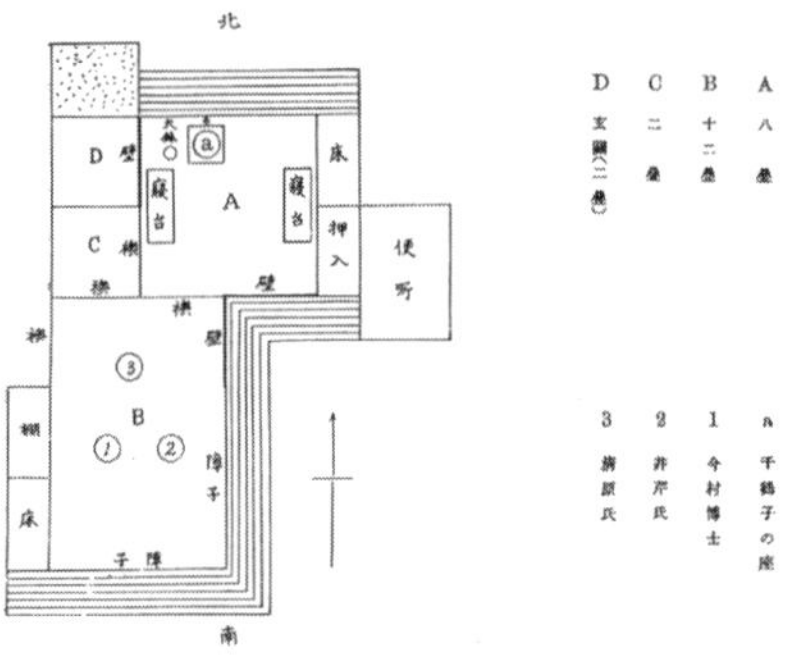

図12　透視実験の配置

唆した。井上哲次郎《いのうえてつじろう》は、透視が超越的精神力である以上、霊的な方面から説明するよりないのではないかと述べている。一方加藤弘之《かとうひろゆき》は、透視に対する心霊学的なアプローチを科学からの逸脱であると退け、科学的に一歩一歩研究することがもっとも必要であると強調した。

ちなみに、田中館、山川は物理学者、元良は心理学者、井上は哲学者、加藤は法学者である。彼ら以外にも、東京での千鶴子の実験には丘浅次《おかあさじ》郎《ろう》（生物学）、姉崎正治《あねさきまさはる》（嘲風、宗教学）、呉秀三、大沢謙二、入沢達吉《いりさわたつきち》（ともに医学）などが参加している。これだけのバラエティーに富んだ研究者がアヤシゲな透視実験に参加しているのは、いまからみれば不思議な話である。明治の学者たちの幅広い知的好奇心とその行動力に賛嘆するしかないが、それだけ、リアル・タイムの西欧における心霊学研究が強く意識されていたことも指摘しておかねばならない。元良、大沢らは、おそらく催眠術と、その解釈格子としての心霊学への関心から彼女の能力に注目したはずである。また、物理学、心理学などの学問分野から注目されたのも相応の理由がある。この点については、のちに触れる。

また、大阪での透視実験は、医学者を中心に実施された点が興味深い。おそらく、千鶴子による人体透視、心霊療法が知られていたためだろう。この時点で彼女は、直接患者と対面しなくても、一定の時間を定めてお互いが瞑想し宇宙に合体することで治療を促すという、いわゆる遠隔治療をもおこなっていた。すでに彼女は、各地に何百人もの患者を抱えていたようだ。このような医学的観点から大阪での実験が試みられたが、ここでもまた、驚愕の声と、千里眼研究の必要性が声高に叫ばれることとなった。

しかし、アカデミズムが「千里眼」にこぞって熱い反応を示しているなかで、そのような空気を不安視する声もあった。石川貞吉《いしかわさだきち》は「精神の非常現象」に対する研究の必要性を訴えながら、一方で社会のなかに「似非《えせ》霊力家」が跋扈《ばっこ》する危険を指摘している。同様に富士川游《ふじかわゆう》は、「精神の非常現象」の研究は専門学者の緊急の任務であるが、その研究は学術的に冷静に進めねばならないとして、千鶴子の東京での透視実験に疑問を投げかける。さらに、東京での「千里眼の実験」がもたらすであろう弊害として、次の二点を指摘した。

1．精神現象に対する医学、心理学の解釈を、世間の人々が疑い始めることになり、その結果、迷信を深め、「心霊学派」の勢力を助長させるであろうこと。

2．透視による身体治療が、現実に有効であるとみなされてしまうこと。

富士川の指摘は、「千里眼事件」のゆくえをかなり正確に「透視」していた。また、彼が「心霊学派」の勢力を強く意識していたことも、適切な状況判断だったといえる。この時期、心霊学はアカデミズムを経由して、広く日本に紹介されつつあったからである。

しかし、千鶴子の京都、東京、大阪での実験直後の時点では、新聞には「千里眼」肯定の声が満ちあふれていた。「要するに千鶴子の透覚《とうかく》は最早《もはや》疑うべからざる事実なれば爾今《じこん》進んで之《こ》れが研究に入らざるべからずと云うに一致したるものの如く此《これ》にて千鶴子の千里眼は愈々極印附《いよいよごくいんつ》きとなりたる訳なり」（「千里眼極印《ごくいん》を附《つ》けらる」「東京日日新聞」九月十八日付）とする判断が、大勢を占めていたのである。

早くも九月二十二日付の「万朝報」には、「△千鶴子は千里眼でも東京市内を見物するとサ　乙　それは錫《すず》の壺《つぼ》に入れてないから」といった、千鶴子の実験風景を風刺した一口噺《ひとくちばなし》が掲載されている。また、翌二十三日付の「万朝報」にも、「主人　長松又居眠りして居るナ　小僧　イエ只今一寸《ただいまちょっと》精神統一をやっている所です」といった一口噺を見いだせる。「千里眼」は、着々と社会に認められつつあった。

## 所謂新しき科学

千里眼＝透視の実在は学者によって証明されたと、マスコミは広く喧伝していた。しかし、その原理については、学者間でも意見が分かれた。そこで問題になるのは、学者によっても確定されなかった透視の説明原理である。こうして注目されたのが、「科学」では説明不可能な現象を説明するためのシステム＝心霊学だった。

十月から十一月にかけて各新聞はこぞって心霊学を取り上げ、新たな「学」としての期待と不安を表明した。局外生「所謂《いわゆる》新しき科学」（「東京日日新聞」十月十五日付）、静観庵主人「科学と超科学」（「東京日日新聞」十月二十八日付）、「所謂《いわゆ》る新科学」（「万朝報」十一月三日付）、長梧子「神通力の研究」、同「神通力の発現」（「東京朝日新聞」十月二十八日―十一月二十五日付）などである。

これらの記事は、ＳＰＲなどに代表される欧米の心霊学研究の状況を紹介し、日本においてもようやくその機運が高まりつつあることを告げている。いまだ心霊学は、説明を与え、法則を見いだす以前の、事実そのものの確実性とプロセスとを確かめる段階にとどまっているが、「吾等《われら》は世人《せじん》に雷同して心霊現象を嘲笑し去る程に賢明なるを願わない、寧《むし》ろ『新しき科学』に同情して宇宙の謎を解く可《べ》き鍵鑰《けんやく》の一つを握りたいと思う」とする、局外生「所謂新しき科学」の記述がその代表的なものだろう。

また、長梧子「神通力の研究」は、心霊学の勃興を世界的な同時代性という観点から、次のように解説している。十九世紀以降、西欧で進展してきた「科学」は、ますます絶対的な存在になり、そのなかで登場した「マテリアリズム」の思想の反動として「スピリチュアリズム」が現れた。しかし、「科学」が唯物論的な思考を強めていった結果、「精神的方向」への研究は忘れ去られた。

その意味では、千鶴子の透視に驚嘆した日本の学者の動揺も無理がない。彼らは西欧の個別的な科学、哲学のみを学んだ存在であり、個々の専門分野においては「オーソリチー」であっても、「ヒューマンネーチュアの研究に関しては殆《ほとん》ど何の素養も無かったからである」。

長梧子の指摘は、個別化、専門化の傾向を深めつつあった「科学」の一面を鋭く衝いたものである。そこから彼は「科学」の枠からはみだしたジャンルをもカバーしうる、新科学としての「心霊学」に期待をかける。

しかし、一方では「所謂る新科学」（「万朝報」）のように、本来「科学」とは範囲が決められたものであり、「宇宙の不可解」「人生の懐疑」に関わるような問題に科学者は口を出すべきでないとする意見もあった。SPRのような試みはそもそもが無理な話なのであって、透視の解釈のような問題は、宗教や哲学でアプローチされるべきだ、というのである。

たしかに、「千里眼」と宗教の関連については、千里眼報道の当初から指摘されていた。千鶴子の来歴が語られるときは、しばしば彼女の観世音信仰が強調されている。また、彼女のあとに続々と現れた「千里眼」能力者も、彼らの信仰心に注目する記事が見受けられる。その背景には、本来「千里眼」という用語自体が、仏教の文脈からセレクトされていること、また一九一〇年前後（明治四十年代）にいたって、いわゆる「霊術家」の活動が本格化していたことも関わっていただろう。

図13　御船千鶴子

しかし、「千里眼」をめぐる新聞報道が第一に強調していたのは、SPRをはじめとする西欧心霊学との関連であった。すでに触れたように、一八八七年前後には日本でも紹介されていた心霊学が、この時期になってようやく日本でも脚光を浴び始めていたのである。「こっくりさん」から催眠術へ、そして心霊学にいたる流行の系譜は、「近代」というパラダイムの裏面にあって、それを照射する鏡の役割を果たしている。それでは、心霊学の流行は、いかなる背景のもとに近代日本に登場したのだろうか。

## 2　心霊学の流行

### 心霊学書ラッシュ

欧米における心霊学流行の余波がようやく近代日本に影響をもたらし始めたのは、一九一〇年前後（明治四十年代）である。この時期から、「東洋学芸雑誌」「哲学雑誌」「丁酉《ていゆう》倫理会倫理講演集」などアカデミズム系の雑誌に、心霊学関係の記事が目立ち始める。また、心霊学関係書籍の出版ラッシュが起きるのもこの時期である。

この時期に刊行された主なものをあげてみれば、渋江易軒『心理応用 以心伝心術』（大学館、一九〇九年）、同訳編『心象及び其の実験』（内外出版協会、一九〇九年）、同訳編『原理応用 降神術（Spiritism）』（大学館、一九〇九年）、平井金三『心霊の現象』（警醒社、一九〇九年）、高橋五郎『心霊万能論』（前川文栄閣、一九一〇年）、竹内楠三『千里眼』（二松堂、一九一〇年）などがある。

これらの書は、ほぼ共通してSPRの動向を紹介して、「科学」による霊の存在証明や、霊的なエネルギーの研究（透視などもこのなかに含まれる）が進められている点を強調する。「科学」という唯物論的な解釈装置が、いまや唯心論的な命題の解明に向かっていることを示し、そこから「霊」の実在を積極的に印象づけようとするものである。

さて、この時期の心霊学関係書目を見渡せば、渋江保（易軒）の著訳書が群を抜いて多い。先にあげた書目以外にも、『嶄新催眠術』（大学館、一九〇九年）、『学理応用 催眠術自在』（大学館、一九〇九年）、『学理応用 遠距離催眠術』（大学館、一九〇九年）、『人身磁力催眠術』（大学館、一九〇九年）、『学理応用 神通力自在』（大学館、一九〇九年）、『原理応用 最近接神術』（大学館、一九〇九年）など、一九〇九年にはほぼ毎月一冊の驚異的なペースで刊行されている。

これらの著書には、内容の点でかなりの重複がみられる。しかし、フランク・ポドモア、フレデリック・マイヤーズ、テオドール・フルールノイ、ウィリアム・クルックス、ウィリアム・ステッドなど、主にSPR関係者の著書を参考にして、かなり具体的かつ正確に心霊学を紹介している。「近世接神術は、一種の宗教であると同時に、一種の哲学でもあれば、また一種の科学でもある」「宗教としての接神術は、い．霊魂は不滅であること、ろ．霊魂は、生人と交通し得、かつ現に交通すること、の二項を併せ信ず」（渋江易軒『原理応用 最近接神術』）といった具合だ。また、渋江が依拠している参考文献の関係もあるのだろうが、彼のSPRに対する評価は総じて高い。

ちなみにこの渋江保とは、森鷗外の史伝で知られる渋江抽斎の第七子である。彼は東京師範学校を卒業後、各地で教師を勤めるかたわら、博文館を中心に旺盛な執筆活動を展開した。彼の著訳書は、哲学、教育、歴史、文学、数学、さらには冒険小説、少年小説、SF小説にまで及んでいる。その意味では彼の心霊学関係書は、氷山の一角にすぎない。しかし、彼の著作は千里眼事件と連動しながら一般社会に心霊学を普及させた点で、大きな役割を果たしたと考えられる。

## 唯心論の唯物論に対する勝利

一方、渋江に比べて、より長いスパンで心霊学のスポークスマンを務めたのは高橋五郎である。彼は旧約聖書翻訳委員会の一員であり、また内村鑑三不敬事件にともなう「教育と宗教の衝突論争」で、キリスト教側の代表的な論客として活躍した。また高橋は英文学者として、本間久雄、蒲原有明、岩野泡鳴、千葉亀雄、国木田独歩らに接したことでも知られている。とくに泡鳴はしばしば高橋宅を訪問し、心霊学をめぐって高橋と激論を交わしたという。

彼の手になる心霊学関係著訳書は、『最新哲学 霊魂実在論』（日高有倫堂、一九一一年）、『霊怪の研究』（嵩山房、一九一一年）、デゼルチス『心霊学講話』（玄黄社、一九一五年）、オリバア・ロッヂ『死後の生存』（玄黄社、一九一七年)、『心霊哲学の現状』(大鎧閣、一九一九年)、『幽明の霊的交通』(広文堂書店、一九二一年)など、優に十を超える。

これらの著書のなかで高橋が繰り返し主張するのは、唯心論の唯物論に対する勝利である。そして、その背景には「科学」信奉者＝「唯物的進化論者輩」に対する不信感がある。彼は言う。「唯物論者は鈍根の小乗家たり、『権教』を執して究竟の心理と為したる耳《のみ》、抑《そもそ》も、物質は決して俗眼に見ゆるが如《ごと》き者に非《あら》ず」(『心霊万能論』)。

こうした高橋の言葉は、「科学」の絶対化が着々と進行する二十世紀初頭のありさまを浮かび上がらせている。「科学」という規範が強烈に作用すればするほど、その反作用として心霊学が注目されるというシステムだ。事実、一九一〇年前後(明治四十年代)に積極的に心霊学の動向を紹介していたのは、アカデミズム系の雑誌だった。そして、心霊学、もしくは「千里眼」が「科学」の側から脚光を浴びたのは、世界的なパラダイム・チェンジの進行と深く関わっている。

## 進化論による絶対化

十九世紀後半、ダーウィンの進化論はあっという間に世界を席巻した。それは、「科学」の存在証明を決定的に示したものとして、近代科学の絶対化への道を開いた。村上陽一郎は、進化論の影響を次の二点にまとめている。第一に、自然創造史に理論上の仮説を樹立したことであり、同時に種の問題、「創世記」の記述に関する聖書文献学からの再考慮の問題など、現代にまでつながる諸問題を生み出したこと。第二に、「人間」に関するあらゆる問題は自然科学的な方法によって解決できるという「信仰」を生む、モチーフの一つになったこと。[2]

進化論は、絶対的な科学理論として機能していった。それは、「科学」と「宗教」の峻別という結果をもたらした。キリスト教の種の創造説は破壊され、人間の自然における超越性も否定された。しかし、こうした動きは、「科学」の「宗教」に対する優越が「常識」化することへの激しい不安を呼び起こした。一部の科学者は、「科学」による「神」の存在証明を試みることとなる。ＳＰＲの取り組みである。彼らの研究は、「科学」と「宗教」とを再び融合する試みと考えられた。

また、SPRの研究は、進化論の再解釈にも向けられていた。こうした試みが存在することは、日本にも早い時期に紹介されている。丘浅次郎『進化論講話』(開成館、一九〇四年)の記述などである。同書は、近代日本にあって生物学的進化論の普及に大きな役割を果たし、昭和初期に至るまで広く愛読された。この『進化論講話』のなかには、ダーウィンとともに自然淘汰説を提唱したことで知られる、ウォーレスに関する記述がある。

丘はこのなかで、ウォーレスが進化論の適用範囲を人間以外の生物に限定するとともに、人間を霊的存在として特権化している旨を紹介し、激しく非難している。「かような論法は事物を理解しようと勉める科学の区域を脱して、もはや宗教的信仰の範囲に踏み込んだものと見なさねばならぬ」「宗教家は、ウォーレスが霊魂を説くのを見て大いに喜び、進化論の台頭、自然淘汰の発見者でさえ霊魂の存在を唱えるから、これはたしかであるなどといった人もあるが、晩年のウォーレスはよほど不思議な方面へ傾いたゆえ、ダーウィンと並べて論ずることはとうてい出来ぬ」。

ウォーレスがSPRの主要メンバーとして活躍したことについては、すでに触れた。このウォーレスの主張が重要な意味を持つのは、それが種としての人間の特権性に関わっていたことである。人間がほかの生物と同じ存在ならば、ほかの生物同様、永遠の霊も存在しない。進化論は、心霊学の認識基盤である、死後の個性存続を否定しかねない思想である。しかし、ウォーレスのように霊の実在を認めるかぎりでは、死後の個性の永遠進化を説く、心霊学の思想的な論拠になりうる。

その意味では、ウォーレスの主張は、進化論と心霊学とをドッキングさせるものである。心霊学的進化論によって、人間の生物的特権は保証され、同時に魂の永遠進化の主張も正当化される。キリスト教的な世界観が崩壊していく恐怖のなかで、進化論を徹底的に糾弾していたキリスト教会には、ウォーレスの主張はまさに「神」の声に聞こえたことだろう。こうして科学と宗教は融和される。また、物質と精神とを統一的に把握することもできる。「新科学」＝心霊学への期待は、いやがうえにも高まっていったのである。

## 認識上のブラック・ボックス

さて、心霊学がアカデミズムの注目を集めた二つ目の理由は、台頭しつつあった心理学と心霊学が密接に関係していた点にある。メスメリズムに始まる催眠術の歴史は、一方ではシャルコー、フロイトらによる実験心理学、精神分析学の登場を促した。また、その一方で催眠術は、「精神」の絶対性を主張する種々のオカルティズムとの接近、融合を繰り返していた。近代日本においても桑原俊郎が試みたように、催眠術を「精神」の実在を証明する手段とみなした例がある。

内に秘められた「心理」を表面に導き出す催眠術。それは、「心理」を実体として把握し、研究するための有効な方法であると考えられた。また、「心理」＝「精神」を「肉体」と分けて、「精神」の実在を証明するための糸口として、催眠術は注目された。しかし、やがて催眠術によって顕在化したいくつかの現象、例えば「肉体」＝物質のレベルでは説明できない透視などの現象をどう説明するのか、という難問に直面する。この難問に対するアプローチの一つとして、ＳＰＲの試みが注目されたのである。しかし、それは近代心理学にとっては「異端」にならざるを得なかった。

近代心理学は、ヘルマン・フォン・ヘルムホルツの感覚生理学、グスタフ・フェヒナーの精神物理学、ヴィルヘルム・ヴントの実験心理学を経由することで、哲学から分離し、近代科学への脱皮を図っていた。その結果、近代心理学は、いくつかの「前提」を抱え込むことになった。

ヴントは心理学の研究対象を「意識」とし、自然科学＝間接経験の学／心理学＝直接経験の学と整理した。彼はルネ・デカルトの心身二元論を採用することで、自然科学が扱う対象と心理学のそれとの違いを強調した。また、同時に自然科学の方法を導入することで、形而上学的な「魂」の研究をおこなう哲学との違いをはっきりさせた。こうして近代心理学は「科学」への第一歩を踏み出したのだが、しかしこのなかには、認識上のブラック・ボックスがある。

近代心理学は「心」＝意識の科学的探究を第一義とした。その結果、「心とはなにか」「意識とはなにか」という問題は棚上げせざるを得なくなった。「心」「意識」は存在する、という暗黙の前提のもとに進むことが、「科学」への道だった。

ウィリアム・ジェームズもまた、同様の諦念のもとに新たな心理学を模索していた。彼は『心理学要論』（一八九二年）のなかで、「意識状態そのものの記述および説明」が心理学であり、「一自然科学として」心理学を扱うと宣言する。ただし、彼はすべての自然科学が認識上のブラック・ボックスを抱えて研究を進めていることを指摘し、心理学もまた「他の諸自然科学が許容している『物質世界』とその規定条件」、および「心理学固有のデータ」を許容するところから始めざるを得ないという。「心」の「理」を探る心理学を、「物」の「理」を探る物理学に代表されるような「近代科学」に脱皮させるための、守備範囲の規定である。

## 生命の事実を基礎とする

千里眼事件ののち、福来友吉は次のような発言をしている。

> 世に科学なるものあり。分析と結合とを以《もっ》て天地の理を開かんとす、謂《いい》えらく、宇宙万有の事、此《こ》の二法を以て究《きわ》むべからざるものあらんやと。十八世紀以来、学術は此《こ》の二法を神規聖則と仰《あお》ぎ、世界は科学の万能を謳歌《おうか》するに至れり。然《しか》れども生命の真相には、分析を以て探るべからざるものあり、結合を以て知るべからざるものあり
>
> 余、科学としての心理学の人生に於ける価値を疑うや久し。生命の事実を無視し居るを以てなり。故に常に謂えらく、生命を無視して、孰れの所に精神ありや。人生の要する心理学は、生命の事実を基礎とするものなり。[3]

この福来の言葉は、ヴント、ジェームズが指示したブラック・ボックスの意味をよく言い当てている。肉体に還元される意識の領域だけを研究するということは、その意識を成立させている「生命」へのアプローチを最初から放棄していることではないか、というのだ。しかし、このような守備範囲の限定は、「科学」としての近代心理学の成立のためには必要不可欠な設定だったともいえる。

また、近代心理学が「科学」の分野へ参入していくプロセスは、「科学」の枠に合致しない研究対象を振り捨てていくプロセスでもある。フェヒナーの心霊研究はまったく評価されなかった。ジェームズも、自らの心霊研究を心理学とは弁別した。当初、催眠術を媒介にして、心理学の研究対象として認知されたかにみえた「千里眼」も、千里眼事件を経由することで研究の範疇から抹消されていった。いや、このような手続きこそが、「近代」のパラダイムを形成するにあたって欠くことのできないものだったのだ。

## 理論の外側にある世界

心霊学とアカデミズムの密着を示す三つ目の例は、物理学との関連である。十九世紀後半に確立した古典物理学の体系は、二十世紀初頭には早くも破綻の兆しを見せ始めていた。古典物理学の扱う対象は、基本的には人間の五感に根ざしている。しかし、相対性理論、量子力学の確立によって、それまでの考え方では解釈できない、異なる世界への展望が開けた。新たな科学革命の波が押し寄せつつあった。

特に十九世紀最後の五年間は、従来の古典物理学では説明できない現象が次々に発見されている。ヴィルヘルム・レントゲンによるX線の発見（一八九五年）、アンリ・ベクレルによる放射能の発見（一八九六年）、キュリー夫妻によるポロジウム、ラジウムの発見（一八九八年）、アーネスト・ラザフォードによるアルファ線、ベータ線の発見（一八九九年）、ポール・ヴィラールによるガンマ線の発見（一九〇〇年）などだ。

続々と発見される未知の光線は、それまでの理論の外側にある世界を予感させた。古典物理学から新たな科学革命への移行期が訪れていたのだ。そして一九〇五年、アルベルト・アインシュタインによって、光量子仮説、相対性理論が世に問われる。第二の科学革命の幕開けである。

このように、物理学レベルで巨大なパラダイム・チェンジが進行しつつあるとき、一方ではＳＰＲなどによってテレパシー、千里眼などの超常能力の存在が主張されつつあった。欧米の物理学界は、一連の放射線と同様の、未知の光線が発見される可能性を、これらの超常能力のなかに見いだしていたのである。

一八八二年、『不思議の国のアリス』（一八六五年）で知られる数学者、チャールズ・ドジスン（ルイス・キャロル）は、ＳＰＲに入会した折に友人に手紙を書いた。彼はこのなかでＳＰＲの透視、催眠術実験に触れ、「すべてを考えあわせると、電気か神経に関係のある自然力が存在していて、それが脳から脳へと作用しているのではないかと思われる。これが既知の自然力として分類される日も遠くはあるまい[4]」と述べている。キュリー夫人など、何人かの物理学者がＳＰＲの会員になったのも、おそらくドジスンと同様の期待を抱いていたためだろう。

当時、世界中でさまざまな不可視作用や放射線の存在が発見され、物理学者のまなざしがこの方面に集中していたとき、心霊学が扱っていた研究対象はきわめて魅力的だったのだ。千鶴子の東京での実験で山川健次郎が抱いた関心も、当初はこのようなものだったと思われる。彼は、日本で最初のＸ線実験者だった[5]。

## 新たな「科学」

さて、ここまで心霊学と進化論、心理学、物理学との関係を見てきた。これらはすべて、「科学」そのものの巨大なパラダイム・チェンジの様相の一コマである。このような大規模なパラダイム・チェンジのなかで、心霊学は新たな「科学」として注目を集めた。従来の科学的な枠組みそのものを、まったく次元の異なるパースペクティブのもとに再編する「学」としての心霊学。または、進化論の勃興による科学の変質を、「科学」そのものの概念の拡大にまでつなげる新たな「知」としての心霊学だ。

日本のアカデミズムが盛んに心霊学を紹介したのは、このような事情による。そして、こうした心霊学受容のただなかに、突然現れたのが御船千鶴子だった。彼女の登場はマスコミによって広く喧伝された。同時に、彼女の「透視」を解釈しうる新たな「学」として、マスコミが取り上げたのが心霊学だった。一九一〇年の十月とは、アカデミズムにおける心霊学の受容を、新聞が介在することでさらに一般社会の枠にまで拡大させていった時期ともいえる。

しかし、千鶴子の登場は、「千里眼事件」の第一幕にすぎない。第二幕は、四国、丸亀に現れた「千里眼」能力者・長尾《ながお》郁子《いくこ》の登場によって始まる。

## 3　長尾郁子と「丸亀事件」

### 信仰のおかげ

長尾郁子は一八七一年、山口県徳山市に生まれた。父・桜井番香は徳山藩家老を経て、毛利家家令を務めた。母・さだ子は、萩藩の剣道師範、熊野又左衛門の長女である。郁子は十七歳で津軽藩士族・長尾《ながお》与吉《よきち》と結婚。結婚後、長尾は司法官試補として和歌山へ、さらに判事として秋田、盛岡、栃木、宇都宮など各地を歴任して東京控訴院判事に転任。のち、退職して九年間、宇都宮で弁護士を開業した。すでにこの頃、郁子は宇都宮の大火を予言し、種々の出来事を言い当てるようになったという。

郁子は、それを信仰のおかげだと述べている。彼女は天照皇太神宮、観世音菩薩、不動明王を信仰した。その信仰の深まりにしたがって、ますます予言が的中するようになったという。宇都宮の大火後、長尾は再び判事職につき、大津を経て、一九〇九年六月、丸亀区裁判所に転任した。丸亀においても、郁子は〇九年の丸亀市通町の火災、または地震、暴風などの予言を的中させた。さらに一〇年六月ごろから、千鶴子の存在に刺激されて、子どもたち相手に遊び半分で透視をおこなっているうちに、透視ができるようになったという。

郁子の名前が中央の新聞に登場するのは、一九一〇年十月二十二日。「大阪朝日新聞」は、高松電報として次のように報じた。「香川県丸亀区裁判所判事長尾与吉氏の夫人いく子は数年前より地震火事等《とう》を予言して悉《ことごと》く的中し又自宅に泥棒の忍び居《い》るを承知し之を追い払いたる等其他《などそのた》屡《しばしば》人を驚かしたることあり御船千鶴子の実験を知り自分も実験せしに深思黙想《しんしもくそう》の上何の苦も無く透視するを得たり」。

以後、「大阪朝日新聞」は集中的に彼女を取り上げる。「千里眼の成功」（十月二十三日付）、「長尾いく子の透視」（十月二十五日付）、「いく子の信仰」（十月二十七日付）などである。

こうした「大阪朝日新聞」の報道に呼応して、他新聞も積極的に郁子の報道を開始した。「丸亀にも千里眼」（「夕刊報知」十月二十二日付）、「新たなる千里眼婦人」（「東京朝日新聞」十月二十三日付）、「丸亀の千里眼」（「万朝報」十一月十日付）、「驚可き女の精神能力」（「東京日日新聞」十一月二十一日付）などだ。福来もまた、「東京朝日新聞」の記事によって郁子の存在を知る。十一月十二日、彼は今村とともに丸亀の長尾宅を訪問し、透視実験をおこなった。

福来は、郁子の能力について「千鶴子に比べて非常にひろく実験すればするほど益《ますます》興味深《ふか》し」と絶賛した（「丸亀千里眼の実験」「大阪朝日新聞」十一月十四日付）。今村は、写真の乾板を使った実験で、まったく光線に触れていない原板が、実験によってなんらかの光線が入っていたことを述べ、新たな研究テーマであるとした（「難問の透視」「大阪朝日新聞」十一月十六日付）。福来、今村によってその能力を認められた郁子は、新たな「千里眼」能力者として注目を集めていった。

図14　長尾郁子

## 新たな能力者の発掘

千鶴子、郁子の二人の能力者によって引き起こされた千里眼事件には、新聞報道の力が大きく作用している。千鶴子の京都、東京、大阪におけ

図15 「岡崎の千里眼」杉浦菊子

る公開実験で火がついた新聞社の報道合戦は、一方では「千里眼」の解釈原理を求めて、心霊学の存在を一般に知らしめた。同時に、各新聞社が競っておこなったのは、新たな能力者の発掘である。

千鶴子が話題になった一九一〇年九月以降に限定してみても、「千里眼の幼児」(「名古屋新聞」九月十三日付)、「岡崎にも千里眼」(「新愛知」九月十三日付)、「千里眼の本家」(「扶桑新聞」九月二十四、二十六日付)、「千葉にも千里眼」(「報知新聞」十一月五日付)、「京都にも千里眼」(「東京日日新聞」十一月二十一日付)、「大垣の千里眼」(「名古屋新聞」十二月一日付)、「伊予に男の千里眼」(「東京日日新聞」十二月二日付)、「少年の透視家現る」(「東京日日新聞」十二月六日付)、「朝鮮の千里眼」(「東京朝日新聞」十二月八日付)、「備後にも千里眼」(「東京朝日新聞」十二月十日付)、「尾ノ道の千里眼」(「東京朝日新聞」十二月十一日付)、「千里眼大阪に現わる」(「大阪朝日新聞」十二月十五日付)、「十四歳の透視」(「大阪朝日新聞」十二月十五日付)、「試験問題を透視す」(「大阪朝日新聞」十二月二十七日付)、「秋田にも千里眼」(「東京朝日新聞」十二月二十九日付)などなど、それこそ限りがない。

同様の傾向は、翌一九一一年二月まで続く。まさに、日本国中に「能力者」が満ちあふれたわけだが、こうした記事が次なる「能力者」を呼び、さらに地方新聞がその土地の「能力者」を密着取材するというパターンを生み出していった。

また、社会的な事件が「透視」に結び付けられ、報道されるという例もある。一九一〇年十一月六日、粟島航海学校の練習船・七宝丸が消息不明になった事件である。捜索は難航した。十一月二十七日、練習生の父兄、船員の家族は、乗組員の安否について郁子の透視を依頼した。さらに十一月三十日、粟島航海学校校長・桃井百太郎は丸亀の長尾家を訪問、郁子の透視を願い出ている。郁子の透視に従って、能登沖で七宝丸の捜索がおこなわれた。七宝丸は見つからなかった。しかし、のちに新潟に漂着した七宝丸のボートが発見され、そこから七宝丸の遭難は、能登沖ではないかと推定された。

こうした経緯から、当時話題になっていた白瀬《しらせ》中尉による南極探検の模様を、郁子に遠隔透視させたという記事もある（「南極探検開南丸の遠視」「大阪朝日新聞」十二月二十五日付）。日露戦争後、一気に拡大の様相をみせていた中央の各新聞にとって、千鶴子、郁子ら「千里眼」能力者の出現は格好の取材対象だった。それは、次々に話題を紡ぎ出し、新たな展開を促す「物語」として流通しつつあったのだ。情報は蓄積され、膨張し、それにともなって「物語」は再生産されていく。

また、新聞が介在することで、「透視」そのものが社会性を帯びていったのは、先の七宝丸遭難事件の例が証明している。すでに千鶴子、郁子のもとには、全国から「透視」依頼状が殺到していた。千鶴子が大阪入りした際には、彼女の宿泊先に約八百通の書簡が届けられた。そのなかには、敷地のどこかに先祖伝来の宝が埋められているからそれを見つけてほしい、といった類いの依頼も多かったという。しかし、彼女たちの「透視」は、すでに新聞報道を通して、「公」のものとして位置づけられつつあったのだ。

そして、このように千鶴子、郁子がしばしば新聞紙上に取り上げられることで、彼女たちは「千里眼」能力者の規範になっていく。新たな能力者たちは彼女たちを紹介した新聞記事に刺激され、訓練を積んだ結果、能力に目覚める。次いで、彼女たちができなかった実験を自ら試み、それをクリアしようとする。それが、新聞で報道される近道なのである。能力者の出現→新聞報道→新たな能力者の出現→新聞報道……。こうした円環システムは、「火消し役」が現れるまで作動し続ける。

また、このようにして新聞紙上に登場した「千里眼」能力者たちのすべてが「本物」として報道されたわけではない。「怪しき千里眼」(「東京朝日新聞」九月二十九日付)のように、「眉に唾」するような自称「能力者」のような記事もいくつかある。しかし、その結果「本物」の権威は成立する。「偽者」あっての「本物」なのだ。これもまた情報操作だといってしまえば、千鶴子、郁子の能力の信憑性は、こうした新聞報道のシステムによって保証されていったのである。

## 京大光線?

「千鶴子に優る丸亀の千里眼」(「報知新聞」十一月二十一日付)、「何でも出来る神通力」(「東京朝日新聞」十二月二十九日付)、「有難い千里眼」(「東京朝日新聞」十二月二十二日付)など、すでに一九一〇年十二月前後には、郁子の能力は新聞報道を通じて高く評価されていた。

福来は、東京から実験物を丸亀へ送り、さらに郁子の実験を続けていた。そうしたなか、彼は乾板透視実験において、不思議な発光現象を見いだす。先に、今村が疑問を呈していた現象である。福来はさっそく丸亀へ赴く。十二月二十五日である。しかし丸亀では、京都帝大の学生・三浦恒助《みうらつねすけ》が、郁子の実験をおこなっていた。

三浦は十二月二十二、三日の実験によって、福来、今村と同じく、彼女が透視能力を発揮しているときに、乾板が変色することを確認した。彼は、郁子が透視をする際に人体、おそらくは頭脳から放射線を発しているのだと考えた。彼はこの放射線を未発見の放射線であると断定し、「京大光線」と名づけて公表するのである(「透視研究大問題の試験」「大阪朝日新聞」十二月二十五日付)。

一方、福来は十二月二十五日、今村は二十八日に丸亀入りした。彼らもまた、郁子の実験に取りかかる。その結果、福来は「精神線」を発見したと公表する。それは、「観念の作用」によって「脳髄線を自游に表形」させて、直接、写真乾板に写すことができるものである(「福来博士の実験」「万朝報」十二月二十九日付)。

福来はすぐさま、頭のなかに思い描いたものを写真乾板に写すことができるかどうか、実験を試みた。そして、それは見事に成功したという。「念写」の発見である。

この結果、三浦の「京大光線」と福来の「精神線」が対置されることとなった。三浦は、直接に精神がなんらかの影響力をもって乾板を感光させるとは考えにくいとして、福来の「念写」には懐疑的だった。その一方で、彼自身が心理学専攻であることから、物理学の専門家による再実験を要請した。

しかし物理学界は、郁子をめぐる一連の実験報道に対して、不信感を募らせていた。「乾板の変化は必ずしも珍しからず」（「報知新聞」十二月二十九日付）は、渡瀬理学博士の談話として次のような趣旨の記事を掲載している。写真の乾板は、よほど注意しないと現像する際にしばしば変化するものだ。また、千里眼を実験している者は、透視が可能であるという前提に立って、新たな事実を見つけるとすぐにあれもこれも可能だという。しかし、千里眼などの実験をおこなうにあたっては、まずできないものという前提に立って実験する必要がある……。

## 寒心すべき傾向

こうして、「京大光線」「精神線」「念写」をめぐって、新聞報道の過熱ぶりに拍車がかかりつつあった頃、さらに大きなニュースが舞い込んだ。前東大総長・山川健《やまかわけん》次郎《じろう》が長尾家に物理学実験を申し込んだのである。

なお山川は、実験をおこなうに先立ってほぼ次のように述べている。自分が千里眼の透視を研究し始めたら、友人が「この問題は哲学者、心理学者がすでに試みつつある。なにも自然科学者の君たちが研究するには及ばないだろう」と忠告してくれた。しかし、自分はこの意見を断然排した。自然科学も、時代の変遷にともなって変遷・進歩する。最近の千里眼問題のようなものも、各方面の専門家がさまざまな方法で実験・研究し、できれば事実としてのその原理を確かめるべきである、と。

しかし山川は、同時に「国民教育」の観点から次のような発言もしている。最近、千里眼が現れて以来、一時世間から排斥された迷信熱が再び流行しつつあるのはきわめて「寒心すべき傾向」であり、またゆゆしき問題である。ことに自分は、国定教科書、修身書の編纂に関係している。迷信に関わるようなことは絶対に避けるよう、尽力するものである。いきおい「透覚問題は国民教育上看過《かんか》す可《べ》からざる一大問題」になる、と（「千里眼は国民

教育上の大問題？」「報知新聞」十二月二十七日付）。

山川の懸念は、千鶴子の登場にあたって石川、富士川が表明していた不安が現実になりつつあったことを示している。そして、山川の認識は、国家における教育システムの問題と重なっていた。「科学」に基づく教育システムの完成と、それにともなう「迷信」の排除。山川自身、こうした国家の要請を実行する立場にあった。

ちなみに、韓国併合に関する日韓条約が調印されたのは、一九一〇年八月二十二日である。大逆事件の第一回公判開廷は、同年十二月十日。死刑判決が翌一一年一月十八日。死刑執行は、一月二十四日。「千里眼」は、このような国家レベルの事件報道の隙間を縫うかのように、続々と報道され続けていた。

## 丸亀事件

一九一一年一月一日、「東京朝日新聞」は高松特電として次のような記事を掲載した。

> 長尾いく子の透視に就《つい》ては種々《しゅじゅ》の現像《げんぞう》を現《あらわ》し目下《もくか》学術界の大問題となり今村《いまむら》、福来《ふくらい》の両博士は極力《きょくりょく》之《これ》が研究に力《つと》め居《お》らるるが今回理学博士山川健次郎氏は岡田丸亀高等女学校長に宛《あて》書面を以《もっ》て之《これ》が実験を為《な》し度《た》き旨申込《むねもうしこ》み来《きた》り。岡田氏は早速其旨《さっそくそのむね》長尾氏方《かた》に通じたるにいく子も喜んで之《これ》に応ずる事となり博士は新春早々東京出発来県《らいけん》し実験に着手する事に決定したり又東京理科大学の理学士藤原咲平《ふじわらさくへい》氏もいく子実験の為《た》め新年早々来県《らいけん》の旨福来《むねふくらい》博士に通知し来《きた》れり。

藤原、また山川の実験助手を務める関戸雄次は、二日に丸亀へ入った。山川は四日に丸亀に到着した。彼はさっそくその日の午後七時より、第一回の透視予備実験を開始。「吉兆」「十心乍」などの文字の透視実験をおこなった。一方、福来と今村は、一日に念写の実験を、三日からは味覚の透視実験をおこなっている。このとき福来と今村は、写真の乾板に文字を焼き付ける現象を、新たに「精神放射」と命名した。

ところで、三浦恒助が主張した「京大光線」とは、透視に際して人体より発する一種のエネルギーのことだった。彼は、今村からフランスの「ナンシー学派」が主張しているというＮ線のことを示唆され、そのラインから実験方法を検討し、実験に着手した。三浦は実験結果を次のようにまとめている。

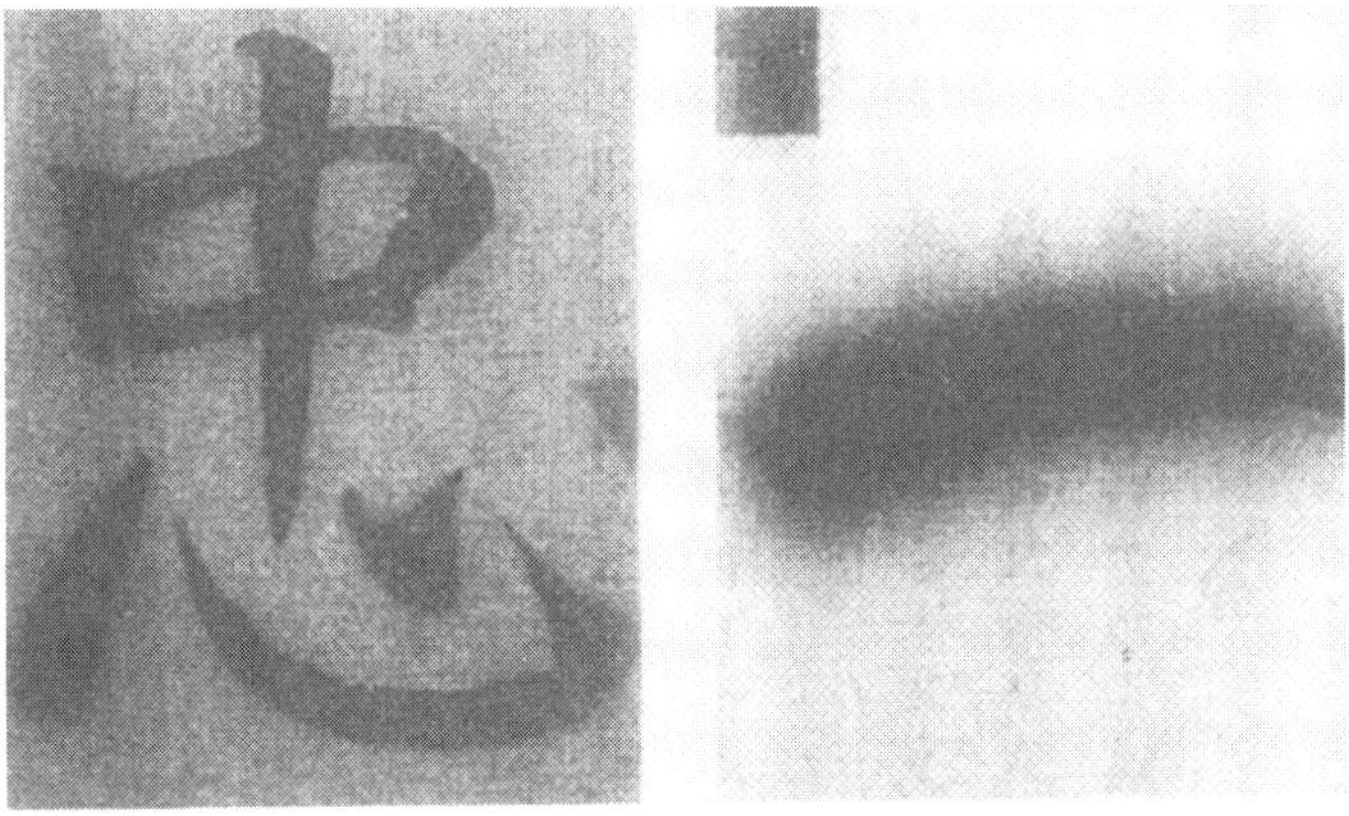

図16　長尾郁子の念写した文字

ａ．光線が透過する程度は、物質の密度に比例する。この点については、他の放射線と類似している。

ｂ．光線は当事者の頭部より発しているが、現段階では、この現象は郁子特有のものである。

ｃ．光線は、前後上下左右どの方面にも放射する。

ｄ．蒸留水は透過しにくい。ただし、なお研究を要する。

ｅ．シアン化白金バリウムの蛍光板、七種類のカルシウム蛍光板には光線の影響が見られなかった。

ｆ．鉛、銅については、第二次輻射を発した。

ｇ．光線は極めて狭い範囲から発する。なお、光は当事者以外には見えない。

ｈ．放射は「電光石火的」である。主観的事実としては、最初の一回は強烈な花火を発しているようである。

ｉ．光線は、かなり遠くまで写真に対する感光力を持つ。この点については、Ｘ線よりも強大な力を持つ。

ｊ．感光と放射とは密接な関連を持つ。また、主観的に光を感じることと客観的に光を発することとは不即不離の関係である。

三浦による「京大光線」の実験報告は、当時次々に発見されていた放射線の特徴を強く意識したものである。山川が「京大光線」の実験結果を知っていたことは間違いない。透視実験への参加を決断した山川のなかには、新たな放射線が発見される期待もまた存在していたはずである。しかし同時に、彼が心理学、医学といった畑違いの学者たちによる「千里眼」騒動の「いかがわしさ」に対して十分自覚的だったことも、すでに確認したとおりである。

ちなみに、「N線」とはナンシー大学の物理学者ルネ・ブロンロが一九〇三年に発見したという新たな光線である。そののちN線は、同じナンシー大学の同僚やソルボンヌ大学の物理学者によって、人間の精神組織や脳の言語領域からも発していると公表された。この功績によって、ブロンロは〇四年、前年にノーベル賞を受賞したピエール・キュリーをおさえて、フランス科学アカデミーよりレコント賞を授与された。しかし、N線は存在しなかった。〇四年には早くもN線に対する否定的な見解が現れていたが、そののち数年にわたって、N線は影響力を持ち続けていた(6)。

**火付けと火消し**

さて、一月六日付の「夕刊報知」に、「我社の千里眼婦人研究　藤大学講師我社の請に応じて丸亀に急行さる山川博士亦た注意と協力を快諾さる」という記事が掲載された。同記事は冒頭で、「千里眼」がますます「不思議の成績」を示しつつある結果、「今や単に学問上の一大疑問」にとどまらず、「世間一般」に「学問の価値をも疑わ」せ、ややもすれば「迷信を惹起して世道人心も」その方向で動こうとする傾向にあるという。そして、仮に「千里眼」が事実であるならば「世界を驚かすに足る一大新事実」であるが、いままでの実験に少しでも錯誤があったのなら、「速《すみや》かに其《その》正誤を世に発表してはやく世人の迷《まよい》を解きて人心の鎮静を図る事も亦実に重大の役目たるべし」と主張する。

こうした方針に基づいて報知新聞社は、物理学の専門家の、丸亀への派遣を決めたという。人選にあたって「諸博士諸先輩を歴訪」した結果、山川、藤原とともに、「生理学と物理学との熱心な研究者」である藤教篤《ふじのりあつ》が推薦された。そこで、中村清二博士を介して実験参加を願い、その費用に関しては「我社に於て一切負担」する条件で藤の快諾を得たというのである。

すでに現地入りしていた山川、藤原らの物理学実験グループに加え、新たに藤の参加が決定したわけだが、この記事にはいくつか気になる点がある。例えば、新聞報道の様相が変化したことである。それまで「火付け役」に徹していた新聞のなかから、「火消し役」が登場したのだ。「学問の価値」を動揺させ、新たな「迷信」をも生み出しつつある「千里眼」について、「其正誤を世に発表」したいという「報知新聞」の記述は、客観性を装いながら、すでに「千里眼」否定という結論を用意している。だとすれば、そのような新聞社の意向に沿う形で、実験参加者の人選も進められたはずだ。

折しも、「千里眼」の社会への影響は拡大の一途をたどっていた。一九一一年に入っても、新たな「千里眼」能力者は続々と新聞紙上に登場していた。「神戸の新千里眼」（「大阪朝日新聞」一月一日付）、「江州にも千里眼」（「名古屋新聞」一月六日付）、「淡路の千里眼」（「夕刊報知」一月七日付）、「教員の妻の千里眼」（「大阪朝日新聞」一月七日付）、「静岡にも千里眼」（「新愛知」一月七日付）、「区吏員の千里眼」（「東京日日新聞」一月九日付）、「近江の千里眼」（「夕刊報知」一月十日付）、「溺死者を千里眼で捜索す」（「大阪朝日新聞」一月十日付）などである。同時期に大阪では、塩崎孝作の透視、念写実験が大阪朝日新聞社などを舞台にしておこなわれている。塩崎の実験には井上哲次郎、今村らが参加していた。

## 乾板が入っていない

藤が丸亀に到着したのは一月六日である。彼は単独実験を長尾家に申し込むが、拒絶された。そのため、山川の実験に助手として加わることになった。そして一月八日、いよいよ山川による本格的な物理実験が開始された。写真の乾板に「健」の字を「念写感光」させるというものである。しかし、乾板が入っているはずのボール箱のなかに乾板が入っていないと郁子が指摘し、会場は混乱状態に陥った。事実、乾板はなかった。

郁子の透視によれば、某人物が彼女の能力を最初から疑っていて、それを見抜くために乾板を取り外し、ボール箱だけをもっともらしく鞄のなかに入れておいたという。実験装置製作の責任者は、藤だった。当日の実験は中止。郁子は不快を表明し、以後誰の実験にも協力しない旨を山川に伝えた。

山川はやむなく、実験を中止。九日、丸亀で記者会見を開く。山川によれば、乾板は実験装置を組み立てた丸亀高等女学校の暗室に残っていたという。ただし、ボール箱を入れておいた鞄を誰かが開けた形跡があること、また、ボール箱にセットした鉛の十字の位置が変わっていたことを指摘し、誰かが実験装置に触れた気配があることも示唆した。しかし、それは郁子本人ではなく、彼女を傷つけようとする者の仕業であると思う、とも述べている。こうして藤の実験は一度もおこなわれないまま、透視の物理実験は幕を閉じた。

「山川博士実験の事実を発表す」(「報知新聞」一月十日付)は、九日に開かれた山川の記者会見の模様を詳報するとともに、藤に対しても次のような謝意を表明した。

本社が他に率先して此の新研究の為めに費用を投じ幾分《いくぶん》世の為《た》めに尽《つく》し得たるを悦《よろこ》ぶものなり但し藤理学士の如きは此《こ》の研究に熱心されたる結果先日来不眠症に陥《おちい》り漸《ようや》く魔睡剤《ますいざい》を服用して睡眠を取られし熱心には此の機会を利用して独《ひと》り本社のみならず学者一般人の共に満腔《まんこう》の感謝を表すべきものなり

また、「幾子《(ママ)》夫人透覚の疑問三点 山川博士の談」(「報知新聞」一月十一日付)は、実験用の鞄が開封された形跡があること、写真乾板箱の上に置いた十字型の鉛が一つ紛失していたこと、その鉛が別のところから現れたこと、の三点から、実験に人為的な妨害があったことをほのめかしている。だが、この記事には藤の名前は見られない。

「報知新聞」の報道は、藤ではない誰か、はっきりいえば、長尾家の側が実験を妨害したことを暗示したものである。

しかし、他新聞の報道は藤に対して批判的であった。例えば実験中止から四日後の「東京朝日新聞」は、「某」が透視を疑っており、これを見抜こうとしてかえって「自分の卑劣行為を観破」されるやいなや、「某」はその場にいたたまれず、そのままどこかへ姿をくらませてしまった、さらに「某」が乾板を女学校に置き忘れたと称しているのは偽りで、「某」が実験会場にいるとき、乾板を身につけていたことが透視されたという、郁子の談話を紹介した。

また、郁子の談話のあとには、山川の談話が並べて掲載されている。その記事によれば山川は、千里眼について十分に研究が進まない段階で実験中止にいたったのは遺憾であると述べ、十分な根底を極めないうちに大発見であると発表することは、自然科学者がもっとも慎むべきことであるが、しかし研究もしないで排斥することもまた、慎まなければならないと述べている（「醜陋《しゅうろう》なる科学者」「東京朝日新聞」一月十二日付）。

## 学会の恥辱だから

この段階での「東京朝日新聞」の報道は、郁子の談話と山川のそれとを並べて掲載することで、客観的なバランスを保とうとする配慮がうかがえる。だが、明くる十三日の「学界の大恥辱」は、実験中止の背景には藤、三浦が存在すると実名で報道した。この記事は、丸亀の実験で福来の助手を務めた源 良英《みなもとりょうえい》の談話を中心とする。源は、実験後の藤の態度と、その背景に潜む「学界の恥辱」について率直に語った。ほぼ、次のような内容である。

あの乾板は藤理学士が函に収めたので、その取扱いの際、入れ忘れたのかも知れない。過失ならばやむを得ないことですが、ただ遺憾に思うのは、そのさいに彼が、すぐその場を去って、引き返してから「乾板は入

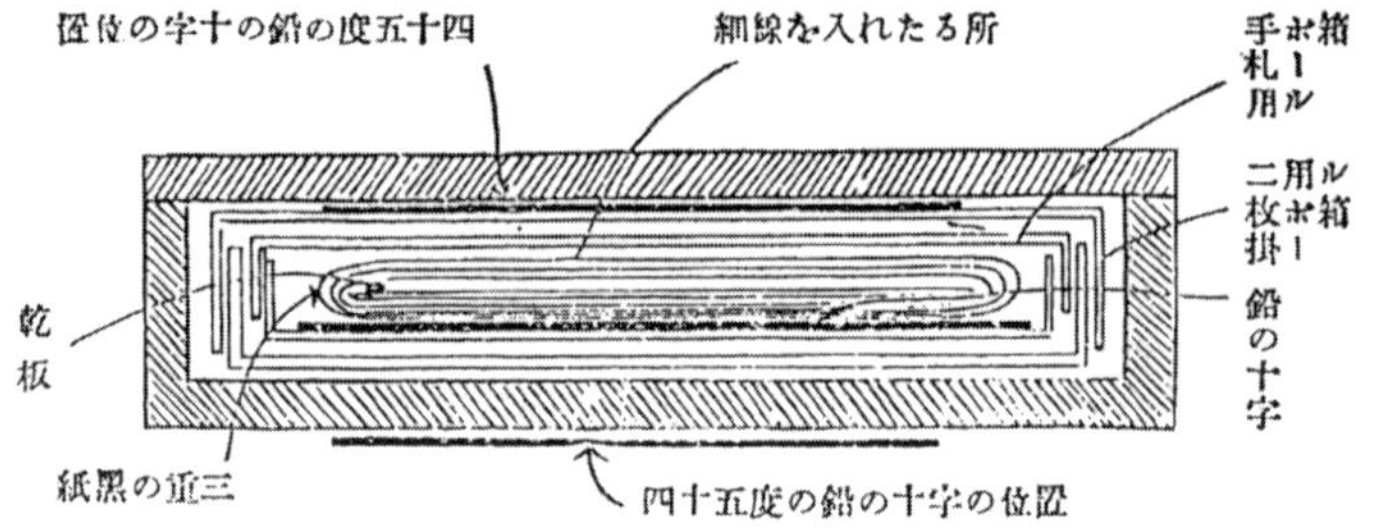


図17　念写実験装置の図解

れ忘れてありました。私の過失です」と一言いったきりで、郁子夫人の感情を和らげようともせず、立合者の迷惑などはさらに思わず、飄然として立ち去ってしまったことです。彼は新聞記者の質問に対しても、「御判断に任せます」といったような口吻を洩らしたということです。（略）一体この問題がこんな騒ぎになったのは、側面に反感を抱いた一団があって、某々新聞記者を扇動して、事を大きくし、あるいは虚報を伝えさせたのが大きく影響した訳で、その一派は、今回の中止を「小気味よい」とも「我が事成れり」とも思っているでしょう。京大の三浦恒助君と岡田丸亀高等女学校長とは、常に協同的に研究をしておられたそうだが、福来博士の実験のさい、「天照」の二字が念写されるや、三浦君は同一文字の念写を希望したが、その交渉中、長尾氏の感情を害することがあったとかで謝絶された。それ以来、三浦君一派の人は、長尾家の実験には一回も立ち合ったことがない。しかるに、今回の問題が起るやいなや、三浦君は従来の自分の実験は長尾夫人に欺かれていたものであるから、全部を抛つと公言し、乱暴にも郁子夫人を罵っているということで、結局、自分がまず棄てて、人にも棄てさせようというのでしょう。この派の行動に対して、嫌悪せざるを得ない点が少なくないのですが、学界の恥辱だから、今はいいますまい。

源が、ある一団が某新聞記者を扇動してことを大きくし虚報を伝えさせたと述べているのは、一月十一日付の「大阪時事新報」の記事を指しているのだろう。「博士の実験遂に其効を奏し郁子の千里眼なるものは全く価値なきのみならず之れが為め人心を惑わしむるの大なるを愧じ」「将来郁子をして一切千里眼の透視透覚を行わしめざるを誓い郁子も亦た之に同意せることを」山川に告げたというものである。この記事は事実に反する。山川は抗議の文書を新聞社に送ったが、謝罪記事は掲載されなかった。そのかわりに、新聞社の幹部が直接長尾家を訪問し、謝罪したという。

また「千里眼実験に就て」（「万朝報」一月十二日付）は、実験中止を「大《おおい》なる恨事《こんじ》大《おおい》なる損失」として、その責任問題に言及している。ここでは山川よりも「博士の身辺に在りたる」「某々学士」に責任があるとし、「実験主任たる博士の目を偸《ぬす》み博士の実験に大《おおい》なる番狂《くるわ》せを生ぜしむ可きが如き密事を働」いた以上、「道徳的罪人として社会より離隔《りかく》」すべきであり、「少くとも斯《か》かる人は再び学者として責任ある任務に従事するに耐えざることは明かなり、吾人は我が学者社会が此辺《このへん》の差別を明かにして今後の為に制裁する所あらんことを望むなり」と、激しく糾弾した。翌日の「万朝報」は、「千里眼の研究」「千里眼の研究 中止の顚末（二）」で、関係者と長尾与吉の談話として、藤を実名で容疑者としている。

## カクレテイタスト……

このように藤に対する批判が高まるなか、念写したフィルムが盗まれるという事件が起きた。十三日、福来が長尾家でフィルムの感光実験をおこなっていたところ、東京の川口と名乗る男が福来を訪ねてきた。取り次いだ娘の愛子が福来を呼んできたときには男の姿はなく、玄関の次の間に置いてあったフィルムもなくなっていた。郁子の透視結果に従ってフィルムを探したところ、「万朝報」の記者がフィルムの入った二本のボール筒を見つけた。フィルムは破られ、なかには「カクレテイタスト、イノチハモラッタゾ」という脅迫文が入っていた。「千里眼」は、ついに刑事事件へと進展する。この事件で、福来によって再開された実験も一時中断されることとなった。なお郁子は、「犯人もわかっている。七、八人の関係者があるが、私は申しませぬ」と語ったという（「奇怪！奇怪！千里眼刑事問題となる 実験物を盗む怪しき男」「万朝報」一月十四日付）。当地では早くも、学者間の

「暗闘」が一連の「怪事」の原因であるという噂が流れた。
丸亀警察署はさっそく捜査を開始したが、動機の点で意見が分かれていたようだ。福来の実験を妨害するために犯行がおこなわれたのか。福来が不正な実験をしていると見て、そのトリックを暴こうとする者の犯行なのか。または、山川の実験中止を見て、長尾の不正な方法を看破しようと考えた者の犯行か。それとも、今後の実験を中止するという口実を作るために、郁子自身が仕組んだものなのか。
福来は十五日帰京した。帰京後、彼は「万朝報」記者の質問に対して、ほぼ次のように答えている。

あの事件については、種々の複雑な事情もあるが、要するにある者が千里眼の成功をねたみ、したがってこれに関係した私が、始終迫害を加えられ、とんだ事になったのです。彼等は千里眼を研究するのではない。頭から千里眼というものを打ち壊そうと考えている。だから始終蛇のようにつきまつわって、迫害を加えたのです。もっとも、一大新事実発見のさいに、種々の迫害者が出るのは、当然の事です（「迫害を加えらる」「万朝報」一月十七日付）。

以後、捜査は難航する。結局、犯人は特定されなかった。
とりあえず、ここまでの事実経過を要約すれば次のようになる。

一九一一年一月一日　福来、念写実験再開。今村、高松より丸亀へ到着。
三日　藤原咲平、実験に参加。
四日　山川健次郎、実験開始。第一回予備実験。
六日　藤教篤、丸亀到着。第二回予備実験。
八日　乾板紛失事件。山川、実験の継続を断念。

十日　藤、乾板について長尾家に謝罪。東京への帰路につく。
十二日　福来、「朝日新聞」「報知新聞」記者立ち会いのもとに長尾の念写実験を試みる。
十三日　フィルム盗難事件。脅迫文。

「丸亀事件」に関して新聞で報道された「事実」とは、ほぼこのようなものである。事件は、ここから第二段階に入る。郁子の実験結果をどうみるか、という「解釈」、意味づけのレベルである。

## 4　葛藤——千里眼と科学

### いく子の念写は手品

一月十六日午前九時、丸亀から帰京した藤は、中村清二宅で記者会見を開いた。そこで彼は、郁子の念写は手品であり、ことごとく詐欺であると断言した。その趣旨は、次のようなものである。

自分は丸亀へ行く前から、郁子の念写を疑っていた。なぜなら、彼女の念写写真はあつらえたものだからである。彼女の念写写真には、ボール紙かなにかを小刀で切り抜いた跡がよく見える。丸亀へ行って実物を見ても、切り抜いたときに穴ができるような字がない。そのような字を念写してみてほしいと頼んでも、口実を設けて断る。さらに怪しいのは、疑う余地のない厳密な実験をするときには、ことごとく拒絶することである。

また、念写の実験をおこなうときには、必ず玄関脇の一室に乾板を置かなければならないのもおかしい。郁子によれば、実験物をすぐに実験室へ持ってくると感光する恐れがあるということだが、その一室は乾板を置いたあと、二十分ほど無人になる。このような状態が存在する実験は、無意味である。

そこで、向こうの条件を入れつつ、その範囲で怪しいことがあればすぐわかるような装置を作った。自分の過

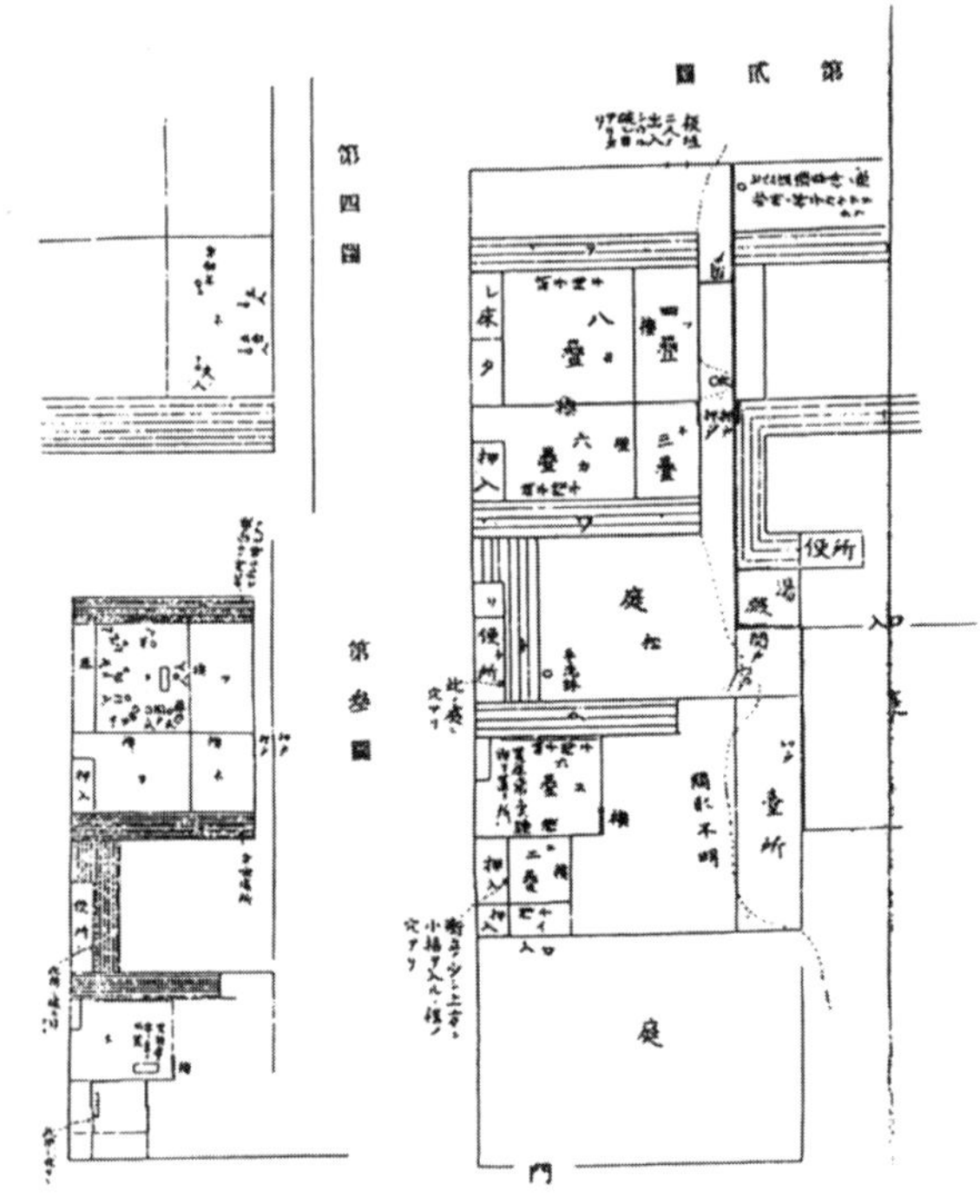

図18　長尾家の間取り図

失で実験は失敗に終わったが、怪しむべき点はいくつも見つかった。まず、鞄が開けられていたこと、郁子が当初、入っていなかった乾板は自分の家のなかにあると「透視」していたこと、などである。

八日の実験で乾板がなかったことは、自分の過失である。が、普通なら、なかった乾板はなかったとして、さらに実験を継続すべきである。しかし長尾家では、いろいろな口実を設けて、自分が悪者でもあるかのように言いふらし、自分の過失だけを責めて、実験を継続しようとはしない。自分はもはや、これらの事実によって、さらに実験を継続する必要がないと認めたから、丸亀を去って郷里に立ち寄り、帰京したのである。

他人の実験は全然別として、自分は自分の立場から、自分の実験だけでいえば、彼女についての実験はすべて疑わしい点のみで、手品を使えばいくらでも手品を使う余地があると信じられる。それに、こちらで疑う余地のない実験をしようとすれば、ことごとく拒絶する。だから自分は、これ以上実験する必要がないと認めたのである。同時に、彼女の透視を、まったくの手品であって、本物ではないと断言するのである。いかなる方法によって手品をするかということは、おのずから別問題であろうと思う（「いく子の念写は手品」「東京朝日新聞」一月十七日付）。

藤の記者会見は、大きな反響を呼んだ。フィルム盗難事件によって、「千里眼」の背景に犯罪的な要素を感じ取った人々が、疑惑の目を長尾家に向け始めていた時期と一致していたからである。藤原もまた、藤が記者会見をおこなった同じ十六日の午後八時、場所も同じ中村宅で、記者会見を開いている。彼は電気計、蛍光体では放射線の存在を見いだすことができなかったと言い、同時に、六日におこなわれた実験に疑わしい点があり、「確かに一種の詭計を用いるものに非ずして何ぞ」と述べた（「藤原博士の報告」「万朝報」一月十七日付）。

福来、および長尾家はすぐさま反論した。「念写の真否如何」（「東京朝日新聞」一月十八日付）は、山川の実験以降、千里眼について疑う者が増え始め、さらに藤の発表、フィルム盗難事件によって、本当に千里眼、念写を信じていいのかどうかまったくわからなくなったと述べて、次に福来の反論を掲載している。

## 見事腹を切って……

福来は、ボール紙を切り抜いて乾板に写した形跡はないとし、また実験物を置く部屋にもなんら異常は認められないという。要するに、「藤理学士の疑問は根底から之を疑ってわざと詐欺である手品であると云う方向にのみ附会した」のではないか、なによりも、「藤学士の実験は断定を下《くだ》す可《べ》く未《いま》だ不充分で」ある、と述べた。

また郁子は、再実験を要望、ただし「藤も短刀《たんとう》を用意し来《きた》り妾《わたし》も短刀を携《たずさ》え何《いず》れか念写に負けたる者は見事腹《みごと》を切って果《は》つることとすべし」と述べたという（「決死、実験を挑む」「東京朝日新聞」一月十八日付）。

同日の「東京朝日新聞」は、長尾与吉の藤に対するコメントを寄せてもいる。彼は福来同様、藤の発表に対して一つひとつ反駁し、藤の発表は馬鹿らしくてほとんど弁解する価値もない、そもそもたった一回の実験に立ち会っただけでこのような「妄断」を発表するとは、「無礼」もはなはだしいと、激しい怒りを表明した（「長尾氏の弁明」「東京朝日新聞」一月十八日付）。

こうした福来、長尾家の反論に対して、藤はこのままでは水掛け論になるとし、このうえは正々堂々と、学者立ち会いのうえ、福来ら「千里眼」肯定論者と討論会をおこないたい、と述べた（「藤講師福来博士に対して宣戦す」「夕刊報知」一月十八日付）。また三浦は、長尾の透視が一定の条件のもとでしか成功しないことを指摘し、同時に、丸亀での実験直後、藤が中村清二、京都帝国大学に宛てて「千里眼失明す」と電報を打ったというエピソードを披露している（「混戦に陥れる千里眼研究者」「報知新聞」一月十八日付）。しかし、「千里眼」をめぐって、学者間の公的な討論会が開かれることは、ついになかった。

## 極端と極端の衝突

一月十六日、丸亀には井上哲次郎がいた。郁子の実験をおこなうためである。しかし、東京帝国大学は藤原を井上のもとへ派遣し、山川の事件が解決するまでは長尾の実験をおこなわないよう伝えた。

井上は丸亀で新聞記者を招き、藤の発表についてコメントを述べている。井上は、千里眼の研究には心理学、哲学からの基礎的なアプローチが必要なのだが、理科系の学者からは好まれていないことを述べ、そのために他の学者の研究を迫害するようなことがあったら、それは学術発展の妨げであると言う。

また、藤がラジウムを使って乾板を感光させているのではないかと主張している点については、彼女の家にあるわけがない、と一蹴した。藤が郁子の能力を詐欺だというならば、その内容をはっきりさせる責任がある、その点についてなにも証明せず、推測だけで断定するのはまじめな学者の態度ではない、要するに藤は物理学からみた極端なもので、福来は信じすぎるほうの極端である、つまりは「極端と極端の衝突」であるとした（「大に研究の価値あり」「東京朝日新聞」一月十九日付）。

また今村新吉は「東京朝日新聞」の取材に答えて、「千里眼のような現象は、新発生の事実であるから、疑えば疑われるが、しかし多数のなかでひとつぐらいの疑問があったといって、すべてを否認するのは乱暴である」「藤は、夫人の透視をまったく虚偽のようにいうけれど、夫人の透視はずっと以前からおこなわれて、徐々にうまくなったものだ」と郁子を弁護しながら、一方で「私は、学士の猛烈な勢いに、しばし沈黙を守るつもりである。あるいは、彼は我々よりも、頭脳が明晰であるかも知れない」と述べているのは、興味深い（「今村博士と千里眼」「東京朝日新聞」一月二十日付）。

さらに、「千里眼」に対する一般読者の意見が紙面に寄せられるようになったのも、この頃である。例えば「在東京 文学士US生」による「長尾夫人の透視及念写に就て」（「新愛知」一月二十二日―二十三日付）。同文は、藤の研究姿勢が先入観から出発している点を指摘し、科学研究の態度が間違っているとする。また、藤の「手品」説の根拠を一つひとつ検討しつつ、同時に、新聞に報道されている記事の大部分は新聞記者の「誤聞」ではないのかと、問題を提起した。

ここには、メディアによって自己増殖していく、情報の質の問題が鋭く指摘されている。まさに「千里眼事件」の特徴の一つは、各メディアが意図的に情報を操作し、差異化を生み出していくその手続きのなかにあった。

このように、「千里眼」の是非をめぐって激しい対立が続いているなか、御船千鶴子が自殺した。一月十八日午後三時、重クロム酸を飲み、翌十九日未明、死去。地元では、実父が千鶴子の能力を利用してひともうけを考え、なにかにつけて自宅で能力を使わせようとしたため、利欲に薄い千鶴子は我慢できず気鬱に陥ったのが原因であると見ていたらしい。福来、今村は、ともに御船の家庭の事情を暗示するとともに、千鶴子が「千里眼」能力の減衰に悩んでいたことを伝えている。

折しも一月十九日、「夕刊報知」に「千鶴子も大詐欺師也 丘理学博士隠れたる事実を素破抜く」という記事が掲載された。ここで丘は、先年九月、東京でおこなわれた千鶴子の実験は実は大失敗だったと語っている。当日おこなわれた透視は、前日に練習用として千鶴子に貸し与えられていた鉛管の透視であって、当日に提供されたものではない。この点に関して、まず疑う必要がある。西洋でもユーサピア・パラディーノの例がある。元来、理学者がものを信じるまでには、他の学者よりも多大の時間を要するものである。しかし、福来博士はそうではない。博士は、ものを信じるには、すこぶる早い人である……。

なお「千鶴子の死因」（「万朝報」一月二十八日付）は、一月二十六日に福来のもとに寄せられた、千鶴子の義兄・清原猛雄の書簡を掲載している。次のようなものである。

前略死因に付《つい》ては御承知の通り種々の事情有之《これあり》候えども、長尾夫人の念写に就《つ》き諸学者の非難あるを非常に気の毒がり居《い》たる所に、其《その》当日（十八日）或《ある》新聞に或《ある》博士の『千里眼は未《いま》だし』と云う題にて、念写などの事を評し、結末に『清原千鶴子なども無論疑問云々』と記しあるを見て、其《その》新聞紙を力を込めて突き遣《や》り、『兄さん何処《どこ》まで研究しても駄目です』と憤慨致申《いたしもうし》候、其《その》以前より決し居《い》たるや否《いな》やは判然致《いた》さず候えども、右等《みぎら》も死去するの一因となりしに非《あら》ずやと推測せられ候、就《つい》ては世に信用位置ある学者方は軽々に人の行為を評定せられざる様致度《いたしたき》ものに御坐候《ござそうろう》。

長尾家では、あらためて実験の一時中止を決定した。当時丸亀裁判所の判事職にあった長尾与吉が、司法部の先輩より注意を受けたためである。ただし、藤が丸亀に来た場合は別であるとした（「千里眼実験物盗難事件（後報）」「万朝報」一月十九日付）。

## 商品としての「千里眼」

長尾の実験が中断し、御船の自殺が報じられたのち、各社は「丸亀事件」の背景を探るための連載を開始した。例えば「学界の奇観」（「東京朝日新聞」一月二十一日―三十日付）である。同記事は、「千里眼」騒動の背景に学者間の暗闘をみるものである。

「学界の奇観」は、「千里眼」に関わった学者たちを、①信ずるもの、②疑うもの、③否認するもの、の三つに分類し、福来、今村、井上ら主に文科系の学者が①に、山川、中村清二ら主に物理学系の学者が②に、そして、青山胤道《あおやまたねみち》ら東京帝国大学医科大学系の人々が③に属するという。

しかし、必ずしもこのようにきれいに分類できるわけでもない。このなかでもっとも苦しい立場に立たされているのが②であり、①からは否認者として、③からは信者として批判されており、ことに中村は、藤の発表の黒幕であると激しい非難を浴びている。しかし藤は、たしかに中村の配下であり、物理学科の卒業生であるが、卒業後は医科大学で研究をおこなってきた人物であり、実は青山派である。

また、山川と藤原のあいだにも悪感情が存在し、福来と今村の間にもまた「意志の和合」はない。こうした学者間の思惑の相違に注意すべきであると、同記事は言う。

また、同記事が強調するのは、福来の過失である。一つは、催眠術師・横瀬琢之《よこせたくし》を長尾家に紹介したこと。二つ目に、愚にもつかない感情のまま三浦恒助と衝突し、彼の研究を中止させたことだという。

横瀬は、福来の紹介で長尾家に出入りするようになり、ついには長尾家に奇寓して催眠術治療を始めた。しかし、怪しげな催眠術治療を繰り広げた結果、丸亀医師会より排斥運動が起きた。また、「郁子と私は精神上の夫婦である」などと彼自身が吹聴したことから良からぬ噂も立って、ついに長尾家から絶縁された。福来もまた、次のような二つの「特別広告」を「讃岐実業新聞」に寄せて、横瀬との絶縁を世間にアピールしている。

「自分儀昨年十一月催眠術者横瀬琢之氏を同行来県し長尾家に紹介したる結果非難を受くるに至りしは全く自分の不明なりしに付き茲に之を告白す」「今般横瀬琢之氏と絶交し今後同氏と何らの関係なきことを広告す」（ともに「讃岐実業新聞」一月十日付）。このような怪しげな人物を長尾家に近づけたことが、さまざまな誤解を生んだ原因の一つであると同記事は指摘する。

また三浦に関しては、「今村は発見した乾板感光の実験を、今村に無断でおこなったのは不徳である」と福来が三浦を叱責したことが問題だったという。この結果、三浦は福来を恨み、ついに自分の実験を中止して、今村、福来に反対の態度をとり、流言を放ち、脅迫的な行動をとるにいたった。彼は岡田辰三郎丸亀高等女学校長をはじめ、各新聞記者、各学者を歴訪し、福来、今村を激しく攻撃した。それを真に受けた「万朝報」記者、「大阪朝日新聞」記者らが、ボール紙を切って乾板に文字を焼き付け、福来、今村を糾弾したこともあったという。また山川が丸亀入りしたときにも、三浦と岡田は福来、今村の「詐術」を訴えた。同記事は、そこから山川ら実験グループに予断が介入し、実験される郁子のみを疑った実験装置が作られることになったと指摘している。

こうして「学界の奇観」は断言する。「要するに千里眼問題は全く千里眼其《その》もの丶問題にはあらずして尻の穴の小さき学者達の排他《はいた》思想の紛乱《ふんらん》なり、千里眼や念写の果《はた》してありやなしやは依然《いぜん》疑問なり」と。

## フィルム盗難事件の怪

また「丸亀千里眼問題」(「万朝報」一月二十日―二十八日付)は、フィルム盗難事件の原因について次のような人々の存在を示している。

①福来の実験を疑う者
②福来の実験を妨害しようとする者
③長尾が不正な手段をおこなっているという者

同記事は、まず①に属する人物として三浦をあげ、彼の「京大光線」発表に福来と今村が激怒した旨を記す。今村は「少なくとも大学の教授に見せた上、教授から命名してもらうならば話は別だが、学生の分際で、独断にも京大光線などと命名するとはもってのほかである。ことに、私から話を聞いて行きながら、その私にさえ一応の相談もなく、さながら自分で発見したようにいうのは、学問の賊である。一種の版権侵害である。充分に懲戒処分を加える値打ちのあるものだ」と語ったという。

その結果、三浦は孤立する。彼はそののち実験に参加できなくなった。その間に、福来の「精神線」の発表があった。そこで彼は、福来の「精神線」は人工的に作られた可能性がある旨を、山川に伝えたのだという。

また、同じ①に属する人物として同記事があげているのは、讃岐実業新聞丸亀支局主任・宮井篤次郎である。

彼は、郁子の能力をいち早く報道した人物である。

宮井は、横瀬が長尾家に出入りするようになり、あまつさえ彼が催眠術治療と称して「診察料として十五円を納むべし、施術料は百円を要す、若し病気全治せざる時は返却すべし、施術を受けんとするものは、先ず其半額を前納せよ」と看板を出し、さらに七宝丸沈没事件で、横瀬が郁子に催眠術をかけ透視させるのを見て、怒った。

横瀬の治療は成功しなかった。にもかかわらず、金銭の返却を迫る患者たちを横瀬は無視した。患者たちは長尾家に押しかけ、長尾家を信用して横瀬の施術を信じたのだから、こちらで金を返してほしいと要求した。こうした事態になってはじめて、長尾家は横瀬にだまされたことを悟り、絶交するにいたった。宮井はこうした経緯を見て、憤慨した。彼は、福来の責任問題を含めて、事の顚末を「讃岐実業新聞」に連載した。しかしそれも、福来が横瀬との絶交を宣言した広告を掲載することで、一応の落着を見る。こうした展開もあり、宮井は福来を疑っていたらしい。

同じく①に、藤が入る。藤は三浦と往復しており、三浦は宮井と連絡を取り合っていた。この三人は「三角同盟」と呼ばれていたという。

## 問題をすべて提示する

次いで②だが、ここで同記事が取り上げているのは、横瀬が妨害者ではないか、という疑問についてである。横瀬は一月五日、彦根から丸亀へ戻り、九日に神戸へ去った。福来の広告が「讃岐実業新聞」に掲載されたのは、一月十日。以後、横瀬は福来に対し悪感情を抱き始め、福来をあしざまにののしるようになったという（二月三日、横瀬は福来を相手取り、東京地方裁判所に信用棄損、業務妨害の訴えを起こしている）。そうした点から、横瀬はフィルム盗難事件の実行犯とみなされたらしい。一方、フィルム盗難事件については、山川の実験中止後、福来の単独実験を阻む一団の仕業ではないか、という推測もあったとする。

③については、娘の愛子が郁子と共謀しておこなったという説を紹介している。この噂は、当地ではかなり広

まっていたらしい。この噂の背景には、入野某が愛子と結婚したい旨を長尾家に申し込み、それを拒絶されたためにさまざまないやがらせをしていたという事情がからんでいるという。そのいやがらせのなかには愛子自身が関わっていたものもあるというのだが、詳細は不明である。

　このように記述を進めながら、結局同記事も事件の判断については保留している。とりあえず、問題そのものをすべて提示しておくという方針にとどまる。

## 早く念写を信じないと……

　一方、「長尾家の周囲を包める秘密」（「夕刊報知」・「報知新聞」一月二十一日―二月二日付）は、徹底的に長尾家のいかがわしさを強調する。同記事はまず横瀬の存在を指摘し、また郁子が「魔性の女であった」こと、幼児から嘘をつく癖があり、それは現在でも変わっていないであろうこと、気の変わりやすい、浮気な娘であったことなどを、郁子の実母の談話として紹介する。

　さらに同記事は、郁子の最初の実験者を岡山高等学校教授・三宅亥四郎であるとし、一九一〇年九月ごろに彼がおこなったという実験を、松本亦太郎《まつもとまたたろう》の談話として、次のように紹介している。「三宅君は久しく心理学専攻で欧米に留学した人で、蘊奥《うんおう》を極めた学者だから外国で千里眼の研究もしているらしい、三宅君は二日に亘《わた》って郁子夫人の実験を行ったが実験の結果に就ては黙然として発表せぬ」「三宅教授は岡山に帰って後、冷やかな笑を漏《もら》したと云う」。

　このように、「郁子はいかがわしい」というイメージを間接的な発言によって補強していく筆者は、福来、今村による念写問題を、手品か、もしくは「大仕掛けの或意味を含む社会劇」だと主張する。しかし、こうした筆者の観察には個人的な怨恨があることも、筆者自身が表明している。フィルム紛失事件の際に、福来から犯人と疑われて立腹した旨を、同記事のなかに書いている。「長尾家の周囲を包める秘密」が、あまりにも個人攻撃的な要素が強いため、読者の反感を買ったのだろう。筆者自身の弁明として掲げているのが、福来から疑われたという一事である。

こうした筆者が、「今此稿《このこう》を了《おわ》るに臨《のぞ》み静かに千里眼問題を考えて見れば、不思議々々の声に熾《さか》んな暗示をあたえられた社会は催眠状態に陥入《おちい》った観がある」、さまざまな風聞を遮断して「真の威厳ある学術研究」を切望する、と書いたところで、情報そのものは、にわかには信じにくい。

同じく、徹底的な福来批判を個人的なレベルで展開しているものに、三浦恒助「千里眼問題」（「扶桑新聞」二月六日―三月四日付）がある。三浦は、郁子の放射線を具体的に試験したのは自分が初めてなのであって、福来も今村もまだやっていなかった、と自らの研究上のプライオリティーを主張する。

その一方で山川の実験態度を称揚し、自分の実験の不備を告白している。また彼は、福来の「念写」発見前後に「君は早く念写を信じないと君のためになりませんぜ、危険ですぜ」「○○博士が、帰ったら教授会にかけて、京都大学から君を放り出すといきまいてるぜ」と脅されたことを告白する。しかし最後まで脅しに屈しなかったのは自分の名誉であると述べ、福来は「突如として思い付き、突如として行い、突如として念写を成功せしめた」のだと強調して、福来の念写写真は「偽者《にせもの》」であると断言する。

三浦がその根拠とする理由は、ほぼ藤と共通するが、福来による乾板すり替えの疑いを示している点が藤とは異なる。また三浦は、「社会的暗示」によって「透視も感光も念写も」すべて信じきっていて、少しも疑っていない人があるが、これが極端になると、社会のために、はなはだ危険なことになると指摘し、千里眼なども「これが証明せられない間はこの新事実と称するものは無い物と見て置いてよい」と述べてもいる。

さて、「千里眼」の背景にさまざまな対立要因が存在していたことが、新聞紙上で明らかにされていることを確認した。また、その対立要因の取り上げ方が、新聞によって大きく異なっていることも見てきたとおりである。「報知新聞」は、徹底的に「千里眼」否定の方針で報道を続けていた。一方、「東京朝日新聞」「万朝報」の姿勢は、それまでの「千里眼」肯定一辺倒の立場から、徐々に後退し始めているようにもみえる。先の「学界の奇観」「丸亀千里眼問題」などが、その一例だろう。

また、こうしたマスコミの動向は、ほかの「千里眼」能力者たちにも波及している。一月十五日、東京日日新聞社は、当時話題になっていた南極探検船開南丸の遠隔透視を、六人の「優秀と認めた」能力者に依頼したという。その六人とは、御船千鶴子、長尾郁子、和歌山市の山県玉枝、大阪市の塩崎孝作、岡山市の川崎進、秋田市の真壁光子である。しかし、東京日日新聞社の要望に応じた者はいなかった（「千里眼と探検隊」「東京日日新聞」一月二十八日付）。

その理由を同記事は、近来千里眼能力について世間の注目が集まっており、能力者の一言一句が学者間の物議を引き起こすかもしれないことを恐れたのだろうと指摘している。事実、丸亀事件以降、「千里眼」能力者は徐々に新聞紙上から姿を消しつつあった。

一月末には「千里眼」は国会でも問題として取り上げられた。また、「千里眼」能力による治療法と銘打って不当の利益をあげている者が多いとして、学界における「千里眼」問題が解決次第、内務当局が司法当局と打ち合わせ、不当な者は厳しく取り締まる予定であるという報道も現れている（「千里眼の取締」「東京日日新聞」一月二十四日付）。「千里眼」は学者間の問題、社会問題としてだけではなく、国家レベルの問題としても注目を集めつつあった。

## 『千里眼実験録』

「今村福来両博士の千里眼に対する秘密　藤、藤原氏の挑戦」（「夕刊報知」二月十七日付）は、二月十六日に刊行された『千里眼実験録』（藤教篤／藤原咲平、大日本図書、一九一一年）を紹介し、この本には「今迄決して世に洩れざりし幾多の怪しむべき秘密」が書かれていると述べた。例えば、一月六日、八日におこなわれた山川の実験中、福来が二度も中座していることから、福来と今村が共同で念写写真を人工的に作っていたのではないか、という疑惑についてである。

なお、同記事は次のように付け加えることを忘れていない。「尚《なお》最後に我等《われら》は断《ことわ》り置《お》かん我社《わがしゃ》は飽迄《あくまで》も公平なり」「我社は寧《むし》ろ今後千里眼者の益々《ますます》出でゝ愈々益々《いよいよますます》厳密なる諸学者の実験を立派に及第せん事を望む唯功《ただこう》を急いで世を欺《あざむ》くが如き奸手段《かんしゅだん》は伴《ともな》われざらん事を切に望むなり破邪顕正《はじゃけんしょう》の筆《ふで》を揮《ふる》える痛快なる此《この》新著『藤、藤原千里眼実験録』の公刊に際して一言記者の所見を述ぶ」。

藤・藤原『千里眼実験録』は、ある意味で東京帝国大学理科大学の「千里眼」に対する総意を表明したものである。同書は巻頭に「山川博士よりの書状」を掲げ、次いで中村清二の序、田丸卓郎のはしがき、自序、本文と続く。また、巻末の跋は石原純による。彼らはすべて、東京帝国大学理科大学の関係者である。つまり同書は、「東京帝国大学理科大学」という「権威」のもとに成立している。こうした「権威」は、本文以外の「飾り」の部分に結晶している。そのいくつかを見ておこう。

## 従来の「知」によって

まず山川の「書状」である。彼は、丸亀の実験の「事実」がここに発表されたことは「至極結構」であるという。また彼は、丸亀での実験で、糊付けした実験物の透視がすべて拒絶されたことを指摘する。あわせて、藤が「冤罪」によって新聞紙上で糾弾されたことに遺憾の念を表明し、「千里眼」という事実の有無は、心理学者の「壟断《ろうだん》して研究すべきもの」ではなく、物理学者がもっとも適当なのだと述べている。

次に、中村の序である。彼はまず、「科学万能」「科学者は科学万能を叫ぶ」という二つのテーゼを否定する。そして、科学者の努力は、もろもろの事実を研究して、事実間の関係を明らかにすることにあるという。したがって、未知の現象に遭遇すれば、それが事実であるか否かを確かめ、事実であれば、従来の「知」によって説明を試みるのが科学者であるとする。

では、千里眼はどうか。これは重要な問題であって、もしそれが虚偽ならば、世間に与える悪影響は恐るべきものがある。しかし、もしそれが事実ならば、千里眼の研究によって精神現象を科学的に探究するきっかけとなるだろう。だが、千里眼は、いままでの物理的な現象とはあまりに異なっている。よって当面の問題は、それが事実か否かを確定する点にある。そのために同書はある。

蓋《けだ》し氏等の意は自ら署名せる責任ある著書によりて意見を発表し以《もっ》て千里眼信者と論議せんとするにあるか。識《し》らず実験を行いて千里眼を事実なりとする学者も亦《また》同様に責任ある実験録を公にして正々堂々の論議を為す材料を吾人に提供するの雅量ありや否や。

こう中村は序を結ぶ。山川、中村の言説は、ともに福来を仮想敵として、福来に対する挑発を多分に含んでいる。

また田丸の「はしがき」は全文ローマ字表記で、少々読みにくいが、その趣旨はほぼ次のようなものだ。まず、「千里眼」が新聞で報道されることにより、物理法則の絶対性が揺らぎ、さらには物理学教育そのものが否定される事態にいたるならば、それは物理学の価値からいって間違いであること。次に、今村、福来の実験が物理学者から見るとあまりに杜撰《ずさん》なものであること。

にもかかわらず、彼らの実験報告によって、あたかも「千里眼」が科学的に実証されたかのように報道されたことで、世間一般の人々に大きな誤解を与えたこと。最後に、丸亀での実験は、物理学の立場から言えば、向こうの都合のみが優先されるあまりに一方通行的なものであり、そのような条件下で藤、藤原が、「千里眼」にはまだ疑う余地が十分にあることを示したのは大きな収穫であったということである。石原純の「跋」も、田丸とほぼ同意見である。

以上が、東京帝国大学理科大学の、言い換えれば「物理学」というパラダイムの「総意」である。そして、このような「総意」のもとに、『千里眼実験録』はある。要するに、「千里眼」――透視、念写――が存在する可能性は否定しない、しかし、一九一一年現在の物理学の常識では許容し得ない、ということだ。

## 非科学的な論説を封鎖する

同書は、いくつかの点で、当時の「学」的・政治的な「近代」の布置を象徴している。例えば、世の「迷信熱」に対する危惧の念を表明する彼らの言葉の裏側に、アカデミズム内部における縄張り争いを感じさせること。「科学」内部における分化、専門化によって、いわゆる学問の「守備範囲」が決定した。その結果、いわゆる「専門外」の事柄について、首を突っ込むことは慎むべきこととなった。「千里眼事件」には、物理学の守備範囲に心理学、医学が介入したことに対する不満が根底にあったようにみえる。

また、彼らが主張する物理学教育の危機、それにともなう迷信の助長といった要素は、「科学」のシステムが国家制度の一部としてすでに機能しつつあったことを示す。その制度の崩壊につながる要素は、排除されなければならない。この場合、「東京帝国大学」という冠は大きな意味をもつ。その意味では『千里眼実験録』は、懸念の表明だけで事足りるのだ。

事実、『千里眼実験録』は、丸亀での実験結果についてはっきりした結論を出してはいない。著者自身が「自序」のなかで、「千里眼現象に対し余等の実験の示す所にては未だ事実とすべき証拠なきのみならず、怪訝に堪えざる事実の存在を認めたるに過ぎざるも、之を公にして一は世人の覚醒を促し一は後日に於ける参考に資せんとす」と述べているとおりである。

そして、それはそれでかまわなかった。あくまで同書の意図は、「千里眼」に関する非「科学」的な言説を封鎖することにあったはずだからである。東京帝国大学という「権威」のもとに、「科学」の絶対性を確認すること。それは「近代」にとって、欠くべからざるプロセスの一環でもあった。

『千里眼実験録』は、その役割を見事に果たした。同書は世論誘導のきわめて優秀な装置として機能した。「心理は究《きわ》めざる可《べか》らず。妖言《ようげん》は排《はい》せざる可《べか》らず。千里眼一度世に出でゝ天下其真偽《そのしんぎ》に惑《まど》い、奸催眠術者《かんさいみんじゅつしゃ》の徒《と》忽《たちま》ちに跋扈《ばっこ》を極《きわ》め、迷信を助長し、暴利を貪《むさぼ》り、思想界を擾《みだ》る、悪《にく》まざる可《べ》けんや」と書き記した著者の意図は、正確に一般社会に伝わっていったのである。

もっとも、『千里眼実験録』を激しく非難した論評も、当時の新聞記事のなかにある。「実験抜きの実験録（一）」（「東京朝日新聞」二月二十一日付）は、『千里眼実験録』を、千里眼、念写などについてまったく得るところはないが、日本の物理学者が「如何に陋劣なる心事を有せるかを透視するには恰好《かっこう》の著述」と評する。

同記事の批判の眼目は、「既に実験を中止したる実験に断定の現るゝ道理なし」の一文に尽きる。中村の序文を引用しつつ、「ソを尚実験したる如く装うは日本の物理学者に物理学的断定を下すの素養なきを中村博士によりて天下に公表されしものなり」と言う筆者は、同時に自序で語られていることが、結局「判らぬ」ということでしかないと述べ、それならば研究する以前と変わらないのであって、「世人の覚醒を促し或は後日の参考になる如き代物にはあらざるなり」と痛烈な批判を展開した。

## 能力者がいなくては

しかし、「千里眼」論争の結末は唐突にやってきた。長尾郁子の死である。一月後半からインフルエンザにかかっていた長尾は、やがて急性肺炎から肺壊症を併発、二月二十六日午前、死去した。なお、郁子は山川の実験中止以降、それまでは神仏のごとく丸亀市民に尊敬されていたものが、一夜にして蛇蝎のごとく取り沙汰され、ついに児童らによって「ラジウム」というあだ名をつけられ、外出すれば石を投げられるまでになっていたという（「逝ける長尾夫人」「東京朝日新聞」二月二十八日付）。

長尾の死によって、「東京朝日新聞」による「実験抜きの実験録」の連載も中止された。しかし「実験抜きの実験録（中止）」（「東京朝日新聞」二月二十八日付）は、冤罪を受けたと主張する藤に対して「いたずらに長尾一家を詐欺師の集団のごとく疑い、福来、今村両博士を手品使いの一味のごとくいっているのは、ふらちである。なんら詐欺、手品の方法を指摘できず、おのれの失策は棚にあげて、愚にもつかない理由のもとに、みだりに人を疑うその心事の陋劣なる点は、とうてい神聖なる帝大講師の資格なし」と、罵倒した。

だが、大勢はすでに決した。「千里眼」肯定論者も、肝心の能力者がいなくては話にならない。世論は急速に「千里眼」否定に傾いていった。中村清二は三月二十二日、東京帝国大学において開かれた第七回学術講話会で、「理学者の見たる千里眼問題」という題目で講演、「千里眼は信ずべき理由なし」と断言した（「一理学者の千里眼評」「東京朝日新聞」三月二十三日付）。

一方、福来もまた中村との対談で、「千里眼」の存在に対してかなりトーン・ダウンした発言を残している。ここで彼は、千鶴子、郁子に対する自らの実験の不備を、かなり率直に認めている。また、念写について今はどう考えているか、という中村の質問に対しては、「疑いが四分で信用が六分と云う考えです」と答えている（「明治四十四年二月二十二日東京帝国大学理科大学に於て福来博士と余との千里眼に関する会談」「東洋学芸雑誌」一九一一年五月―七月号）。

ほぼ同時期の「哲学雑誌」一九一一年四月号には、源良英「ユーサピアの手品に就て」、MO生「研究の要件」が掲載されている。源「ユーサピアの手品に就て」は、チェーザレ・ロンブローゾが実験対象にしたことで知られる霊媒ユーサピア・パラディーノの交霊会場でのトリックを、ミュンステルベルヒが暴いた一件を報告したものである。

またMO生「研究の要件」は、「客観的に研究する」プロセスについて、①事実を重んじ、その確実性、その可能性などを調べて、ここに普遍的な法則を帰納する、②また、その法則が事実からはみだしているかどうかは、さらに観察し、実験することによってその確度を明らかにする、③事実を重んずるとは、同時に観察、とくに実験を重んずることであり、これが唯一の「学証法」である、と論を進め、これはまた、いわゆる「精神科学に於ても取るべき研究法」であって、「かゝる実験吟味の欠けている議論は、凡て識見に乏しい議論である」と、暗に福来の研究を一蹴した。

「千里眼」熱は急速に冷めつつあった。三月二十八日、東京の青年会館で横瀬琢之がおこなった「千里眼の真相」なる題目の講演会は、聴衆わずかに十一人だったという(「昨夜の千里眼講演会」「東京朝日新聞」三月二十九日付)。「千里眼をやる者は脳の使いすぎで死ぬ」「千里眼になると早死にする」という噂も、ひそやかに広まっていた。一方「学者迫害さる」(「東京朝日新聞」三月五日付)は、早くも「福来博士を帝大より逐《お》わんとする」動きがあることを伝えている。「博士が千里眼問題に於《おい》て理科大学教授連と説を異にするや博士は忽《たちま》ち詐欺漢の称号を辱《かたじけの》うし、遂《つい》に同博士の文科大学助教授を罷《や》めしめんとする運動は始まれり、纔《わずか》に井上(哲)博士が之を弁護するのみにて今や其《その》運動功《こう》を奏《そう》せんとするに似たり」。

こうしたなかで、薄井秀一『神通力の研究』(東亜堂書房、一九一一年)が出版されている。薄井は「東京朝日新聞」記者「長梧子」である。同書は福来、丘浅次郎の序を付し、福来の「メンタル・ポシビリチー(潜在精神)」説などに依拠しつつ、一九一〇年十二月までの千里眼事件の流れを、自らが「東京朝日新聞」に執筆した記事を中心に克明に紹介、千里眼肯定論を展開した。

また長尾与吉は、「東京朝日新聞」に「山川博士の実験に対する意見」(六月二十日―七月十一日)を寄せた。彼は、山川の書が付せられた『千里眼実験録』について、納得し難い点が多いだけではない、その要旨は、怪しげな論理の組み立てによって自分の一家の名誉を棄損し、自分の信用を破壊しようとするものだと述べている。そもそも彼らは礼を知っているのか、学者というものの態度はこういうものなのか、「士たる者の言論」は、はたしてこのようなものなのか。その不謹慎さには驚く以外にない、と著者を激しく非難した。

長尾は『千里眼実験録』によって、世の人々のなかに、自分の一家を「卑劣手段を弄し人を惑わし世を欺きたるもの」と信じる人が出てくるのを恐れるとし、いやしくも「現に司法官の末席を汚」している自分の立場からも、このような論評を黙止するわけにはいかないと述べ、「彼等の妄を弁じ」「其の真相を世に知らしめ」ようと試みるのである。

「山川博士の実験に対する意見」は、山川らが世論への影響を考慮して、最初から「千里眼」否定という結論を抱いて実験に臨んだのではなかったか、「彼等は我れの能力を憎悪し実験に名を仮り我れの能力の信用を破壊せんと企図したるものにあらざるなきか」と鋭い批判を展開している。が、世間の反応はほとんどなかった。長尾与吉は、翌年死亡。残された子どもたちは、与吉の故郷、青森へ移ることとなった(7)。

## 5 「迷信」という封印

### 福来の宣戦布告

一九一三年八月十二日、第一高等学校を卒業した芥川龍之介は、九月の東京帝国大学英文科入学を控えて、静岡県安倍郡不二見村新定院で夏のひとときを楽しんでいた。彼がそこから友人の浅野三千三に宛てて書いた手紙のなかに、次の一節がある。「新聞によれば千里眼問題再燃《さいねん》の由《よし》　本屋にたのみやりし福来博士の新著も待遠《まちどお》しく田舎の新聞が同問題の記事を少ししか出さぬが歯がゆく候」。

「東京朝日新聞」の一面に福来友吉『透視と念写』（東京宝文館、一九一三年）の宣伝広告が掲載されたのは、一九一三年八月九日である。その広告文には、「曾《かつ》て世論を沸騰《ふっとう》せしめたる千里眼問題は今現《いまげん》に健在せる偉大なる能力者高橋夫人に就《つ》きて更《さら》に実験せられ茲《ここ》に所謂《いわゆる》透視と念写とは学界に於ける的確《てきかく》の事実として公表せらるゝに至れり是《これ》実に実験者にして著者たる福来博士の賜《たまもの》にして真に学界の痛快事《つうかいじ》たり幸に詳密余蘊《しょうみつようん》なき本書の叙説《じょせつ》に依《よ》りて其の事実を知れ敢《あえ》て薦《すす》む」とある。沈黙を守ってきた福来の、新たな宣戦布告である。

『透視と念写』の序で、福来は次のように述べている。

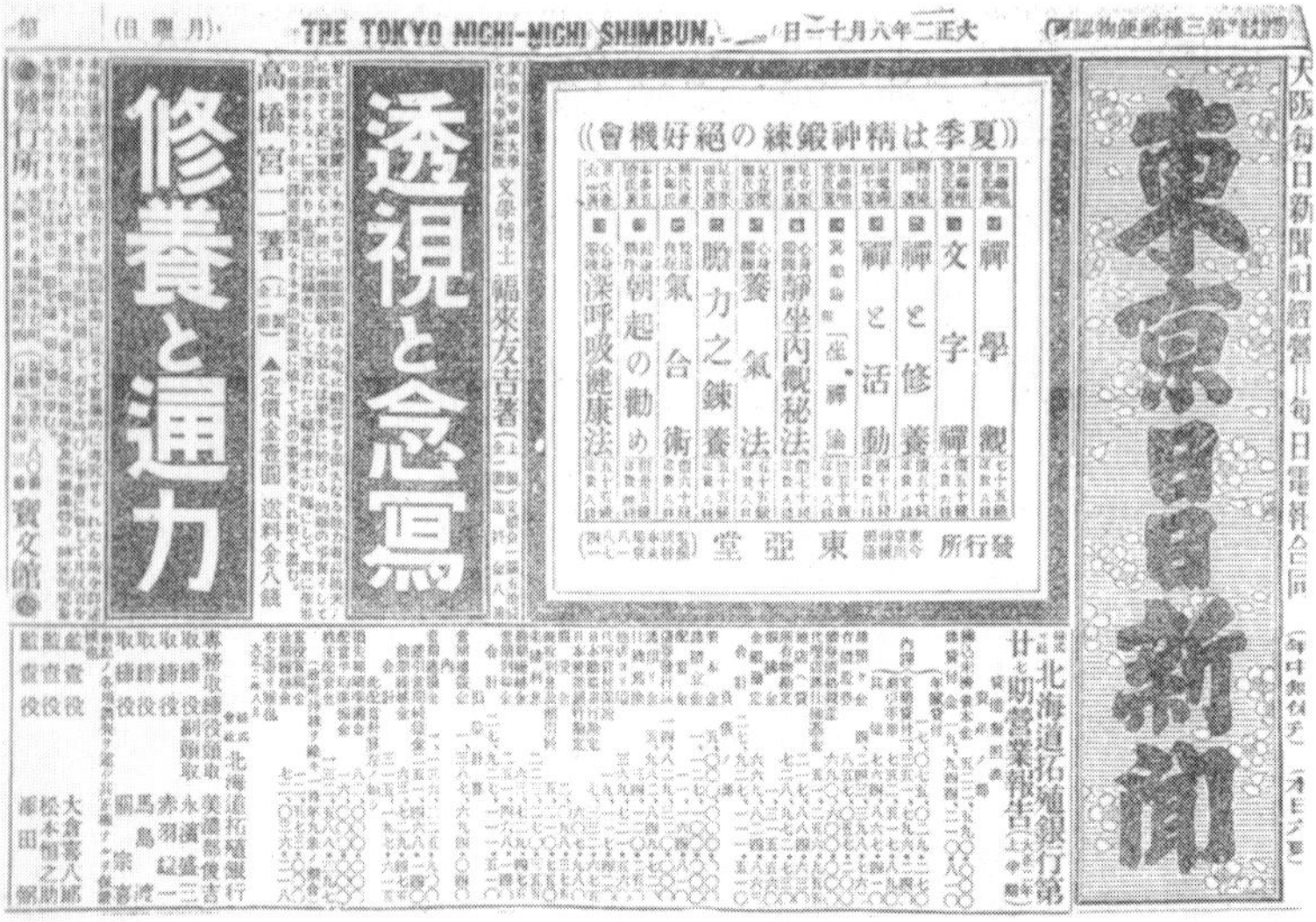


図19　『透視と念写』の広告（「東京日日新聞」）

人生の向上は目的の自覚と手段の知識とを要する。科学は唯手段を示す丈のもので、人生の目的を教うるものでない。此の目的を教うべき筈の宗教も道徳も、古きものは悉《ことごと》く其の権威を失って、之《これ》に代《かわ》るべき新しきものは未《いま》だ生《うま》れて居《お》らぬ。世道日日《ひび》壊頽《かいたい》し、人心刻々《じんしんこくこく》荒廃し、邪説淫行《じゃせついんこう》は縦横《じゅうおう》紛乱《ふんらん》して、暗黒界を目《ま》の当《あた》りに現出せんとする有様である。此《こ》の時に当《あた》りて、深遠なる人生の意義を闡明《せんめい》し、以《もっ》て此の暗黒界に一道の光明を与え、人心の帰嚮《ききょう》を確実にする為《た》めに、吾人《ごじん》精神学者の最も真面目に研究せねばならぬと信じて居る問題が三つある。夫れは生命の問題と性の問題と心霊の問題とである。

本書は心霊問題の一たる透視及び念写に関する研究結果の発表である。其の現象たる、物質的法則を超絶して、茲《ここ》に全く新《あらた》なる空間の真理を顕示《けんじ》するものであるから、物質論者は之に対して激烈なる驚愕と憎悪とを示して居る。夫れが為め、本研究に従事して以来、余は罵言《ばげん》、讒誣《ざんぶ》、陰擠《いんせい》等種々の迫害を彼等によりて加えられた。（略）今後に於ても、余は如何程《いかほど》彼等の為《た》めに悪《にく》まるゝかも知れぬ。ガリレオは幽閉の身となっても、尚其《なおそ》の研究を継続して怠《おこた》らなかった。余は如何《いか》に月並《つきなみ》学者の迫害を受けたからとて、学者の天職として信ずる道を踏まずには居られぬ。学者の天職とは前人未発《ぜんじんみはつ》の真理を闡明《せんめい》して善良なる未来を開拓して行くことである。(8)

さらに福来は、その緒言で「雲霞《うんか》の如く簇《むらが》る天下の反対学者を前に据《す》え置いて、余は次の如く断言する。透視は事実である。念写も亦事実である」と宣言し、御船千鶴子、長尾郁子、そして新たな能力者、高橋貞子の実験について詳しく報告した。

福来に対してすぐさま援護したのは、「東京日日新聞」「東京朝日新聞」などである。「千里眼」（「東京日日新聞」八月十三日―十七日付）は、長尾の死後、ちまたで歌われたという「ラッパ節」の一部「看破《かんぱ》せんとて乾板《かんぱん》のなきを透視で看破《かんぱ》され陣笠《じんがさ》学者はアワテ出し東の空へ逃げてゆく」と、長尾与吉が作ったという「井戸の中なるヒキガエル、見たよな学者がガヤ〳〵と騒いで見たとて天地《あめつち》の大なることはわかりやせぬ」を引用しつつ、福来と高橋貞子の夫・高橋宮二の談話を掲載した。このなかで福来は、九月には信用すべき学者に立ち会ってもらい実験をおこなう予定であるから、九月には決着がつくと語っている。

図20　『透視と念写』の広告（「東京朝日新聞」）

## 心的の世界をば研究せしめよ

長梧子「透視と念写の可能」（「東京朝日新聞」八月十四日―十五日付）は、約四年前の「千里眼事件」後の状況を「一般にはそんな事が出来るものじゃ無いと云う風に寧ろ不可能として認められた様であった」と述べながら、「当時盛んに物理学者の嘲笑を受けたにも拘わらず自ら実験した種々の事実を基礎として其所信《そのしょしん》を改めず益《ますます》熱心に其《その》研究を続けた」福来が『透視と念写』を刊行したことに敬意を表し、新たな能力者・高橋貞子の実験風景を紹介する。そして、「従来の科学が知る事の出来なかった人間の精神作用が新しい問題として再び学界に提出された、世の学者は最も公明なる態度で之を研究す可きである」と、広く呼びかけた。

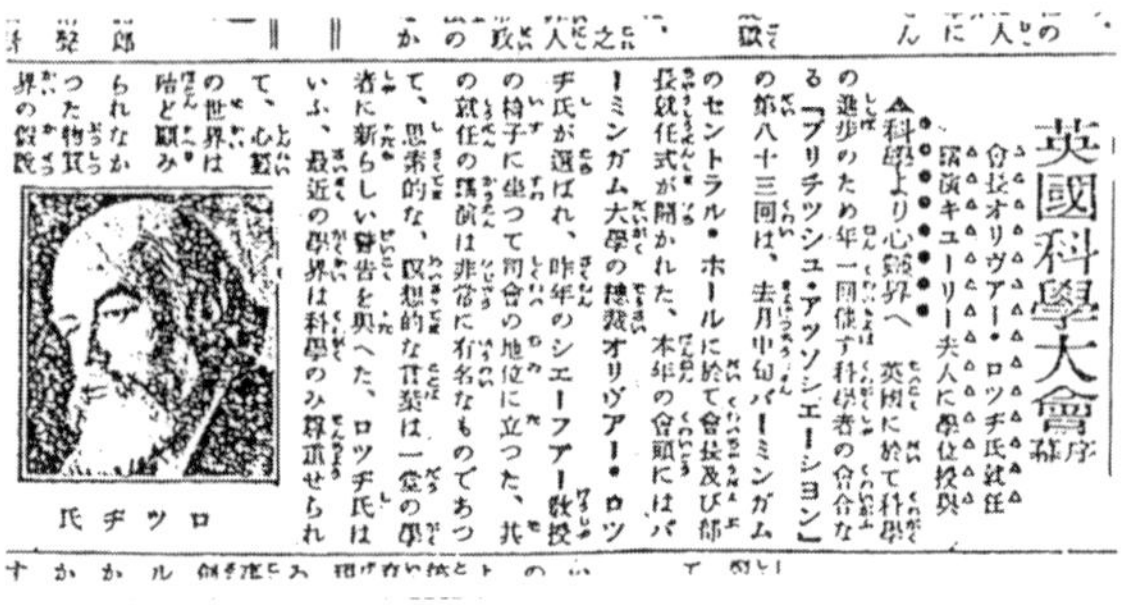
英國科學大會序幕

會長オリヴアー・ロッヂ氏就任

講演キユーリー夫人に學位授與

△科學より心靈界へ

英國に於て科學の進步のため年一回催す科學者の會合なる「ブリチツシユ・アツソシエーシヨン」の第八十三回は、去月中旬バーミンガムのセントラル・ホールに於て會長及び部長就任式が開かれた、本年の會頭にはバーミンガム大學の總裁オリヴアー・ロッヂ氏が選ばれ、昨年のシエーフアー教授の椅子に坐つて同會の地位に立つた、其の就任の講演は非常に有名なものであつて、思索的な、理想的な言葉は一般の學者に新らしい警告を與へた、ロッヂ氏はいふ、最近の學界は科學のみ尊重せられて、心靈の世界は殆ど顧みられなかつた物質界の假說



図21　ロッジの会長就任を伝える新聞記事

また「万朝報」は、「透視と念写」（八月十一日付）に福来の談話を掲載。さらに「最近の学界は科学のみ尊重せられて、心霊の世界はほとんど顧みられなかった。物質界の仮説をさらに推し進めて、その発展の窮極にまで達せしむるはもちろん必要であるが、我々をしてさらに心的の世界をば研究せしめよ」というブリティッシュ・アソシエーション会長オリヴァー・ロッジの就任演説の一説を「英国科学大会序幕」（十月六日付）と題して、一面に載せた。

「千里眼問題再興」（「国民新聞」八月十一日付）もまた、『透視と念写』の内容を紹介する一方、「現大学総長は千里眼忌の山川博士である　千里眼は詐欺だと断言した医科や理科の学者は依然其羽振りを東大に利かして居る　福来博士の『透視と念写』の著は単身敵中に躍入した観がある　千里眼に関する論争は再び開かるゝであろう」と報じている。

## 実験によって証明されてはいない

一方、物理学者の側も反論した。「念写ハ未だ信ぜぬ」(「万朝報」八月十二日付)は、高橋貞子についての福来の念写実験に参加した、東京高等師範学校教授・後藤牧太の談話として、「物理学上の見方では念写は厳密な実験を経たものとは云えぬ、したがって厳格な証明を経たものと云うことができぬ」というコメントを掲載した。「千里眼は皆詐術　物理学者の即断」(「国民新聞」八月十五日付)は、「千里眼問題にて其名を知られたる一理学者」の談話として、「千里眼はアレは立派な詐欺ですよ」「吾等は再び千里眼問題には足を踏み入れぬ考えだ」「吾等は物理学の研究をすれば足るので千里眼など云う学問上の意義のないものを何時までも追及する必要はない」、すでに言いたいことは『千里眼実験録』や中村清二の講演内容に尽きている、といったコメントを紹介している(ただし記者は、某物理学者の談話内容について「其妄断にして感情的なるには驚かざるを得ない」と付け加えているが)。

また、山川健次郎も『透視と念写』についてコメントを残している。「透視と念写　東大総長理学博士山川健次郎氏談」(「時事新報」八月十三日付)によれば、山川は、他紙に政策上千里眼を撲滅しようとしているとか、「千里眼嫌い」などと書かれているのは自分の位置が誤解されている証拠である、透視は絶対に不可能であるとは言わない、しかし、従来の透視は、厳密な意味では実験によって証明されていないように思われる。しかしそこには驚くべき新発見の可能性もある、だから否定はしない、と述べ、また自分は「学問には決して感情を挟まないと云う主義」であるから、政策のうえで千里眼を否定することは決してないと言明している。「斯の如く自分は透視等に対しては過信もせなければ、決して嫌忌もしていない」、ただし、こうした現象を扱う際には実験の厳密性は不可欠であり、実験にあたっては「物理学者と警官の研究を必要とせんければならぬ」とし、念写に対する「多少の疑義」にも触れている。「甚だ失礼な申分だが忌憚なく云えば私の見る福来氏の欠点は本人を過信することに在ると思う」「只だ無い事を有るとし有ることを無いとする事は学問上は素より、教育上大に害のあることゝと思う」と言う。

つまり、山川は「政策」レベルでの問題ではなく「研究」レベルの問題として、あるかないかわからない「千

図22　福来友吉

里眼」（念写）をあるかのごとく表明することに「教育上」の疑念を示した、ということである。しかし山川の立場からいえば、「教育」の問題を「政策」の問題と切り離して考えることは不可能だろう。千里眼事件ののち、山川は九州帝国大学総長を経て、一九一三年より、再び東京帝国大学総長に任じられていた。

井上哲次郎は「事実を確かめよ」（『万朝報』八月十四日付）で、次のように語った。中村清二博士は透視も念写もすべて手品であるように言っているが、千鶴子らのやったことは手品とはいえない。郁子の透視についても、『千里眼実験録』を著した藤原咲平君は、あのなかではむしろ手品であったかのごとく言ってはいるが、実は彼も自分と同感であって、あの本は迷信を撲滅するための一つの政策であり、本当に透視の不可能性を証明したものではないと言っていた……。

「千里眼」に関して、意図的な「政策」が存在したことを示すコメントである。そして、こうした「政策」が徹底されれば、次は人事問題へと焦点は移行していく。事実、ことは福来の東京帝国大学内の立場に関わっていくことになる。

## 大学教授の淘汰

さて、福来は九月には物理学者を交えた実験をおこない、ことの是非を明らかにすると語っていた。それでは、物理学者による高橋貞子の実験はおこなわれたのか。実験申し込みは皆無だった。また、丸亀では福来とともに実験の中心人物だった今村新吉も、福来の誘いに応じなかった。高橋宮二は、当時の様子を次のように述べている。

福来博士の発表が済んで九月には他の有力な学者の実験に応ずる予定であったが、何んとした事か学者として実験を申込み来たる者は一人もない。アレ丈け新聞に書き立てた事件に対する反響としては余りに静か過ぎる感がする。其の内に千里眼肯定に関して余り熱心に筆を執った新聞記者中の或る人達は某筋の干渉？により て筆の自由を失わしむべく、係を替えられたり社内の左遷が行われたりして居るとの噂があったり、福来博士馘首の噂も耳にするようになって来た。

（略）

××帝国大学教授医学博士○○○○氏は曾って千鶴子の透視実験には福来博士と共同実験をもなし、又長尾夫人の念写にも熱心に研究せられて、自から仁の字を書して長尾夫人に念写して貰った人だから、貞子の実験にも是非関係して貰いたいと、福来博士に相談した所博士も大賛成で早速と○○博士に交渉して貰ったが、○○博士よりは福来博士に返信さえなかった程であるから、ドウモ雲行は慥かに変だと云うことは感ぜられた。つまり後日に至りて○○博士の態度急変事情は、福来博士と共同行動に出でゝは、種々な不利益が身を襲うことを霊感？した事が余に霊感した。即ち○○博士は学者の天職と云うことゝ御自身の本職と云うことを試験管に入れて見た時に学者の天職と云うことは御自身の本職と云うことゝ共存共栄の実が挙がらぬと見当を付けたのに違いない？(9)

すでに「大学教授の淘汰」（「国民新聞」八月九日付）は、京都帝国大学で実施された八教授の罷免につづき、政府当局が「近々東京大学教授の大淘汰を行わんとする趣なり」と報道していた。「帝大講師の整理」（「東京日日新聞」九月四日付）には「東京帝国大学にては今回の行政整理につき大学経費の節減を図る目的を以て教授の淘汰を為す方針にて各分科とも目下内内調査中なるが文科大学にてはその第一着手として既に日下寛、黒木安雄、小柳司気太の三氏を罷免したり但理科大学のみは除外例なりと」とある。

また「大学教授の内職」（「東京朝日新聞」九月五―十九日付）は、日本大学、中央大学、専修大学、法政大学などの私立大学に出講している帝大教授の問題を指摘し、私大の大多数が「帝大教授の内職所」になっていると述べ、山川健次郎東京帝大総長が調査を命じていると報道した。山川は総長就任以降、東大の刷新に努めており、その第一歩として「各教授の内職厳禁の必要を認めた」という。

たしかに法科文科の教授は私大の講師、医科の教授は個人病院の設立、自宅診療、工科大学教授は工業会社の顧問などを兼務している場合が多く、その報酬は教授としての報酬をはるかに上回っており、また学術研究雑誌以外の雑誌に原稿の切り売りをすることが、最高学府としての大学の学問の権威を失墜させていると見られていたらしい。「大学教授内職問題色めく」(「東京朝日新聞」九月二十一日付)は、文科大学での内職禁止がほぼ決定し、同時に各分科大学教授の「淘汰」がおこなわれる模様であると報じた。「淘汰」は実行された。罷免、休職となった人員のなかには、福来もいた。

## あるいは博士のために、または社会のために

「福来博士千里眼に祟らる」(「東京朝日新聞」十月二十八日付)は、福来の罷免が決定したことを告げ、その原因は千里眼問題にあるとした。

現東大総長山川博士、東京理科大学の藤理学士、中央気象台の藤原理学士等は千里眼の問題で氏と意見を異にした。山川博士等は「福来はペテン師だ、千里眼を売物にする男だ」とさえ云った程であった。其に氏は今年又女子大学出身の千里眼を見出した上「透視と念写」の著書をさえ出して従来の主張を一層明かにした、此事が山川博士を始め一部の学者間に益反感を買った、氏が今回の罷免の一原因はここにある。

また「福来文学博士休職となる」(「時事新報」十月二十八日付)は、福来の休職の背景に「透視問題」があることを指摘し、以下のように述べている。

右に就《つ》き説を作《な》すものは曰《いわ》く、文科大々学生は二十五、六日の両日榛名伊香保《はるないかほ》に遊び所労として二十七日の月曜は一般に休講せるが心理学の松本亦太郎博士は京都大学主催の自己送別会に出席すると称し二十四日夕刻京都に向《むか》えりと云う然《しか》るに松本博士は京都大学とは改めて講師として関係を結べる為《ため》別に送別会の必要を見ず或いは自己の不在中福来氏を馘《くびき》るの索をとり送別を名としての京都行となれりと又曰く。高橋宮二著の「透視の念力《（ママ）》」に題せる序文の為めなりと果して何れなりや聞くがまゝに記し置くものなり。

松本と福来の対立の指摘は、「福来博士、遂に休職となる」（「東京日日新聞」十月二十八日付）にもある。「博士は平生より同じ大学の実験心理学の松本亦太郎博士と折合よろしからず事毎に衝突しつゝありしが遂に昨日に至り休職となれり」とある。

また同記事は、文科大学学長・上田万年が「福来博士は官庁事務の都合により休職となったので、当人の意志ではない。その原因はちょっというのは困るが、とにかく福来博士が去ってからは、変態心理学の講座はできまい」と語った旨を報じている。

また、福来擁護派とみなされていた井上哲次郎は、「今回、やむをえず休職されることとなり、しかも福来博士自身は、もとより辞職する気はなかったろうに、まことに気の毒だ。しかし博士が野に下って、自由に自己の欲するところを研究しうるならば、あるいは博士のために、または社会のために、利益があるだろう」とコメントした（「何故の休職」「万朝報」十月二十八日付）。

### 心理学者に同情がない

なお、福来自身は休職にいたるまでのプロセスを、「万朝報」記者に対して、ほぼ次のように語っている。

今、事実をありのままに告白すると、去る四十三年十一月、私が千鶴子や長尾夫人の透視念写を研究して帰って来た時、坪井学長の自宅に呼ばれて、「君が大学の教員として透視や念写を研究すると、迷信を喚起するから大いに困る」と言われた。そののち、浜尾総長に逢った時には、「君が学者としておのれの信ずる所をあくまで主張するのもよいが、しかし事柄による」と言われた。

次いで、翌四十四年五月、私の先生たる元良先生に呼ばれ、「千里眼問題に対する君の考えは、大学諸教授とは非常に相違しているから、それを研究するには、一時学校を離れてやった方が、君のためにも、学校のためにもよい。君の今の研究は、心理学者に同情がない」と言われたが、その時は、長尾夫人が死んで、別に研究すべき人も現れなかったから、そのままになってしまった。以上の事実でみても、大学ではよく思っていなかったことがわかる。

かくて今年にいたり、高橋夫人が現れたのでこれを研究して発表したが、九月二十六日午後、上田学長に呼ばれて「君のためにも学校のためにも、一時君は学校を退いた方がよろしい。念写研究がいよいよ事実となって現れた時、君は大手をふって学校へ戻ることができる」とのことで、次に十月一日午前、学長室へ行った時、「君が透視と念写の書物を出したが、あれは君のためによくなかった。一応相談してもらいたかった」と言われた。十月八日午後二時、学長から内命があり、「辞令を渡すまでは、秘密にしておいてくれ。そして君は、あくまで念写をやるがいい」と申し渡された。

以上の事実により、歴史的にも現在の学長の明言からみても、透視、念写問題に無関係とはいえない。松本博士と心理学の学説の相違があって、それが背景になったか否かは知らないが、透視、念写の問題は、たしかに関係がある。私は、透視、念写は実験により明らかにその事実を認めているから、今後何遍繰り返しても、私の実験では同じ事で、このうえは立ち合い者とともに実験し、立ち合い者がやってもできるか否かを確かめたい。これは私ばかりでなく、能力者も望んでいるが、書物が出て以来、有力者に立ち合いを申し込んでも、どういうものか、避ける傾向がある。

私も能力者も希望するのは、山川博士に申し込まれる事で、先生は長尾夫人の実験もされたし、実験録に序文も書いておられるから、この問題を放任しておかれない関係がある。先生は思想公平、人格高潔であるから、特にこれを望むのである。現在私の頭の中に働いているのは、透視、念写の説明問題ではなく、事実か否かの問題で、事実の有無を定めればそれでいいのである。何ゆえにできるかは、その後に研究すべき問題と思う。

こうして福来は東京帝国大学を追われた。彼の休職は、政治的な力学の結果として導き出されたものだった。この力学の原理は、「科学」の絶対性と、「科学」に基づく教育システムへの抵触を厳禁するものである。「君の今の研究は、心理学者に同情がない」という元良勇次郎の言葉は、このような力学を暗示したものだったはずだ。福来の恩師・元良は一九一二年十二月十三日、逝去。一三年の段階では、すでに世にない。

## 夏目漱石の「行人」

漱石の「行人」は、一九一二年十二月六日から一三年十一月十七日まで、東京・大阪両「朝日新聞」に連載された。ただし、漱石の胃潰瘍の再発のため、一三年四月八日から長い休載期間が存在する。漱石が再び連載を開始したのは、一三年九月十六日付（「大阪朝日新聞」は九月十八日付）からである。その結果、新たに紡ぎ出された物語は、福来友吉の『透視と念写』刊行から、福来の東京帝大休職にいたる一連の「物語」と同じ時期に、「朝日新聞」に連載されることとなった。

物語は、長野一郎を中心に展開している。一郎は学者だが、妻の心のうちがわからないと悩み苦しんでいる。とうとう弟の二郎に、妻の貞操を試してほしいと頼む。二郎のなにもなかったという報告に、一郎は激怒する。一郎は、自ら妻の心のうちを見抜くために、テレパシーの研究を始める。また「死後の研究」に興味を持ち、モーリス・メーテルリンクの論文なども読んだという。しかし、やはり普通のスピリチュアリズムと同じように、つまらんものだと嘆息する――。

「行人」は、一九一二年（明治末年）を舞台にしている。その時期に、大学教授の一郎がスピリチュアリズムに関心を抱いているのは興味深い。彼は進化論に習熟し、近代科学の先行きに恐怖を感じている人物だ。すでに見てきたように、この時期は心霊学がアカデミズムを介して日本でも注目され、「千里眼」ブームに沸いていた。

メーテルリンクもまた、白樺派によってその神秘思想が紹介されていた。栗原古城の訳による『死後は如何』（玄黄社、一九一六年）はメーテルリンクによる心霊学解説書だが、一九一六年に刊行された同書は、一九年までに八版を数えた。こうした時代背景と、一郎の関心は無縁ではないはずだ。だが、一郎はついに心霊学に満足しなかった。それは、なぜだったのか。

彼は、研究者である。学問による認識を、第一義とする人物である。生死の超越を求めながら、なおかつ今まで養ってきた知性を捨てることのできない彼は、心霊学によって、近代科学を超えた新たな「知」の領域を獲得しようとした。しかし、彼の「知」は、ついに心霊学を拒絶する。彼が否定したのは、本来、心霊学の思想体系を保障する、科学的認識のレベルだったはずである。再現可能性、数量的計測性などの条件に代表される近代科学の方法論は、心霊学の研究対象をことごとく否定する。まったく客観的な条件下における実験、繰り返しおこなわれる追試、実験結果の数量化。こうした条件をクリアできないものは、科学的に証明されたとはいえない。

あらためて、千里眼事件において、物理学者が表明した意見を思い出してみよう。物理学者のなかでもっとも穏健な意見を披露していたのは山川健次郎だ。しかしそれも、「千里眼」は肯定、否定以前の問題である、というものだった。厳密な実験を経ていない対象は判断以前の問題である、というのだ。山川の言うとおりである。そして、一郎が自らの合理的な「知」にこだわるかぎり、彼が心霊学を認めることはありえない。合理的な「知」を実証する近代科学とは、そういうものだからだ。

## 時代が選択したストーリー

近代科学の成立にともなって、その枠内に収まりきらないもろもろの擬似科学は、「迷信」の名のもとに封印されていった。それらは「行人」の一郎が象徴的に示しているように、合理的な知性には受け入れられない廃棄物とみなされていくこととなる。もし、これらの「知」をすくい取るための論理的な基盤を求めるならば、それは唯心論的なアプローチを採ることになるだろう。しかしこうした試みは、近代以降、敗退に次ぐ敗退を重ねていた。

エドウィン・アーサー・バートは言う。「バークリー、ヒューム、カント、フィヒテ、ヘーゲル、ジェームズ、ベルクソン——この人々はみな一致して、ひとつの真剣な試みに努力を集中した。それは、人間の精神的な価値を認め、宇宙体系の中で重要な位置に再びつかせようとすることだった。これらの努力がひっきりなしにくり返されたこと、そして彼らが人々を広くまた深く納得させることにはいつも失敗したことは、彼らが攻撃した新しい見方が人々の心をどれほど強くとらえていたかをはっきり示している」。

バートが言う「新しい見方」とは、いうまでもなく「科学」である。彼は断言する。科学革命がもたらした知的変動によって、「心」を探求する企ては、すべて「科学の廃物、切れはし、削りくずを入れるための便利な容器」と化してしまった、と。[10]

世界レベルでのパラダイム・チェンジの進行は、かくして「近代科学」の絶対化の方向を指し示すこととなる。また、それは近代日本においても同様の結果を生んだ。その象徴が千里眼事件である。ここであらためて、千里眼事件の経過が暗示しているものを確認しておこう。

「こっくりさん」から催眠術、そして千里眼へと続く流行の系譜は、ある意味で象徴的な流れを形成している。当初の「こっくりさん」は、世界的な心霊学の流行の末端的な現象として、日本に伝わってきた。それは、その背後にある心霊学という思想とはまったく無縁の、アメリカ経由の「遊び」にすぎなかった。だが一方でそれは、ベールを脱ぎつつあった「近代」に対するいち早い警鐘であり、その意味での最初のノイズの発生であった。

続く催眠術の流行は、主にフランスの催眠術研究とリンクしつつ、なお科学と迷信のあわいに漂うなにものかであった。催眠術は、「近代科学」へ脱皮する以前の、さまざまな夾雑物が入り交じる「科学」＝「魔術」の象徴でもある。また同時にそれは、「科学」という暴力的な装置のなかへ、無理やりに押し込められるしかない運命のなかにあった。それを拒否したときに発生したものが、霊術という新たなオカルトである。その意味で催眠術は、「近代」の内と外にまたがって「近代」そのものを相対化するための、有力な武器になり得たのだ。

そして、千里眼の流行とは、「近代」「科学」が夾雑物を切り捨てていくなかでの、「夾雑物」の最後のあがきだった。近代科学のイメージが固定し、絶対化しつつあるなかで、その科学の相対化を促す武器として千里眼は機能した。西洋直輸入の「新科学」、心霊学が、千里眼の解釈格子として広く喧伝されることで、「千里眼」はもっともトレンディーな「思想」の代名詞となった。

このような「千里眼」のあり方は、一方では催眠術の流行以降続いていた霊術、新宗教の活性化をも促した。新聞メディアは、「千里眼」の情報を一気に膨らませ、さまざまな千里眼に関する「物語」を編んでいった。しかしそれは必然的に、千里眼＝詐欺、という物語をも生み出していく。物理学者による「千里眼」否定によって、千里眼＝詐欺、という物語は、千里眼「物語」の主要なストーリーとして採用された。あくまで「千里眼」の存在にこだわった新聞は、問題を「宗教」のレベルに移行させることで、「科学」との対立を回避した。

しかし、このような物語の結末が選ばれた原因が、物理学者の恣意的な情報操作による、という訳ではない。それは「時代」が選択したストーリーだった。世界的なパラダイム・チェンジの様相が一段落つき、近代科学が制度として確立していくという状況下にあって、もっとも次代の「科学」の規範にのっとって判断した者が物理学者たちだった、ということだ。彼らは、近代科学という規範の論理を代弁したにすぎない。

また同時に、このような「千里眼」という物語のプロローグの選択は、国家の教育システムの問題をも抱え込んでいる。「迷信」を再び呼び起こし、国家の教育システム＝学校という国家のイデオロギー装置に対して、疑いを抱かせてはならない。物理学の法則に合致しない現象は、存在してはいけない。もしそうした現象が存在すれば、物理学という学問そのものが否定されることになる。ひいては、日本の理学教育そのものが否定される。

## 唯心論のまなざし

そして、科学的にありえない→現象として存在しない、という論法が成立するためには、「科学」的認識システムの絶対性が保障されなければならない。逆に言えば、近代科学という「常識」が成立するためには、このような論法が不可欠なのである。

「こっくりさん」から催眠術へ、そして「千里眼」に至る一連の流れは、このような「近代」成立の一面を鮮やかに映し出している。「近代」にともなう「制度」「すみ分け」の成立と、それにともなう排除の構造。もちろん排除の対象は、「科学」に合致しないあらゆる対象、具体的には「心」＝「内部」への唯心論的なまなざしだ。

福来は、「科学」という規範から足を踏み出してしまった。科学の制度化、専門化が進行しつつあった二十世紀初頭において、福来の発想は「異端」になるしかない。それは、もはや「近代心理学」という「科学」の扱う対象ではない。福来の東京帝大退官後、彼が担当していた異常心理学の講座は東大から消えた。以後、東大の心理学は、実験心理学を主流にして推移していくことになる。

注

（1）福来友吉『透視と念写』東京宝文館、一九一三年（復刻版：『透視と念写』福来出版、一九九二年）
（2）村上陽一郎『日本人と近代科学』新曜社、一九八〇年
（3）福来友吉『心理学審義』東京宝文館、一九一四年
（4）前掲『コリン・ウィルソンの「来世体験」』
（5）渡辺正雄『日本人と近代科学――西欧への対応と課題』（岩波新書）、岩波書店、一九七六年
（6）W・ブロード／N・ウェード『背信の科学者たち』牧野賢治訳、化学同人、一九八八年

(7) 須郷重之氏のご教示による。
(8) 前掲『透視と念写』
(9) 高橋宮二『千里眼問題の真相――千里眼受難史』人文書院、一九三三年
(10) E・A・バート『近代科学の形而上学的基礎――コペルニクスからニュートンへ』市場泰男訳(クリテリオン叢書)、平凡社、一九八八年

# 第４章　科学のゆくえ・心霊学のゆくえ

## 1　大正期以降の心霊学

### 科学の石の重み

千里眼事件は、以後の「科学」的な布置を決定した。千里眼事件の経過は、物理学を中心とする近代科学によって「科学」のイメージ、概念が広く認められていくプロセスでもあった。その際のキーワードは、新聞報道、および山川に代表される「国家の意志」である。

新聞は千里眼の実在をあおるだけあおって、結果的には否定的論調に傾いていくことで、世論を「科学」の側へ誘導していくことになった。つまり、マッチ・ポンプの役割をおこなったのが新聞である。ただし、途中から千里眼否定の論調に転じた「報知新聞」はともかくとして、千里眼肯定のラインで報道を続けていた新聞各社は、千里眼報道の「結末」について対応に苦慮した形跡がみられる。

このような苦慮の結果、選ばれた「結末」の一つが、「千里眼」を宗教のレベルの問題に移行させることで、「科学」の問題を回避するという文脈である。「千里眼の研究――宗教家より見たる千里眼」（「名古屋新聞」一九一一年一月二十九日―二月一日付）、「禅と千里眼」（「大阪朝日新聞」一九一一年一月二十三日付）などに見られるのは、問題を巧みにズラすことで「科学」との対決を避けようとする戦略的な意図である。

また山川自身は否定しているにせよ、世間に与える悪影響、教育的な配慮を前面に押し出し、東京帝国大学理科大学の総意として「千里眼」否定の論調を形成したことで、そこに「国家の意志」が介在しているという印象を世間に与えることになった。その結果「科学」は、「国家」によって認定された唯物論的な、しかし絶対的な認識装置としてイメージされていく。

雪と氷の研究で知られる物理学者の中谷宇吉郎《なかやうきちろう》は、心霊学について次のように発言している。「いわゆる心霊現象については、科学は無関心でいてちっとも差支えない。それは完全に場ちがいの問題であるからである。とくにいわゆる心霊術師の場合に、そういう問題を一々とり合っていては、科学者は身体がいくつあっても足りない。唯明治時代の千里眼事件のように、社会的弊害が著しくなった時には、社会人の一人として立ち合う義務があるだけである」「心霊現象の研究に、従来の科学が無関心であったのは、なにも悪意があった訳ではない。科学との交渉がいままで不必要だったからである。科学は存在するものを研究する学問で、なにが存在しないかには、触れない学問である(1)」。

しかし、中谷の言う「科学」の守備範囲の問題が、千里眼事件において、物理学者が「社会人の一人として立ち合」うことで明らかになったとは言い難い。彼は千里眼事件を「人心の焦燥と無意識的ではあろうが不当な欲求との集積から生れ出る流行性の熱病」だったとし、「優れた科学者の人間としての力が、その防御に役立つことが多い」とも述べている(2)。大逆事件に象徴されるような、「国家」による「個人」の管理が本格的に始まろうとしていた時代の側面を、中谷は図らずも述べているように見える。

財政的に行き詰まり、慢性的不況の続く明治末の日本は、重い現実を回避する精神指向のベクトルを継続させていた。そのようなベクトルが示す世俗的現象の一環として、「千里眼」の流行を位置づけることもできるだろう。

石川啄木は「時代閉塞の現状」(土岐善麿編『啄木遺稿』所収、東雲堂書店、一九一三年)のなかで、国家が「強権」として個人を圧迫しつつある「時代閉塞」の状況を分析している。啄木はここで、煩悶の時代における「宗教的欲求」が挫折せざるを得なかった点について、「何時からとなく我々の心にまぎれ込んでいた「科学」の石の重みは、遂に我々をして九皐《きゅうこう》の天に飛翔する事を許さなかったのである」と語っている。個人が既成秩序の外側へ向かうための試みは「科学」によって否定されるしかなかったと、啄木は言うのだ。こうした啄木の時代認識は、千里眼事件に対する中谷の把握とつながるものがある。

しかし、中谷が意識せずに述べているもう一つの重要な点は、「科学」もまた「国家」の管理体制の一翼を担っていたということである。千里眼事件で物理学者が果たした役割は、単なる「社会人」としての「立ち合い」にとどまるものではない。彼らが示したのは、「国家」の教育システムとして採用されている「科学」の絶対性であった。そこでは、中谷の言うような「科学は存在するものを研究する学問」という自己規定が、逆に「科学」の中立性を強調する武器となった。こうして、「科学」の枠に当てはまらない「知」は擬似科学とされ、そのような「知」は、アカデミズムの研究対象とはみなさないという暗黙の了解がなされていった。こうした排除の構造が機能するにあたって、固有名詞としてしばしば使われたのが「福来友吉」である。

## 心理学者になれませんよ

戦後、日本の催眠研究をリードした成瀬悟策は、学生時代に中村古峡による催眠術の実演を見て催眠研究に関心をもったという。彼は卒業論文で、幻視体験を催眠術によって実験的に作り、知覚の条件付けについてまとめた。すると、教室のある助教授から「催眠なんか研究していると心理学者になれませんよ」と言われて、びっくり仰天した。成瀬はこの助教授の言葉から、福来の失脚を連想している。

千里眼事件によって、それまで東大で盛んだった催眠研究はもちろん、台頭し始めていた異常心理学から臨床的な心理学分野まで、すべてが非科学のレッテルとともに、東大の心理学教室から追放された。そののち東大心理学教室は、生理学を基礎とする、いわゆる実験心理学一辺倒になっていった。成瀬は言う。「今日に到るまで国際的な潮流から外れて我が国の心理学および彼の大学に臨床心理学が育ち難く、あるいは催眠に偏見が持たれ易い理由の一つは、こうした事件の故であり、私に忠告してくれた助教授先生のことばも今にして思えばその辺を案じてのことだったかも知れない(3)」。

一九一三年十月二十七日、東京帝国大学休職の辞令を受けた福来は、一五年十月二十六日、休職満期となり、東京帝国大学を去った。そののち彼は、二一年に宣真高等女学院初代校長として迎えられ、二六年から四〇年まで高野山大学教授を務めた。

一方、一九二八年には、ロンドンで開催された国際スピリチュアリスト連盟第三回大会に、浅野和三郎とともに出席。透視と念写について講演している。また同年には、不動貯金銀行頭取・牧野元次郎の援助を受け、財団法人日本心霊研究所を設立した。同研究所は、戦中の言論統制のため、四一年に敬神崇祖協会と名称変更したが、そのために戦後、福来は公職追放となる。

しかしこの間、福来は三田光一らの念写能力などについて研究を進め、『心霊の現象』(弘学館書店、一九一六年)、『生命主義の信仰』(日本心霊学会、一九二三年)、『心霊と神秘世界』(人文書院、一九三二年)などを公にした(4)。これらの著作には、四国巡礼、高野山での修行など、福来自身の仏教への傾倒の影響が色濃くみられる。野にあった福来は、アカデミズム心理学から宗教的な心霊学の研究へと転身し、千里眼事件で表明した自らの決意を貫いたのである。

一九四五年三月、福来は大阪から、夫人の故郷であり、自身が第二高等学校在学中の二年間を過ごした仙台へと移住した。ここで福来は、心霊学に関心を抱いていた土井晩翠、白川勇記、志賀潔らと知り合い、四六年、東北心霊科学研究会が発足する。この会を中心になおも福来は研究を進めていたが、五二年三月十三日、肺炎を悪化させ、死去した。享年八十三。

なお、福来の遺志を継ぐ研究機関として、仙台に財団法人福来心理学研究所が、岐阜県吉城郡国府町に財団法人飛騨福来心理学研究所があり、それぞれ独自の研究活動をおこなっている。また、岐阜県高山市には福来博士記念館がある。

## 思想としての心霊学受容

　福来のアカデミズムからの失脚は、心霊学的な研究に対するアカデミズムの拒否宣言とみることができる。一方、このような状況とは裏腹に、大正期はロッジ、フルールノイ、ロンブローゾらの著作が一気に翻訳され、紹介された時期でもある。しかしこのような出版状況は、「思想」としての心霊学受容という一面に限定されていった感が強い。

　大正期もまた、三田光一などの能力者がしばしば新聞報道に登場している。しかしそこでは、もはや科学者が積極的に実験に関わる必要性はほとんど認められていない。一九一八年二月十二日、大日本私立衛生会講堂で三田の透視、念写実験が開かれている。この公開実験会に参加した中桐確太郎は、実験の方法、手続きに不備な点が多いことを指摘し、三田によるフィルムすり替えの可能性を示唆した。彼は言う。「三田氏よ、今後の実験に於《おい》ては此の如き悪戯《いたずら》と思わるゝことを止め、真に念力によれるものなることを明《あきら》かにし、曾《かつ》て福来博士をして首《しゅ》肯《こう》せしめたる如く、我等をも首肯せしめられんこと切望に堪《た》えざる也」[5]。

　三田は一八八五年、宮城県気仙沼市に生まれた。幼時からお菓子の隠し場所を見抜いたり、放火の犯人、泥棒の犯人などを言い当てたという。そのため、狐憑きとみなされて寺で狐霊退散の呪事を受けたり、座敷牢に閉じ込められたりした。長じてイギリス人魔術師ギャクラー一座のメンバーとなり、巡業に参加。一九〇七年、二十一歳のときに洗心会を設立、また一四年には帝国自覚会を設立し、本格的な活動を開始する。三田が新たな千里眼として新聞に登場し始めるのは一一年八月[6]。福来が三田に対して通信実験をおこなったのは、一七年二月十八日である[7]。

　福来は『心霊と神秘世界』のなかで、三田を「天成の霊能者」「押しも押されもせぬ霊能者」と評価している。一九二〇年前後（大正の半ばごろ）には、三田の名前は広く知れ渡っていた。しかし三田の能力については、当初からさまざまな毀誉褒貶《きよほうへん》が付きまとっていた。そんな彼にとって致命的な事件となったのは、一九二六年、琉球政府から島津藩への貢ぎ物を満載して沈没した、松帆丸の金塊引き揚げ事業に関わったことである。ここで彼は、詐欺をおこなったとして有罪判決を受けた。以後、三田の評判は地に落ちた。

## 心霊科学の霧にさまよう

この事件を題材にした小説に、川端康成《かわばたやすなり》「金塊」(「改造」一九三八年四月号)がある。「笑うべきかな僕の世界観はマルキシズム所か唯物論にすら至らず、心霊科学の霧にさまよう」と川端が書いたのは一九二九年だが、二五年あたりから二七、二八年にかけて、彼は集中的に心霊学的な小説を書き続けている。また川端は、ブラヴァツキーの神智学にも関心をもち、日本最初の神智学会員であった今東光の父から、しばしば神智学の話を聞いていたという(8)。

川端の心霊学への関心には、彼自身の体験がある。彼は幼いころ、探し物のありか、明日の来客、天気などをしばしば言い当てたという。小学校へ入学するころから徐々にそうした能力は消えていったが、のちに心霊学に興味をもつようになったのは、幼時に失ってしまった世界への「懐郷」の念が潜んでいたのかもしれないと、川端は言う(「故園」「文藝」一九四四年一月号)。また、幼少時に親族を次々に失ったこと、中学校時代の親友が大本教に入信し、その影響を川端も受けていたことなどが、彼の心霊学への関心を促していった。なかでも、とくに大本教と心霊学との関連は、大正期以降の心霊学の展開をみるうえで重要だが、この点についてはのちに触れる。

また、川端は彼の心霊学的な知識を、かなりナマな形で小説に取り入れている。例えば「白い満月」(「新小説」一九二五年十二月号)には、カミーユ・フラマリオン『未知の世界へ』(大沼十太郎訳、アルス、一九二四年)の一節がそのまま引用されている。また「抒情歌」(「中央公論」一九三二年二月号)には、オリヴァー・ロッヂ『他界にある愛児よりの消息』(野尻抱影《のじりほうえい》訳〔「心霊問題叢書」第一巻〕、新光社、一九二二年)の引用を見いだすことができる。

このなかでも、とくに『他界にある愛児よりの消息』は、新光社の「心霊問題叢書」の一冊として刊行されたものである。同様のシリーズものとしては、日本心霊学会本部から出版された「心霊叢書シリーズ」がある。明治期に比較して、大正期にはより広範にわたってさまざまな心霊学関係書が刊行された。その意味では心霊学は、「科学」分野からのまなざしというよりも、例えば霊術、または大本教などの新宗教をも含めた、「思想」の問題として受け止められていく。サイキカル・リサーチからスピリチュアリズムへの関心の転換である。

一方、こうした傾向のなかでとくに注目できるのは、川端に代表されるような、文学者たちのまなざしである。先の「心霊問題叢書」には、野尻抱影、水野葉舟《みずのようしゅう》といった文学者が訳者として参加していた。抱影、葉舟は石田勝三郎とともに、一九二一年、JSPR（日本心霊現象研究会）を発足させている。[9] また葉舟は、福来が『透視と念写』を刊行した一三年に、「東京日日新聞」記者のインタビューに答えて、五年ほど前から「幽霊研究」を始めていたこと、千里眼の存在なども新科学として研究すべきこと、今後も系統的に幽霊などの怪異について研究を発表し、外国の有名な書物の解説、研究をするため、年に四回、著書を発行しようと思っている、などと語っていた（「水野葉舟の『幽霊研究』」「東京日日新聞」一九一三年九月九日付）。

図23　三田光一

千里眼事件前後における「新科学」としての心霊学への関心を、葉舟もまた共有していたわけである。こうした関心のもとに、彼の翻訳がある。大正期に葉舟が翻訳した心霊学関係書としては、ヰリヤム・エフ・バーレット『幽霊の存在』（〔「心霊問題叢書」第五巻〕、新光社、一九二二年）、モーリス・メーテルランク『生と死』（〔「心霊問題叢書」第二巻〕、新光社、一九二三年）がある。

一方、川端、抱影、葉舟らにとどまらず、芥川龍之介、宮沢賢治、梶井基次郎らの作品にもしばしば心霊学的な知見が見え隠れしている。芥川の「河童」（「改造」一九二七年三月号）には、河童の国の心霊学協会が、幽霊を交霊会で呼び出す場面がある。元女優のボップ夫人なるメディアム（霊媒）に霊が憑依し、憑依した霊に対して、会員が質問するという形式のものだ。また、賢治が妹・とし子の死を悼んで書いた「青森挽歌」（一九二三年）などには、霊界の存在と、とし子からの霊界通信を願う悲しい希望が託されている(10)。

## 「新しき科学」

このような大正期の文学共同体と心霊学との接近を、例えば白樺派に代表されるような、大正生命主義の潮流と重ねてみることも可能だろう。柳宗悦《やなぎむねよし》が「新しき科学」を「白樺」に連載したのは、一九一〇年の九月から十月にかけてだった。ちょうど、御船千鶴子の出現が新聞紙上を騒がせていた時期である。

このなかで彼は、「近き将来において吾人が人生観上の影響す可き科学」として、次の三つをあげている。いわく、『『人間とは何ぞや』の問に答えんとする『生物学に於ける人性の研究』』『『物質とは何ぞや』の質問に向って解答を与えんとする『物理学に於ける電気物質論』』『『心霊とは何ぞや』の問題に対して解決を下さんとする『変態心理学に於ける心霊現象の攻究』』である。このなかで、柳が「新らしき科学」として紹介するのは、「変態心理学に於ける心霊現象の攻究」＝心霊学である。柳はその緒言で、ほぼ次のように述べている。

宗教と道徳の権威が地に墜ちた今日、思想に飢えた我々にとって、もっとも大きな力を持つのは科学である。もし、理知的な文明のもとに育った我々に、再度人生の神秘を明らかに語るものがあるとすれば、それは古い信仰ではなく、科学である。だが従来の科学は、人生のすべての不可思議な事実を、単に迷信として笑いさってしまった。

しかし、科学の発展とは、宇宙の神秘を開示するものである。そのとき科学は、もはや単なる「科学」ではない。それは哲学、宗教と同一のものである。おそらく将来において、人の信仰の基礎を形づくるものは、このような科学であろう。宇宙が一糸乱れぬ法則のなかに調和しつつあることを我々に確信させるものは、いまや独断的な宗教的信条ではなく、明らかに科学ではあるまいか。宗教は常に我々の永生を称えようとしてきた。しかしその信仰の失われた今日、我々が死後もなお存在することを証明しようとするものは、今自分が説明しようとする「新しき科学」である。

このような柳の「科学」に対するまなざしは、もちろん当時の「新科学」＝心霊学ブームの影響があったにせよ、のちの白樺派の展開の一端を垣間見せている。宗教から科学までの幅広い領域を学際的に横断する「白樺」の論調は、柳の示す宗教的感性に象徴されるような「根源」への希求を背景にしている。それは大正期に入って、「生命」「精神」への賛美として表現されていった。

大正期における文学共同体からの心霊学、とくにスピリチュアリズムへの関心は、一つにはこうしたベクトルのもとに浮上している。水野葉舟、宮沢賢治などの動向がこれにあたる。「近代科学の実証と求道者たちの実験とわれらの直観の一致に於て論じたい」（「農民芸術概論」）といって、世界の幸福と個人の幸福、自我の意識の宇宙への進化について語る賢治の指向性は、その一例である。ここからは、科学と宗教の一体化を夢見るスピリチュアリズムの精神との類似を見いだせる。それは、「煩悶の時代」における精神的欲求の系譜における、大正バージョンといってもいいだろう。(11)

## 無意識の闇のなかに潜む

他方、芥川や豊島、梶井らの示す心霊学に対する関心は、むしろヨーロッパ世紀末文化の退廃的な感受性がもたらしたものだとも考えられる。大正期における都市の孤独、内攻する憂鬱などに象徴される「精神」の問題である。それは、白樺派の示す楽天的な「自己」とは正反対の、人間の生存の不安のみが肥大化する「意識」の問題に関わる。

例えば、自己分裂の恐怖がドッペルゲンガーという形で日本の文学テクストに登場し始めるのは、このころである。芥川龍之介「二つの手紙」(「黒潮」一九一七年九月号)、同「影」(「改造」一九二〇年九月号)、泉鏡花「眉かくしの霊」(「苦楽」一九二四年五月号)、梶井基次郎「Kの昇天」(「青空」一九二六年十月号)などだ。とくに芥川は、晩年にいたるまでドッペルゲンガーにこだわっている[12]。

個の絶対性を信用できず、無意識の闇のなかに潜み、自らを誘うなにものかの声におびえる芥川にとって、心霊学はきわめて身近なものだったように思える。なぜならそれは、意識/無意識と対関係をなす現世/来世のシステムについて、確信的に語る「科学」だったからである。自己分裂の恐怖に襲われるとき、そもそも「自己」を「自己」として定立させているものはなんなのか、「自己」の拠るべき基盤とはなにか、という疑問の果てに、心霊学的な探求は一つの選択肢として登場する。夏目漱石「行人」の一郎がスピリチュアリズムに関心を示したのも、そのためである。

しかし、心霊学的な探求の基盤である「科学」の領域において、心霊学の知見は音を立てて崩れていった。にもかかわらず、あえて心霊学にこだわるためのシステムの一つが、「信」である。まず、「信じる」こと。スピリチュアリズムの立場である。こうして心霊学は、宗教へと急速に接近することになる。

## インスピレーションの不思議

「科学」の側から拒否反応を示されていた心霊学的アプローチは、新宗教の論理のなかへ吸収されることで、新たな意味づけを与えられていった。このような心霊学の軌跡を自らの身体を通して体現してみせたのは、浅野和三郎である。

浅野はラフカディオ・ハーンに学び、戸沢姑射とともにシェークスピア『沙翁全集』全十巻(大日本図書、一九〇五―〇九年)の翻訳に携わるとともに、『英文学史』(大日本図書、一九〇七年)などの著書をもつ英文学者だった。しかし、のちに皇道大本に入信して、大本のイデオローグとして活躍。次いで、福来とともに大正、昭和期を代表する心霊学の理論的支柱となった。

のちに浅野は、学生時代に短篇小説「吹雪」（『白露集』一八九九年九月号）を書き上げるにあたって、次から次へと湧いてくる「インスピレーション」の不思議さがずっと気にかかっており、それが不可視の世界に関心を持つきっかけになったと回想している[13]。また彼は、一九〇七年前後には、催眠術に関心を抱いていた。「催眠現象というものは実に不思議なものだ。しかし、何うして彼様な事が出来るのだろう？」。ここでも彼は、その不思議さの原理を追い求める。そして、催眠術を「十年も二十年も実行実施して、別に怪しみもせぬ人々の大胆不敵なのに」驚き、あきれてみせる。

「インスピレーション」に対しても催眠術に対しても、彼の関心の持ち方は、その原理を追求するという意味では近代的な「知」の領域を逸脱していない。いや、むしろそれは、科学精神に満ちあふれた探求心の発露であるといってもよい。また、催眠術の安易な解釈を拒否するその姿勢は、福来友吉に通じるものもある。

しかし、その結果浅野が行き着いた結論は、霊の作用であった。「催眠現象というものは、詰《つま》り術者の霊魂が被術者の霊魂に対して加えらるゝ作用に外ならぬので、仮令《たとい》形態方式が如何《いか》に変《かわ》ろうとも、霊魂及び霊魂と人体との関係さえ明瞭になれば訳なく理解し得るのである」「ようするに問題は霊魂及び守護神の存在の有無にかゝる」。

図24　浅野和三郎

浅野もまた桑原俊郎と同じく、近代的な「知」の精神に基づく原理への探求の結果が、「神霊理論」へと行き着くことになる。その直接的なきっかけは、息子の病であった。一九一五年、三男の三郎が発熱した。しかし、あらゆる医者に診せても、原因がわからなかった。しかし、半年以上続いた三郎の微熱が、三峰山の女行者の祈禱と予言のとおり全快してしまったのだ。

この女行者は、本名石井ふゆ。孝信教会の看板を掲げ、病気直し、当て物などに効力があるという評判を呼んでいた。いわゆる霊術家の一人である。浅野は、自分に黙ってそのような怪しげなところを頼った妻に対し、いいしれぬ侮辱、不快を感じたという。しかし、浅野もまた石井を訪ねる。浅野は、そのときの感想を次のように述べている。「自分にとって殊《こと》に意外であったのは、行者巫女《ぎょうじゃみこ》などいうものが、日本人の内部生命に向《むか》って中々《なかなか》重要な役割を演じて居《い》ることであった。一体日本の社会学者、宗教学者、実験心理学者などは、まだ〳〵書斎にばかり閉じ籠《こも》り勝《が》ちで、活《い》きた事実の調査を閑却《かんきゃく》し過ぎて居《い》るようである」。

## 近代的な「知」から離脱する

　現代にも通じる浅野の問題提起だが、しかし浅野は、当初から石井の「霊術」を無条件に信奉していたわけではない。彼はものは試しと、石井に向かって自分の財布にいくら入っているか尋ねる。それが見事に的中し、再び浅野はつぶやくのである。「これは不思議だ！　何ういう訳だろう？」。以後、彼は頻繁に三峰山を訪問し、「霊的現象の調査」に着手した。

　浅野は言う。「要するに現代の科学、心理学、哲学等の大部分を超越し、何《ど》うしても捕え難《がた》く、説き難く、如何《いかん》とも為難《しがた》き霊妙不可思議な或物《あるもの》に対する疑問、憧憬が是等《これら》の体験により頗《すこぶ》る根強く自分の胸奥《きょうおう》に刻《きざみ》つけられて了《しま》ったのであった」。ここから皇道大本入信までの道は、ほんの一歩である。身内の病、死などを通じて心霊学に関心を抱くパターンは、浅野以外にも多く見られる。豊島与志雄、土井晩翠もそうだ。オリヴァー・ロッジは、戦死した息子からの霊界通信『レイモンド』をまとめた。浅野もまた、のちに『霊界通信 新樹の通信』全三冊（『霊界通信 新樹の通信 その一』〔「心霊文庫」第七篇〕、心霊科学研究会出版部、『霊界通信 新樹の通信 その二』〔「心霊文庫」第八篇〕、心霊科学研究会出版部、『霊界通信 新樹の通信 その三』〔「心霊文庫」第九篇〕、心霊科学研究会出版部、一九三二―三六年）という、二十四歳で急逝した次男・新樹からの霊界通信をまとめている。

　ただし、浅野が近代的な「知」から離脱していくプロセスのなかで、息子の病気はそのきっかけになったにすぎない。彼自身が述べているとおり、「インスピレーション」や催眠術に寄せた彼の関心が、すでに近代科学合理主義の向こう側へ彼を誘っていたのだ。科学が持ち込んだ「近代」の亀裂は、科学的な解釈が根こそぎ否定されたその瞬間に、劇的な転回を人々に促す。浅野にとってのそれは、皇道大本との出合いだった。

浅野は三峰山の石井宅で、かつて海軍機関学校で同僚だった飯盛正芳に出会い、彼を通じて大本への関心を呼び覚まされた。次いで一九一六年四月、大本の本拠地綾部を訪問、出口王仁三郎《でぐちおにさぶろう》、出口ナオらと対面した。こうして、彼は急速に大本にのめり込んでいく。浅野は出口王仁三郎を横須賀に迎え、彼のおこなう鎮魂帰神《ちんこんきしん》法を眼前にし、自ら審神者《さにわ》を務めることで、ついに一六年十二月、海軍機関学校を退職し、綾部への移住を決意する。

浅野の辞職後、彼にかわって海軍機関学校英語教官として赴任したのは芥川龍之介である。また、海軍機関学校には、日本で初めてブラヴァツキーの著作を翻訳したE・S・スティーブンスンがいた。ちなみに、浅野が海軍機関学校の同僚・宮沢虎雄（のちの日本心霊科学協会理事）を寄坐《よりまし》として鎮魂帰神の実験を繰り返していたときに、「鎮魂は催眠術の一種であるから、直に禁止せざるべからずといきまく霊智学徒」の同僚がいたと浅野自身述べているところをみると、その同僚がスティーブンスンだったのかもしれない。また、晩年の芥川の自殺未遂事件に関わった平松ます子の父は、皇道大本の東京支部長を務めていた。

**精神的な破産状態**

浅野の皇道大本入信は、多くの軍関係者、文化人に大本教への関心を呼び起こした。その結果、大本教は社会に強くアピールする力を持ちえた。この時期に大本に集った人々には、植芝盛平《うえしばもりへい》（合気道創始者）、岡田茂吉（世界救世教創始者）、岸一太《きしいった》（明道会《みょうどうかい》創始者）、谷口雅春（成長の家創始者）、友清歓真《ともきよよしざね》（神道天行居《しんどうてんこうきょ》創始者）、中野与之助（三五教《あなない》創始者）などがいる。大本は、のちの新宗教の母体の一つとなるのである。

またこのころに、日露戦争時に東郷平八郎の副官を務めた海軍中将・秋山真之、小説家・柳原白蓮《やなぎはらびゃくれん》、小山内《おさない》

図25　「心霊界」の創刊号

薫《かおる》などが綾部を訪れてもいる。一九二〇年には、大本は信者数約三十万人にいたり、天理教、金光教に次ぐ第三の新宗教勢力となっていた[14]。

このように拡大しつつある大本教の内部にあって、浅野は心霊学的な知見を武器に、大本霊学の体系化に深く関わっていく。彼は言う。「要するに科学で到達し得る範囲は、『自然力』の入口迄《まで》、又文芸で企及《ききゅう》し得るの方面は、其《その》現象体験の描写に過ぎない」と。そして、このような科学が回避してきた問題に対して、「断乎《だんこ》たる態度を以《もっ》て解説を与えんとした」のが大本なのだと主張する。彼はこの主張の理論的背景を、心霊学に求めるのである。

こうして浅野は、一九一七年一月、大本教の機関誌「心霊界」の主筆、大日本修斎会（大本の下部組織）会長に就任し、大正維新論を展開する出口王仁三郎のイデオローグとして活躍することとなる。しかし、二一年の第一次大本事件をきっかけに、彼は王仁三郎と自己との違いを痛感した。彼は出口ナオ亡き大本教のなかで、王仁三郎を中心に形成されつつあった新たな体制を拒否するのである。ついに彼は、大本を脱退した。

一九二三年三月、彼は自宅で心霊科学研究会を組織し、月刊誌「心霊研究」に続き、「心霊界」（のちに「心霊と人生」と改題）を刊行。さらに二九年には、東京心霊科学協会を設立した。心霊科学研究会の創立には、中桐確太郎、藤原咲平、高橋五郎、豊島与志雄などが参加している。このなかに、『千里眼実験録』の著者の一人、藤原の名前を見いだせるのは興味深い。ともあれ浅野は、「心霊科学研究会設立に就て」（「心霊界」一九二四年二月号）で、次のような意味の所見を発表した。

十九世紀における物的科学が、自然界の研究と自然力の応用に関して驚くべき進歩を遂げたことは万人周知の事実である。我々はその恩恵を感謝し、その功績を謳歌することにおいて、あえて否定するものではない。しかし十九世紀の科学は、いくたの弱点をともない、いくたの未完成の部分を有している。

十九世紀の科学はその研究が粗大であり、だいたいにおいて実用的な大づかみのものである。それがたまたま優勝劣敗、適者生存の時代思潮と合併して、ここに極端な物質的個人主義の世の中を現出するにいたった。その余勢は今日までも続き個人と個人との間では自由競争となり、国家と国家との間では侵略的帝国主義となり、また階級と階級との間では階級闘争主義となってあらわれている。その必然的な結果として、いまや全世界は手づまりに近い状態になっている。

物質的な現象世界を宇宙のすべてと考えることと、それを単なる宇宙を構成するひとつの断片、局面にすぎないと考えることとは、その見解に天地の差がある。前者の考え方に支配された人間は、どうしても現世的、物質的になり、結局は極端な個人競争主義、侵略的帝国主義、階級闘争主義におちいることをまぬがれない。しかし、後者の考え方をとることで、はじめて人間は超物質的、超現代的になる。

このような人々は、生前と同時に死後を考え、肉体と同様に霊魂を重んじ、ひいては個人の自由と同時に相互扶助の必要を自覚し、すすんで外界にむかって広がろうとする競争本能と同様に、全体の平衡を維持しようとする協調本能の必要を痛感することになる。

以上の点から、我々はますます有力、かつ堅固な心霊科学研究会設置の急務を痛感せずにはいられない。我々は、これによってのみ、日本がその精神的な破産状態から救われるための端緒を見いだし、また現代人は、この事実を完成させることによってのみ、初めて天下後世に対して、面目を保持しうると確信するものである。

## 古神道への接木

このような浅野の提言は、ＳＰＲの主張に非常に近い。ここには大本の影響はほとんど見られないように思われるが、むしろ浅野の真骨頂は、西欧の心霊学理論を古神道に接木したことに求められる。彼の立場は、正しい意味でのスピリチュアリズムだといっていいだろう。西欧のスピリチュアリズムが最終的にはキリスト教の「神」への信仰に収斂されるのに対して、浅野が選んだ信仰の対象、枠組みは古神道だった。このような浅野の指向性には、大本での経験が大きな影を落としている。

例えば、浅野『心霊学より日本神道を観る』（心霊科学研究会、一九三八年）である。同書は浅野の死後まとめられたものだが、浅野の実兄・浅野正恭は序のなかで次のように述べている。「日本の神の道は、元来超然として各宗教の上に位し、しかも其の真理は、各宗教の原理を包含して、綽々《しゃくしゃく》として余裕がある。是《こ》れ日本が、従来如何《いか》なる宗教をも包容し得たる所以《ゆえん》である。而《しか》して心霊科学は、単《ひと》り各宗教の原理とするものゝみに限らず、動《やや》もすれば宗教の排撃を受けんとする、あらゆる科学をも、其の懐裡に抱くことを辞せざるものなるが故に、神道の真を説かんとせば、心霊科学を以てするにあらざれば、殆《ほとん》ど不可能に属すと謂《い》うも、敢《あえ》て過言ではあるまい」。

おそらく、浅野と同じく大本から独立した友清歓真が「欧米の心霊研究に於ては人霊の研究は組織的に相当進んで居るが神霊の研究は駄目」（『古神道秘説』日英書林、一九三八年）というのも、『心霊学より日本神道を観る』と同様の背景をもっている。

ここでの浅野は、天皇制イデオロギーを補強する学的な根拠として心霊学の知見を応用している。しかしそれは、浅野にとって不自然なことでも罪の意識にとらわれることでもなかったろう。近代的な「知」を離れ、日本の伝統的な「霊」の世界を全肯定する浅野にとって、それはごく自然な成り行きだったにちがいない。

ともあれ、彼は一九三七年二月三日に急性肺炎で死去するまで、霊の研究、出版、講演といった理論的・啓蒙的活動と、霊媒による交霊実験、心霊相談といった実践的・体験的活動の二つの活動を精力的に展開した。[15] こうした浅野の活動は、のちの財団法人日本心霊科学協会の設立へとつながる。日本心霊科学協会は現在、日本最大の心霊学研究団体である。この団体もまた浅野の系譜に従い、研究活動と実践的活動の両者を兼ね備えた活動をおこなっている。機関誌に「心霊研究」がある。

## 宗教と科学のねじれ現象

また、大本教を媒介とする心霊学研究団体は、ほかにも数多い。小田秀人《おだひでと》主宰の菊花会、萩原真《はぎわらまこと》の真《まこと》の道、宇佐美景堂《うさみけいどう》の霊相道、梅原伸太郎《うめはらしんたろう》主宰の日本霊学センターなどである。そして、このような大本教経由の団体は、大本的な神道の要素を深く抱え込んでいる。その意味では、浅野の示唆した「神霊主義」は、「科学」に拘泥するサイキカル・リサーチの立場よりも、日本的なスピリチュアリズムともいうべき独自の発展を遂げていった。しかしそれは、言い換えれば、心霊学の立場を宗教の側へ急シフトする役割を果たしたということである。

新宗教は、時代を体現する。その時代の欲求にもっともマッチした教義を用意する。中村古峡は『迷信に陥るまで――擬似宗教の心理学的批判』（大東出版社、一九三六年）のなかで、当時の新宗教隆盛の社会的背景を次のように分析していた。

「前世紀から今世紀にかけて、科学的知識の長足な進歩発達に伴い、経済機構や社会思潮は急激なる変化を来し、現実主義は時代を風靡《ふうび》するに至った。従って、理想主義的精神生活は影を潜め、人々は無力にも、現実に圧倒されて今日に及んだ。（略）混迷せる社会状態の下に、勤労大衆は絶えざる重圧に苦しみ、不安に脅かされ、絶望に沈淪《ちんりん》している。かゝる苦痛から逃れるべく、いかに努力したとしても、その無力は如何ともすることが出来ない。現実主義に洗礼を受けた彼等は、遂に現実主義の行詰りを感じた。その必然的な疎通《そつう》路は、当然精神的の慰安、例えば宗教とか信仰の如きものを求めるに至る。かゝる需要と欲求とによって、宗教復興の社会現象が起った」と。

古峡が同時代の新宗教ブームを語るその論調は、現代まで続く「霊」、新々宗教ブームの分析としても有効だろう。しかし、古峡が分析してみせた状況のなかで、時代にふさわしい教義の解釈方法として、浅野らが選択した心霊学的な知見のバック・ボーンが「科学」であったことは、きわめて皮肉な現象ではなかったか。心霊学を媒介とする宗教と科学のねじれ現象は、以後、現代にまでつながっていく。

## 2　ニュー・サイエンス

### 柳田国男のまなざし

かつて柳田国男は、岡田滄溟《おかだそうめい》『動物界霊異誌』(「郷土研究社第二叢書」第三巻〕、郷土研究社、一九二七年)に対する書評のなかで、次のように述べていた。ちなみに、岡田滄溟は本名、建文。『心霊不滅』(万里閣書房、一九三〇年)、『現代怪異実録』(霊響社、一九三一年)、『蛇淫と幽霊の話』(日本神霊協会、一九三二年)、『霊怪真話』(慈雨書洞、一九三六年)、『妖怪真話』(モナス、一九三六年)、『心霊の書』(紀元書房、一九三七年)などの著書をもつ。宇佐美景堂の霊相道などに近かった人物である。

　西洋でも神霊学会の人々には、最初から理学の話を見放して居る者が多い。そうして居ながら可なり敏感に、いわゆる唯物論者の批判を気にかけて居るのである。そんな風だから余計に論証があり主張がある。しかし自分等の知る限り、今だけの人間の知識であらゆる世の中の不思議が発明し得られると、公言した学者は一人も無く、単に素人の中にそう過信する者が時々あるだけである。そんな連中は最初から構い付けぬ方がよかったのである。[16]

柳田の指摘は、心霊学と科学との危うい関係と、心霊学のはらむ信仰／科学の狭間の様相を象徴的に示している。「論証」「証拠」という科学的なプロセスにこだわることで科学からの認知を受けたいと考えながら、しかしどこかで「しょせん科学では証明できないのだ」という諦めに嘆息をつく心霊学。たしかに、科学のパラダイムによって保証される心霊学の「信仰」という危ういバランスは、日本においても千里眼事件を経由することで、唯物論的構造をもつ近代科学の知によって葬り去られてきた。このような背景を知ってか知らずか、柳田が主張するのは、徹底的な事実の収集である。

「けしからぬ者は通例事実をよく知らぬ人の中に多い。前から先生の論法を予期して、そうだと直ぐいう者にはこれ程の証拠は無用である。同派引導と異派退治とを、一つの本で片づけるのは混乱に陥り易い。まず事実をもって未信者を動かし、証明は尋ねてくるまでお待ちなさるように」。柳田は、岡田が『動物界霊異誌』をまとめるにあたって、このように忠告したそうだ。その結果として、同書は「証拠だけをまず例示して、心霊理学はほんの少しばかり、片端の方に説いてある」ものになった。

ただし、柳田は心霊学的な知見を肯定しているわけではない。彼自身は、「我々凡俗の徒に取っては、岡田氏が固くこう信ずるということも、やはり確乎たる現在の事実の一である」と言うにとどまる。柳田民俗学の「学」的な保障は、それが人々の記憶に依拠しているかぎり「事実」であるとし、その限りにおいて、データとして扱うに足る客観性を付与されたとするものである。民族の想像力の探求という柳田民俗学の理念からすれば、岡田の示す心霊学への関心もまた、そのような「時代」のデータの一つにすぎない。

ただ、付け加えておけば、民俗学とは、民衆の心性的な問題をすくい取る装置でもあった。「近代」によって捨象されつつあった「内部」に再度照明を当てていくシステムとして民俗学を見るならば、その内実はともかくとして、民俗学と心霊学の試みとは通底している。例えばそれは、柳田に『遠野物語』（自費出版、一九一〇年）の材料を提供したことで知られる佐々木喜善と水野葉舟との、「霊」を媒介にした密接なつながりのなかに象徴的に表れている。ちなみに佐々木は、一時大本とも関わっていた。

また、柳田によって、心霊学の流行が「現在の事実の一」にすぎないと規定されたにせよ、心霊学の示唆する

「時代」のデータとしての意味は、いまにいたっても完結していない。心霊学は、徹底的に「科学」にこだわってきたことで、近代科学の歩みを裏側から提示する鏡としての歴史を刻んできた。従来、宗教的な文脈によってイメージ化されてきた「霊」は、心霊学の科学的知見によって再規定されることで、具体的なデータに基づく物質としてのイメージを付与されていった。そのような心霊学の影響を考えれば、現代の一般的な「霊」概念は、近代科学の成立なしにはありえなかったのである。

たしかに、宗教／科学の対立を解消する「新科学」として登場した心霊学は、近代科学の大規模なうねりのなかにのみ込まれていった。しかし、科学的世界観の破綻が声高に叫ばれている現代にあって、心霊学は「精神世界」、ニュー・サイエンスなどの形をとって再度注目を集めつつある。科学の織りなす「霊」の物語を読解するためのサブ・テクストとして、心霊学は現代も機能し続けているのである。

## 全体論的世界観への転換

例えばその具体的な現れとして、臨死体験研究、生まれ変わりの研究などをあげることができる。カーリス・オシス、レイモンド・A・ムーディ・Jr、エリザベス・キューブラー・ロス、イアン・スティーブンソンらによる一連の研究成果は、一九八〇年前後から日本にも紹介され始め、注目を集めている。こうした研究は、心霊学の現代バージョンとみなすことができる。彼らの研究はまさに、「死後」のシステムを「科学」によって探ろうとする動きであり、その意味でサイキカル・リサーチの「科学」を遵守する姿勢を受け継いでいる。

一方、このような研究に対して、従来の「科学」的世界観の異議申し立てを主張する「思想」運動として登場したのが、ニュー・サイエンス（ニュー・エイジ・サイエンス）である。

フリッチョフ・カプラ、ディヴィッド・ボームらニュー・サイエンスの旗手たちは、現代物理学の示す世界観と東洋的な神秘主義とが、その基本概念において一致するという。彼らはデカルト、ニュートン以降における現代科学の機械論的な要素主義を退けて、従来の科学が示す還元主義を批判し、新たな包括的な理論を主張するのである。近代的な世界観から、全体論的世界観への転換の提唱である。要素への還元的な見方から全体を包括的に見る立場へと移行することで、行き詰まりつつある近代合理主義のパラダイムを乗り越えようと彼らは考える。

このような主張の背景には、量子力学の飛躍的な発展がある。量子力学によって、それまで物質の基本的な構成要素と考えられてきた粒子は、場の特異点にすぎなくなった。いまやそれは、確率でしかない。

たしかに、現代においてもなお、科学は絶対的な規範として機能し続けている。だが、近代科学が提示してきた科学の絶対性、客観性という信仰は、もはや量子力学の世界には存在しない。ニュー・サイエンティストのなかに何人もの物理学者がいるのも、量子力学によって暴かれた現代科学の限界に強い衝撃を受けたゆえである[17]。その衝撃は、相対性理論によってそれまでの「常識」の書き換えを迫られた、二十世紀初頭の物理学者に似ているかもしれない。

例えばカプラは、二十世紀初頭の物理学における大規模なパラダイム・チェンジと、それにともなう科学者の苦悩に触れて、次のように言う。「一九二〇年代の物理学の危機と同じく、今日の危機もまた、時代遅れの世界観――デカルト＝ニュートン科学という機械論的な世界観――ではもはや理解できないリアリティに対して、そうした概念を適用しようとするところから生まれている。今日われわれは地球規模で相互に結ばれた世界に住んでいるから、生物学的、心理学的、社会学的、環境的現象はすべて相互に依存している。このような世界を正しく記述するには、デカルト的世界観にはないエコロジカルな視点が必要である。／とすれば、われわれが必要としているものは新しい「パラダイム」――新しい世界観、つまり、思考、認識、価値の根源的変革――である[18]」。

## 科学にかわる「万能言語」

カプラの主張は、「科学」という限定された領域にとどまらず、世界そのものの認識の変革を訴えるものである。そのための装置が「科学」なのだ。こうした動きを「思想運動」として捉えるかぎりでは、ニュー・サイエンスもまた、初期ＳＰＲの現代版として把握することができよう。

ただし、初期ＳＰＲは、近代科学による「神」の復権をめざす動きであり、「科学」そのものへの疑念を表明することはなかった。それに対してニュー・サイエンスは、大胆な「科学」のパラダイム・チェンジを主張する。しかしサイキカル・リサーチもニュー・サイエンスも、ともに「科学」の再編にあたって、「神秘」を呼び込むことでパラダイムの大規模な転換を図るものとしては、同一の動きを示す。その意味で心霊学は、まったく異なるレベルのもとに蘇りつつある。それはとくに、ボームの見解に顕著である。

ボームによれば、物質世界の秩序＝「表出された秩序」は、「内蔵された秩序」に巻き込まれている。存在するものすべての基底には「内蔵された秩序」が存在し、それは「ホロムーブメント」（全体運動）の状態にある。この「内蔵された秩序」は、「能動的な叡智」によって人々に示される。「心も物質もともに内蔵された秩序にあずかっており、その秩序の中に両者を関連づける基盤がある」。そして、物質と霊とは完全に浸透しあっている。また、物質をその根底で真に理解できたときに得られるある種の宇宙的秩序は、最終的に内蔵された意識として見ることができる。[19]

またボームは、事物を分割し、ばらばらにして考える現代の「断片的世界観」に対する危惧を表明し、それに代わる新たな「全体性への探求」を呼びかけてもいる。[20] このボームの思想的な枠組みは、浅野和三郎が「心霊科学研究会設立に就て」で述べたところとほとんど変わりない。浅野はこのなかで次のように述べていた。「物質的な現象世界を宇宙のすべてと考えることと、それを単なる宇宙を構成するひとつの断片、局面にすぎないと考えることとは、その見解に天地の差がある。前者の考え方に支配された人間は、どうしても現世的、物質的になり、結局は極端な個人競争主義、侵略的帝国主義、階級闘争主義におちいることをまぬがれない。後者の考え方をとることで、はじめて人間は超物質的、超現代的になる」と。

物質への個別的なアプローチによる「科学」的な探求に異議を唱え、物質世界もまた宇宙の一つの現れにすぎないという浅野の立場は、分析による世界の断片化という現状に対して「全体性」を主張するボームのそれと、容易に重なるだろう。

しかし、それゆえにニュー・サイエンスという「思想」を、単なる非合理主義、神秘主義への先祖返りと全否定することは、おそらく正しくない。むしろ問題なのは、ニュー・サイエンスにおいても、結局は「科学」の枠組みに従ってしか新たなパラダイムを設定しえないという事実である。

世界を認識するための万能言語としての「科学」。それに代わる新たな「言語」を、我々は見つけていない。「科学」に対抗する種々の試みも、ことそれが「万能言語」として機能するための一般性を要求されるかぎりでは、「科学」との対関係、もしくは「科学」の再構成という形しかありえなかったのだ。その意味で、心霊学がその誕生時に「新科学」と呼ばれ、いままた新たな思想潮流が「ニュー・サイエンス」と名づけられているのは、皮肉以外のなにものでもない。

## 3　おわりに

### 化け物を捜し出す

「人間文化の進歩の過程において発明されたいろいろの作品の中でも「化け物」などは最もすぐれた傑作といわなければなるまい。化け物もやはり人間と自然との接触から生まれた正嫡子であって、その出入する世界は一面には宗教の世界であり、また一面には科学の世界である。同時にまた芸術の世界でもある」と言ったのは、寺《てら》田寅彦《だとらひこ》である（「化け物の進化」「改造」一九二九年一月号）。

寺田は、「化け物」の歴史を「人間文化の一面の歴史」と述べ、高く評価しながら「不幸にして科学が進歩するとともに科学というものの真価が誤解され、買いかぶられた結果として、化け物に対する世人の興味が不正当に希薄になった、いまどき本気になって化け物の研究でもはじめようという人はかなり気が引けるであろうと思う時代の形勢である」と嘆く。彼は言う。「科学の目的は実に化け物を捜し出す事なのである。この世界がいかに多くの化け物によって満たされているかを教える事である」と。

寺田は、科学というシステムの限界と、科学が解明をめざす「自然」への畏敬の念を「化け物」に事寄せて語っている。宗教的な文脈のなかで保存されてきた「化け物」も、円了の妖怪学などに代表される啓蒙思想によって死に絶えた。そのとどめを刺したのが、「科学」という常識の出現だったろう。柳田民俗学の試みは、寺田が言う意味での「人間文化」の探求として「化け物」に着目したものである。

こうした寺田の指摘は、近代日本における心霊学の受容の歴史についても当てはまる。それは、「こっくりさん」、催眠術、千里眼の流行に象徴される、明治中期からの迷信と科学との対立、相克のゆくえを示している。またそれは、日本の「近代」が抱え込まざるをえなかった種々の問題を、象徴的に物語っている。「近代」は、新たなパラダイムのもとに、着々と整備されていった。すべての制度が定着し、そのなかにおけるすみ分けが完了したとき、いわゆる「内部」の問題は、文学、宗教、心理学の一部分に残されたにすぎなかった。しかし、その結果「近代」では回収しえないさまざまな「残り物」への欲望が、人々のなかでくすぶり続けることになる。

このような「内部」への欲望は、催眠術、新宗教、霊術などの文脈のなかに吸収されていくのだが、一方、より「科学」的・物質的な「霊」の把握によって「近代」の内部に座を占めようとした一連の試みが、心霊学の探求だった。しかし、日露戦争以降のメディアの拡大、「国家」の統制と、それにともなう科学教育の定着が「科学」の絶対化を推し進めていくなかで、ついに心霊学は「科学」から排除される。千里眼事件は、その象徴的な事件である。かくして、「科学」の影と化した心霊学は、宗教的な文脈に寄り添いながら現代に至った。このようなプロセスは、近代西欧における科学／心理学の葛藤の歴史とほぼ対応している。

## 科学の鬼子

本来、ヨーロッパに芽生えた科学がキリスト教信仰を契機にしたものであったことについては、村上陽一郎

『近代科学と聖俗革命』（新曜社、一九七六年）などに詳しい。自然の示す秩序だった美しさ。その秩序、法則性を明らかにすることは、このような世界を創造した神の恩恵を讃えることであった。そののち、神の存在証明、天地創造が科学では解明できないことがわかったとき、これらの問題は棚上げされた。こうして科学は、限定つきの思考装置となった。しかし、近代科学革命以降、科学は万能の思考装置と化し、宗教は科学の仮想敵となる。それまで役割が分担され、共存していた宗教と科学は、対立する二項となった。

このような宗教と科学との対立関係を止揚する、新たなパラダイムへの期待のなかに登場したのが心霊学である。しかしそれが、発展しつつあった科学革命のなかにのみ込まれていったにもかかわらず、再び新たな形で蘇りつつあるのだとすれば、心霊学は再度「科学」の変質を促す触媒になりうるかもしれない。

日本の「近代」が歩んできた「霊」をめぐる屈折の軌跡は、「科学」との微妙な関係を内部にはらみながら進んできた。このような屈折に対して、「日本」を土台に果敢なアプローチを試みてきたのは、柳田民俗学である。ただしそれは、むしろ「科学」に準拠した「文学」的な方法論を整備していくことで、「科学」の内部から「化け物」に目を向けるものだった。その意味で、民俗学は「科学」の対立項にはなりえない。

一方、心霊学は「科学」の内部から生まれ、「科学」によって否定された認識体系である。それは「科学」を自明としてきた「近代」にあって、その内部から生じた鬼子であった。しかし、だからこそ心霊学は、現代の閉塞的な状況を相対化するための認識装置たりうる。明治以降の心霊学をめぐる受容の歴史は、あらためて「現代」を見直す契機となるだろう。

「近代」は「内側」の問題を、制度化された科学のなかへ押し込んでいった。その結果、夾雑物として放棄されてきたものたちは、いまや「近代」の枠組みを打ち破ろうとする勢いだ。このような「モノ」たちの意味を見直していくためにも、日本における「近代」の意味を、「科学」とは異なるレベルから照射する必要に迫られている。

注

（1）中谷宇吉郎「心霊現象と科学」『立春の卵』（創元文庫）所収、創元社、一九五一年
（2）中谷宇吉郎「千里眼その他」、樋口敬二編『中谷宇吉郎随筆集』（岩波文庫）所収、岩波書店、一九八八年
（3）前掲「催眠研究の今日的意義」
（4）中沢信午『超心理学者福来友吉の生涯』大陸書房、一九八六年、山本健造『念写とDr.福来』福来出版、一九九二年
（5）中桐確太郎「念写実験記」「変態心理」一九一八年四月号
（6）甲山繁造「この霊的巨人の足跡を見よ 故三田光一氏のことども」「心霊研究」一九五九年五月号―六〇年二月号、黒田正大「〝三田光一〟余聞録」「福心会報」一九六七年四月―十月、巽直道ほか「三田光一氏の新聞切抜帳より」「福心会報」一九六七年四月―七五年八月
（7）福来友吉『心霊と神秘世界』人文書院、一九三二年
（8）羽鳥徹哉『作家川端の基底』（研究選書）、教育出版センター、一九七九年
（9）オリヴァー・ロッヂ『レイモンド――人間永生の証験記録』（野尻抱影訳、奎運社、一九二四年〔復刻版：オリヴァー・ロッジ『レイモンド――死後の生存はあるか』野尻抱影訳、人間と歴史社、一九九一年〕）の「訳者の序」による。
（10）賢治と心霊学については、香取直一「〈霊智教メモ〉をめぐって」（「東洋の人と文化」一九八九年十一月号）、同「宮沢賢治の心象科学――輪郭のスケッチと〈霊智教メモ〉」（「たま」一九九〇年二月号）、大塚常樹『宮沢賢治――心象の宇宙論』（朝文社、一九九三年）などに言及がある。
（11）饗庭孝男『日本近代の世紀末』文藝春秋、一九九〇年
（12）川本三郎『大正幻影』新潮社、一九九〇年
（13）浅野憑虚『出廬――綾部生活の五年』第一部、竜吟社、一九二一年（復刻版：浅野和三郎『大本霊験秘録』八幡書店、一九九一年）
（14）昭和女子大学近代文学研究室編『近代文学研究叢書』第四十一巻、昭和女子大学近代文化研究所、一九七五年、松

本健一『神の罠――浅野和三郎、近代知性の悲劇』新潮社、一九八九年
(15)前掲『神の罠』、前掲『新宗教事典』の当該項目による。
(16)「岡田滄溟著『動物界霊異誌』」「東京朝日新聞」一九二七年五月十三日付。なお、引用は柳田国男『定本柳田國男集』第二十三巻(筑摩書房、一九七〇年)による。
(17)C+Fコミュニケーションズ編『パラダイム・ブック 新しい世界観――新時代のコンセプトを求めて』日本実業出版社、一九八六年
(18)フリッチョフ・カプラ『ターニング・ポイント――科学と経済・社会、心と身体、フェミニズムの将来』吉福伸逸/田中三彦/上野圭一/菅靖彦訳、工作舎、一九八四年
(19)K・ウィルバー編『空像としての世界――ホログラフィをパラダイムとして 改訂新装版』井上忠訳、青土社、一九九二年
(20)デヴィッド・ボーム『断片と全体――ホリスティックな世界観への実験的探求』佐野正博訳、工作舎、一九八五年

## 参考文献

＊現在、入手可能なものに限定した。

「こっくりさん」関係

井上円了『妖怪玄談』哲学書院、一八八七年（復刻版：『新編妖怪叢書』国書刊行会、一九八三年）
井上円了編「妖怪学雑誌」一九〇〇年四月―〇一年四月号、妖怪学雑誌社（復刻版：『妖怪学雑誌 複製版』国書刊行会、一九八四年）
円了の「妖怪」研究の原点を示すもの。明治を代表する「こっくりさん」研究。
荒木葉子／塩野広次、板倉聖宣監修、田代三善絵『コックリさんを楽しむ本』（てのり文庫）、国土社、一九八八年
小学校での「こっくりさんの授業」の実践例。
中村希明『霊感・霊能の心理学』（朝日文庫）、朝日新聞社、一九九三年
高橋紳吉『きつねつきの科学――そのとき何が起こっている？』（ブルーバックス）、講談社、一九九三年
精神医学からの「こっくりさん」へのアプローチ。

催眠術関係

ロバート・ダーントン『パリのメスマー――大革命と動物磁気催眠術』稲生永訳、平凡社、一九八七年
ジャン・チュイリエ『眠りの魔術師メスマー』高橋純／高橋百代訳、工作舎、一九九二年
ヴィンセント・ブラネリ『ウィーンから来た魔術師――精神医学の先駆者メスマーの生涯』井村宏次／中村薫子訳（ヒーリング・ライブラリー）、春秋社、一九九二年
メスメルとその時代の様相を、さまざまなエピソードを交え詳説。
ステファン・ツヴァイク『精神による治療』佐々木斐夫／高橋義夫／中山誠訳（『ツヴァイク全集』第十二巻）、みすず書房、一九七三年
L・シェルトーク／R・ド・ソシュール『精神分析学の誕生――メスメルからフロイトへ』長井真理訳、岩波書店、一九八七年
アンリ・エレンベルガー『無意識の発見――力動精神医学発達史』上・下、木村敏／中村久夫監訳、弘文堂、一九八〇年
精神分析学、精神医学の観点からメスメルの位置を探る。

福来友吉『催眠心理学』成美堂、一九〇六年（復刻版：『催眠心理学』日経企画出版局、一九九二年）
戦前までのアカデミズムを代表する、催眠術の研究書。

「特集 超心理と気の科学」「imago」一九九〇年三月号、青土社
「特集 催眠術」「imago」一九九〇年八月号、青土社
現代の「心霊学」、超心理学と「気」、および催眠術をめぐる特集号。

心霊学・千里眼関係
田中千代松編『新・心霊科学事典――人類の本史のために』潮文社、一九八四年
春川栖仙編『心霊研究辞典』東京堂出版、一九九〇年
コリン・ウィルソン／ジョン・グラント編『「未知」への事典』中村保男訳、平河出版社、一九九一年
春川栖仙編『心霊現象を知る事典』東京堂出版、一九九三年
リン・ピクネット『超常現象の事典』関口篤訳、青土社、一九九四年
用語のチェック、心霊学の歴史的変遷を知るうえで便利。

浅野和三郎『心霊講座』嵩山房、一九二八年（復刻版：『心霊講座――人間霊性の開花のために』〔『浅野和三郎著作集』第六巻〕、潮文社、一九八五年）
板谷樹／宮沢虎雄『心霊科学入門――霊魂の実在を証明する本』日本心霊科学協会、一九七四年
田中千代松『新霊交思想の研究――新スピリチュアリズム・心霊研究・超心理学の系譜』共栄書房、一九七一年
ジョン・レナード『スピリチュアリズムの真髄』近藤千雄訳（梅原伸太郎編・監修『世界心霊宝典』第三巻）、国書刊行会、一九八五年
まとまった心霊学通史。

鎌田東二／松澤正博『魂のネットワーキング――日本精神史の深域 対談集』泰流社、一九八六年
鎌田東二『神界のフィールドワーク――霊学と民俗学の生成』青弓社、一九八七年
川村邦光『幻視する近代空間――迷信・病気・座敷牢、あるいは歴史の記憶』青弓社、一九九〇年
「近代」が消去してきた地点からのまなざし。

井村宏次『霊術家の饗宴』心交社、一九八四年
近代日本の「霊術」史をたどり、「近代」の虚妄を撃つ。
松山巖『うわさの遠近法』青土社、一九九三年
「うわさ」による近代日本の「透視」の試み。円了、催眠術・千里眼ブームなどに言及。
コリン・ウィルソン『コリン・ウィルソンの「来世体験」』梶元靖子訳、荒俣宏監修・解説、三笠書房、一九九一年
コリン・ウィルソン『ポルターガイスト』宮川雅訳、青土社、一九九一年
欧米のサイキカル・リサーチの展開を、豊富なエピソードを交えて紹介。
コナン・ドイル『神秘の人』小泉純訳、大陸書房、一九七三年
コナン・ドイル『コナン・ドイルの心霊学』近藤千雄訳（新潮選書）、新潮社、一九九二年
シャーロック・ホームズもので有名なコナン・ドイルが、その晩年に心霊学の普及に熱中していたことはよく知られている。この二書には、ドイルの心霊学に関するエッセーが数多く収録されている。
ジャネット・オッペンハイム『英国心霊主義の抬頭――ヴィクトリア・エドワード朝時代の社会精神史』和田芳久訳、工作舎、一九九二年
十九世紀イギリスのスピリチュアル・ブームを、膨大な資料を駆使して再現。とくに科学／心霊学の対立・相克の様相は刺激に満ちあふれている。
富山太佳夫『シャーロック・ホームズの世紀末』青土社、一九九三年
ドイル＝ホームズを軸に、世紀末ロンドンの混沌を示してみせる。
村上陽一郎『近代科学と聖俗革命』新曜社、一九七六年
下坂英／杉山滋郎／高田紀代志編著『科学と非科学のあいだ――科学と大衆』（『科学見直し叢書』第一巻）、木鐸社、一九八七年
十九世紀の科学革命がもたらした、科学／擬似科学の様相をみる。
井村宏次『スーパーサイエンス――異形の科学を拓いたサイエンティストたち』新人物往来社、一九九二年
メスメルに始まる、オカルティック・サイエンティスト列伝。ウォーレス、南方熊楠などを含む。

ウィリアム・クルックス『心霊現象の研究――心霊科学の世界的古典』森島三郎訳、たま出版、一九八〇年
アルフレッド・R・ウォーレス『心霊と進化と――奇跡と近代スピリチュアリズム』近藤千雄訳、潮文社、一九八五年
オリヴァー・ロッジ『レイモンド――死後の生存はあるか』野尻抱影訳、人間と歴史社、一九九一年
SPRを代表する学者の心霊学関係書。なお、『レイモンド――死後の生存はあるか』は新光社版、オリヴァー・ロッヂ『レイモンド――人間永生の証験記録』（一九二四年）の復刻版である。
イヴォンヌ・カステラン『心霊主義――霊界のメカニズム』田中義広訳（文庫クセジュ）、白水社、一九九三年
スピリティズムの理論を明快に解説。
アラン・カーデック編『霊の書――大いなる世界に』上・下、桑原啓善訳、潮文社、一九八六―八七年
心霊学の基本的な必読文献の一つ。
稲垣直樹『ヴィクトル・ユゴーと降霊術』水声社、一九九三年
ユーゴーを軸に、十九世紀フランスの降霊術、および近代日本の降霊術の波紋を考察する。
福来友吉『透視と念写』東京宝文館、一九一三年（復刻版：『透視と念写』福来出版、一九九二年）
藤教篤／藤原咲平『千里眼実験録』大日本図書、一九一一年、同「千里眼実験録」、南博責任編集『近代庶民生活誌』第十九巻所収、三一書房、一九九二年
千里眼事件をめぐる肯定派、否定派の意見の集大成。『近代庶民生活誌』第十九巻は、ほかにも浅野憑虚「出盧」、浅野和三郎「長南年恵の奇蹟的半生」、「心霊科学研究会実験記録」、高橋宮二「千里眼問題の真相」などを収録。
福来友吉『心霊と神秘世界』人文書院、一九三二年（復刻版：『心霊と神秘世界』八幡書店、一九八六年）
千里眼事件以降の、福来の心霊研究の成果を示すもの。
中沢信午『超心理学者福来友吉の生涯』大陸書房、一九八六年
山本健造『念写とDr.福来』福来出版、一九九二年

福来の伝記。千里眼事件以降の福来の歩みを詳述。
光岡明『千里眼千鶴子』文藝春秋、一九八三年
「千里眼事件」の小説化。「不知火の女」「福来博士の革命」の二編からなる。
「特集 ニッポン霊術治療師列伝」「SPA!」一九九二年十一月十八日号、扶桑社
大正期を中心とする、霊術家列伝。

昭和女子大学近代文学研究室編『近代文学研究叢書』第四十一巻、昭和女子大学近代文化研究所、一九七五年
G・カミンズ『永遠の大道――付・個人的存在の彼方』浅野和三郎訳（『浅野和三郎著作集』第一巻）、潮文社、一九八五年
J・S・M・ワード『死後の世界』浅野和三郎訳（『浅野和三郎著作集』第二巻）、潮文社、一九八五年
W・S・モーゼス『霊訓』浅野和三郎訳（『浅野和三郎著作集』第三巻）、潮文社、一九八五年
浅野和三郎『小桜姫物語――霊界通信』（『浅野和三郎著作集』第四巻）、潮文社、一九八五年
浅野和三郎『新樹の通信――霊界通信』（『浅野和三郎著作集』第五巻）、潮文社、一九八五年
浅野和三郎『心霊講座――人間霊性の開花のために』（『浅野和三郎著作集』第六巻）、潮文社、一九八五年
松本健一『神の罠――浅野和三郎、近代知性の悲劇』新潮社、一九八九年
浅野和三郎『大本霊験秘録』八幡書店、一九九一年
浅野和三郎の軌跡を示す。

「別冊宝島92 うわさの本――都市に乱舞する異事奇聞・怪談を読み解く試み!」JICC出版局、一九八九年
「コラムニスト2 神人類と信人類たち――「貧、病、争」を超えた新宗教ブームのエクスタシー」（WILD MOOK）、東京三世社、一九九一年
「別冊宝島181 オカルトごっこ――霊能力、UFO、気功、占い、幽霊、チャネリング……私たち、すべて体験しました!」宝島社、一九九三年
現代の反「科学」的潮流の一端を、「風俗」のレベルから垣間見る。

本文中の図版使用に関しては、潮文社様、福来出版様にご快諾をいただきました。末尾ながら、厚くお礼を申し上げます。

著者

# あとがき

本書をまとめるきっかけになった論文を続けて書いているとき、「どうして、こんなことを調べ始めたんですか？」と、よく聞かれた。このように問いかけられると、しばしば返事に困った。なぜなら、たいていの場合「こんな」と「こと」のあいだには、「ヘンな」「アヤシげな」「アブナイ」といった形容詞が透けてみえていたからだ。

しようがないので、「いや、もともとこういうのが好きなんです」とギャグにしていた（ギャグとは取られていないかもしれないが）。または、私が専門にする国文学の領域に話を限定して、「芥川龍之介について調べているうちに、彼が心霊学に関心を抱いていたことが気になったんです。そうしたら、夏目漱石も川端康成も、ほかにも何人もそういう人がいまして、調べ始めたというわけです」などと答えていた。ともに、もちろんそういう要素もあるのだが、それだけでもない。

近代における「科学」の成立とそれにともなうさまざまな規範の成立は、「心」に関する領域の認識方法においても、特殊な屈折を刻んでいった。十九世紀後半から始まる世界的なパラダイム・チェンジは、もちろん明治以降の日本のあり方にも大きな影響を与えている。このような屈折の様態が、もっとも直接的に表れているのが、「霊」に関する言説だ。

「霊」をめぐるさまざまな言説は、明治期に、いったんは「科学」によって証明されたかにみえながら、結局は「科学」によって抑圧されるにいたるわけだが、このような軌跡は、「近代」もまた特殊な文化にすぎないという対象化を私たちに突き付けてくる。また、それは同時に、明治以降に布置されていったさまざまな制度そのものをも相対化する。このような問題を、具体のレベルで追いかける格好の素材として、「こっくりさん」、催眠術、千里眼をめぐる明治の動向に注目したわけである。

本書での試みがどの程度成功しているのか、いささか心許ないが、意のあるところをくみ取っていただければ幸いである。

また、本書を成すにあたって、実に多くの方々のお世話になった。論文の段階からさまざまなアドバイスをいただいた方々、「あなたは霊がいると思いますか」「あなたの霊体験を教えてください」などといった、「ヘン」なアンケート調査に協力してくれた学生諸君、また、日々の営みのなかで励ましを与えてくれた家族と、怠惰な私に温かい鞭をふるい続けてくれるとともに、新たな発想を惜しみなく提供してくださった講談社学術局の鷲尾賢也氏に、あらためて感謝申し上げます。

一九九四年六月

一柳廣孝

# 第2部　その後の〈こっくりさん〉と〈千里眼〉

# 第1章　千里眼は科学の分析対象たりうるか

## はじめに

一九〇〇年代後半、文系、理系双方の研究者のみならず、広く世間一般の関心を惹起する研究対象が現れた。千里眼（透視）、念写といった超常能力を発現するという人々の登場である。その代表的な存在が、御船千鶴子と長尾郁子だった。御船千鶴子の透視（千里眼）、長尾郁子の念写が新聞メディアで大きく取り上げられ、彼女たちは一躍時の人となった。そして、彼女たちに注目が集まれば集まるほど、彼女たちの超常能力が実際に存在するのかどうかが話題になり、その事実認定をめぐって、マスコミとアカデミズムは翻弄された。彼女たちの動向に深く関わった心理学者の福来友吉は、のちに東京帝国大学を追われることとなる。現代では鈴木光司『リング』（角川書店、一九九一年）のモデルになったことでも知られるこの一連の騒動は、千里眼事件と呼ばれている。[1]

千里眼事件についてはすでに複数の論述が存在する。[2] それらを踏まえて本章で注目したいのは、超常能力の有無をめぐる論争のなかで図らずも示された、各学問ジャンルにおける「科学」観である。当時の（現代にあっても）科学的な認識フレームのなかで処理することが難しい「千里眼」についていかなる態度をとるかということは、それぞれの学問の独自性と深く関わっている。しかも千里眼事件にあっては、こうした学問的な認識のありようが新聞メディアを通じて刻々と報道されていた。結果的に千里眼事件は、一般社会に向けて個々の学問ジャンルがそれぞれの価値をアピールするための、重要な舞台となったのである。

本章では、主に新聞報道を取り上げて千里眼事件に対する各学問ジャンルの反応を確認するとともに、福来友吉が正統的な心理学アカデミズムから排除されていくプロセスを確認する。と同時に、新聞報道の言説から垣間見ることができる、一般社会で編成されたであろう「科学」イメージの内実について考えてみたい。

## 1　今村新吉「透視に就て」の問題機制

熊本在住の御船千鶴子の透視能力について、当時催眠術研究の第一人者と目されていた福来友吉が知ったのは、一九〇九年の春だった。翌一〇年二月、福来は千鶴子に対して通信実験を試み、驚嘆すべき結果を得る。また同時期に、京都帝国大学医科大学教授の今村新吉は福来に先立って熊本へ赴き、直接彼女の実験をおこなった。今村もまた彼女の能力を認め、福来に連絡を取った。二人の共同実験は、同年の四月十日から十五日にかけておこなわれた。ここでの実験結果も、きわめて良好だった。このときの実験結果を今村がまとめたのが、「大阪朝日新聞」の一面に十九回にわたって連載された「透視に就て」（一九一〇年六月二十七日―七月十五日付）である。

いままで千里眼事件は、学者側の主役としては常に福来友吉がクローズアップされてきた。彼が千里眼の実在を主張し続け、実験結果をまとめた『透視と念写』（東京宝文館、一九一三年）刊行後に東京帝国大学を追われたというドラマティックな軌跡を示したがゆえである。しかし実は、千里眼事件のスタート時点において、今村は福来以上に活躍していた。初めて中央紙で千鶴子の存在を公にしたのは彼である。そして後述するとおり、この今村の連載には、のちに千里眼事件で顕在化する複数の問題点がすでに示されていた。にもかかわらず、千里眼事件における今村のポジションについては、触れられることが少ない。それは、彼が千里眼事件終盤にフェイドアウトしたためである。以後彼は、この事件について長く沈黙を貫く。また、彼が所属する京都帝国大学自体が、この事件との関係を隠蔽する方向で動いたかのように報道されたことも大きい。これらの点については、あとで触れる。

さて、今村の所属する京都帝国大学の設置は、東京帝国大学に遅れること二十年の、一八九七年。医科大学の設置はそれから二年後の九九年、精神病学教室の創設は一九〇三年である。この教室の初代教授が、四年あまりの欧州留学から帰国した今村だった。彼は妄想性精神病、神経症などの研究を進め、日本における精神病理学の先駆者と評されている。では、今村はいかなる経緯で千鶴子の存在を知ったのか。福来の場合は、当時熊本高等工業学校に勤務していた友人の高橋正熊経由だった。今村の場合は、おそらく木下廣次を経由してのことだったと思われる。

木下と千鶴子の関係については「不思議なる透見法」（「東京朝日新聞」一九〇九年八月十四日付）に次の記述がある。「前の京都大学総長法学博士木下廣次氏は此程井芹熊本済々学長の紹介に依り同校の舎監清原猛夫氏の妹なる河地千鶴子（二十三）を京都の自宅に引見し同女の研究発明せる不可思議なる透見法の試験を為し引続き其心理的治療を受くること三回に及びたり」「是の透見法は厳封したる袋の中の物は言うに及ばず鉱物の如き又身体の如きも透見して其内容を探り得べく患者の治療の如きは神通自在の奇なる療法なり」「手術を受くる際も同様の態度にて宛も禅宗坊主の三昧に入るが如くにて患部を撫で下すまでなるが病気の方は左まで著るしき効験を見るに至らず」。

木下は京都帝国大学の初代総長に任ぜられたものの長く肺を病み、一九〇八年に辞職して以来京都で静養に努めていた。木下は旧熊本藩士で、その縁で井芹経平と繋がっていたのだろう。ちなみに、当時の千鶴子は河地某に嫁いでいたが、のちに離婚して旧姓の御船に戻った。千鶴子の父、御船秀益も熊本の士族の出身である。また福来も、〇九年の春に井芹の訪問を受け、千鶴子の研究を勧められていた。千鶴子の動きの背景には熊本コネクションとでもいうべき人脈が存在しているのだが、今村もまた、木下の治療を通じて千鶴子を知ったようだ。と同時に、木下に対する治療が千鶴子と京都帝国大学を結び付けたともいえる。
「千里眼婦人の来阪」(「大阪朝日新聞」一九一〇年八月二十九日付)には、以下の記述がある。「去年の秋法学博士木下廣次氏が肺を病んで臥床中千鶴子は熊本から木下氏の肺を透覚したところ左の方は回復し難いほどわるいその後上洛中木下氏は更に透覚を請うたがここでも熊本でも同じである、癒るかと木下氏は問う、千鶴子は癒ると答えた、同席には今村医学博士などの諸先生がいた、千鶴子は端座して木下氏に向いあなたが肺病の菌を打ち殺す精神と私の癒すという精神とが一致すれば癒ると云った、是は実に赤心の凝った然も美わしき鋭い一言であると今での語り草となっている」。この記事によれば、木下が千鶴子の治療を受けたとき、今村も同席している。

木下は、一九一〇年八月二十三日に逝去した(「木下廣次氏逝」「東京朝日新聞」一九一〇年八月二十三日付)。「千里眼婦人の来阪」が掲載されたときには、木下はすでにこの世にいなかった。

あらためて、今村「透視に就て」に戻ろう。今村も福来も、それぞれの実験成果を早い段階で公表していた。今村は三月十九日に開かれた京都医学会第六十回例会で演説をおこない、その大略を「透見ニ就テ」(「京都医学雑誌」第七巻第二号、一九一〇年四月)と題して活字化している。そこには「透見ナル能力ノ存在ハ信ズ可キノ事実ニシテ、透見ハ一ノ特殊ナル感覚的心象ナルベク、其対照ハ物質的実在ト認ムベキモノナラン」「此種ノ能力ハ常人ノ正常的精神生活ニ於テモ存ス可ク、唯他ノ明確ナル感覚ノ為メニ圧服セラレ、意識ニ上リ来ルノ明度ヲ達セズシテ不明ノ中ニ了ルモノナラン」とある。

また福来は、熊本から戻ってすぐの四月二十五日に東京帝国大学で研究成果を発表、さらに五月七日、法医学第三十二番教室で開かれる通俗心理学教室でも調査結果を報告することになっていた(「天眼通の研究 熊本の婦人千鶴子 福来文学博士の驚嘆」「東京朝日新聞」一九一〇年四月二十五日付)。

こうした経緯のもと、「大阪朝日新聞」に今村「透視に就て」連載の予告が掲載される。そこで示されているのは、透視に関する学問的アプローチが、心理学と精神病学からなされることの宣言である。「俗に天眼通と称し包覆したる物体若くは遠距離の事象を透見し之を命中する一女性熊本にあり先には福来文学博士之を心理学上より実験せしが今又京都医科大学教授医学博士今村新吉氏は精神病学上より最も真面目に之を研究し其結果を本紙上にて発表する事となれり如何に其実験の有益にして将来学術界の一問題となるかは請う之を次号の本紙より見よ」(「透視研究」「大阪朝日新聞」一九一〇年六月二十六日付)。

かくして始まった今村の連載だが、なかには福来が執筆している回もあり、実質的には二人の合作となっている。ここでは今村が代表として振る舞っているということになる。今村は連載の冒頭で、透視をいかなる学問的文脈のもとに位置づけるのかを明記した。次に、その箇所を引用する。

最近に於ける万有学の進歩は実に吾人をして驚嘆せしむるも猶不可思議なる領域頗る広く、殊に精神生活に関する諸多の現象に於て然りとす。此不可思議的精神現象は一方には能動の方面に現れ、一方には所動の方面に於て来り、就中後者に此の事実の所在を認め居りしも、メスメール氏動物磁気の発見以来専ら此の派の人士によりて唱導せられ、次で新世界に於ける幽霊説の勃興と共に之を信ずるもの漸く多しと雖も、是れ多くは俗間の信仰に止まり、之が科学的研究は実に最近のことに属す、余等偶々此の種の能力を示せるもの一人を見たり、本人は二十五歳の女性、熊本県宇土郡松合村士族御船秀益氏の次女にして千鶴子と称す(「透視に就て(一)」「大阪朝日新聞」一九一〇年六月二十七日付)

今村が「メスメール動物磁気の発見」から「新世界に於ける幽霊説の勃興」の流れのなかに透視を位置づけるのは、彼が専門とする精神病学の文脈からみれば正当な手続きと言えるだろう。十八世紀後半にフランツ・アントン・メスメルが提唱した動物磁気説と、それを応用した治療法としてのメスメリズムは、一八四三年にジェイムズ・ブレイドによってヒプノティズム(催眠術)と命名される。オカルティックな神秘的現象としてのメスメリズムから、主体の脳内で起きる生理的な作用としての「催眠術」への転換である(3)。

大脳のメカニズムを強調したブレイドによって、催眠術は心理学、生理学の研究対象となった。これらの学問ジャンルにおいて、催眠術が最新の研究対象として意識されたのは一八九〇年代前後である。催眠の機構を心理面から考察し、暗示の効果を研究の中心に据えたナンシー学派と、人格的要素よりも物理的因子を重視し、物理的刺激による身体的状態と催眠を定義することで医学の考察対象としたサルペトリエール学派の動向は、日本でもリアル・タイムで紹介されている。「催眠術の解説」（「哲学会雑誌」第十九号、一八八八年八月）は「方今催眠術は生理学及心理学を研究する者の大に注意を置くところの問題」と記し、「催眠術彙報」（「哲学会雑誌」第二十一号、一八八八年十月）は、一八八〇年以降に刊行された欧米の催眠術書が、実に七百種類に及ぶと記した。

日本においても催眠術は話題になり、一九〇三年以降には、社会問題になるぐらい流行が広がっている。[4]催眠術によって生じる不思議な精神現象の存在は、すでに一般的に認知されていた。こうした状況のなかで、学問的な立場から積極的な発言をおこなっていたのが福来である。福来は催眠の心理学的研究で学位を取得、その研究成果を『催眠心理学概論』（成美堂、一九〇五年）、『催眠心理学』（成美堂、一九〇六年）にまとめていた。また今村が「メスメール氏動物磁気の発見以来専ら此の派の人士によりて唱導せられ」と言うのは、オカルティズムとしてのメスメリズムから脱却して「之が科学的研究は実に最近のこと」というナンシー学派、サルペトリエール学派の動向に至るまでのプロセスを指している。

一方、今村の言う「新世界に於ける幽霊説の勃興」とは、十九世紀半ば以降に欧米を席巻したモダン・スピリチュアリズム（心霊学）の動向を指す。霊の科学的研究を標榜するＳＰＲの設立は、一八八二年。ＳＰＲが具体的な研究対象としたのはテレパシー、幽霊屋敷、霊媒による物理的心霊現象などだが、このなかには催眠術の研究も含まれていた。催眠術研究の動向と同じく、心霊学の動きもまた一九〇〇年代以降、日本で活発に紹介されている。[5]こうした世界的な動きのなかに、今村は「不可思議的精神現象」の研究を位置づけるのである。

こうして自らの研究の正当性を担保した今村は、次いで千鶴子の示す不可思議な現象のなかから研究対象を絞り込む。彼は言う。「千鶴子に見る不可思議能力は先ず之を三種に分って観察することを得べし、曰く包覆せる近接物体の透視曰く睡遊状態に於て遠隔せる事情の遠感曰く近き未来に於ける簡単なる事象の予言是なり／此の三種の現象中其の第二第三は其の対照に至大の困難あるべきを以て余等は先づ之を措き、第一の被覆物体透視の実験のみを主として之を行いたり」。

今村の言うとおり、催眠状態における遠隔透視や近未来の予言が科学的実験に適するとは考えにくい。その結果、透視の実験に絞り込んだということだが、それは当然、科学的な手続きに則った形で今後の考察を進めるという宣言になる。つまり、精密な科学実験を経ることなしに、事実認定はおこなわないということである。したがって、すでにこの段階で、すべては実験のお膳立てにかかっている。

しかしこの連載においても、すでに実験に対する懸念は表明されていた。具体的な実験装置のレベルというよりも、千鶴子の実験時の態度についてである。実験の際、彼女は同席者に背中を向けるか、ひとり別室で透視をおこなっていた。面前でおこなうと、格段に成績が落ちた。今村は「欧州に於ける此の種の術者にありて屢《しばしば》詐欺行為の発見せられしこと又は睡遊状態にありては無意識的になせる巧妙なる冒侵の結果たることの発見せられし例あれば」と注意を促しつつも、千鶴子の性情からいって「詐欺又は無意識的冒侵は之を除外し得べきものと信ず」とする(「透視に就て(十五)」「大阪朝日新聞」一九一〇年七月十一日付)。だが、このとき今村が抱いた不安は、のちに現実のものとなった。

今村の専門は精神病学であり、福来は変態心理学である。ともに実験に携わる領域とはいえ、物理学などの実験手順に精通していた訳ではない。専門家たちの反論が予測される段階で「透視に就て」が発表されたのは、このあと、京都や大阪、東京でおこなわれる千鶴子の公開実験が決定していたためだろうか。そこであらためて、科学者の判断を仰ぐと決めていたのだろうか。

事実、福来が四月二十五日に東京帝国大学でおこなった熊本出張中の実験結果報告会では、長岡半太郎から次のような質問があったという。千鶴子が密閉した封筒のなかの文字を読むのは、カーボンから一種の光線が出ているからではないのか、今村が携帯した二重箱のなかの文字を読むことができなかったのは、黒い文字を黒いビロードで包んだ結果、文字が発する光線を黒布の線と混同したためではないのか、もしそうだとしたら、赤い文字なら読み取れるのではないか。この長岡のコメントを受けて、福来は千鶴子に対し追加の通信実験をおこなっている（「透視に就て（十四）」「大阪朝日新聞」一九一〇年七月十日付）。

また、今村があげている千鶴子の能力のなかには、木下廣次に施した「禅宗坊主の三昧に入るが如くにて患部を撫で下す」という「心理的治療」（「不思議なる透見法」「東京朝日新聞」一九〇九年八月十四日付）は含まれていないし、そもそも言及自体がなされていない。のちに霊術と呼ばれることになる、催眠術を応用した治療法との類似を恐れたのか、または医学者という立場から、最初から千鶴子の心霊治療には疑問を抱いていたのかは、わからない。少なくともここで言えることは、千鶴子に備わっているとされた複数の能力のなかで、まず三種類に絞り込み、さらにそのなかから透視を選択したという、二段階での絞り込み作業がおこなわれているということである。

こうしたいくつかの疑問を孕みつつも、今村は千鶴子への実験結果を次のように総括している。千鶴子に対する透視実験は、都合五十二回。そのうち、完全に的中したケースが三十六回、不完全的中とすべきケースが十回、まったくの誤謬が六回。完全的中率は、実に六九パーセントということになる。ここで今村はシャール・リシェの同種の実験やＳＰＲの問題提起を示しつつ「其の的中率は決して偶然的事実と認むべからず」と断言する（「透視に就て（十六）」「大阪朝日新聞」一九一〇年七月十二日付）。そして「一種の知覚的能力」「物質的実在を対象とする五官以外の一感覚」の存在を仮定してみせるのである（「透視に就て（十八）」「大阪朝日新聞」一九一〇年七月十四日付）。

さらに今村は、ここから一歩踏み込む。もし千鶴子に「五官以外の一感覚」があるとすれば、次の問題は「此の一感覚は千鶴子に於て新に生じ来れるものなりや、又然らずとするも千鶴子に於てのみ存するものなりや、将又万人に通有のものなりや」という点にある。今村は、一般人も同様の感覚を持つかどうかは断定できないが、おそらく万人に通有のものではないかと言う。高等生物の五感が原始感覚から分化したものだとすれば、千鶴子はこの原始感覚の持ち主なのではないかとするのである。そしてこの点の解明については、細胞生物学の研究に期待したいとする（「透視に就て（十九）」「大阪朝日新聞」一九一〇年七月十五日付）。のちに触れるとおり、生物学者の丘浅次郎が尾長蜂を例に出して千里眼の説明を試みているが、この今村の仮説はそれと重なる。

また、同じくこの連載を終えるにあたって、今村はきわめて重要な指摘をしている。まず第一に、彼が千鶴子の能力に関心を示した動機である。「精神病に見る諸種の症候は従来の生理学及び心理学の智識によりて説明するのみなるを以て尚不十分なる点少からざるも、今後或は此の種の不可思議心象に関する智識の啓発によりて此の欠点を補塡し得るの期あるべきか」とある。つまり今村は、自らの専門たる精神病学の領域にあって、透視の研究を進めることで精神病のいくつかの症状が解明されるのではないか、という期待を抱いていたことになる。世紀末ヨーロッパでは、一般社会において心理学や精神病学に対する関心が極度に高まり、精神療法の新しい体系が探求されていた。[6] そのさまざまな取り組みの文脈のなかに、今村の関心も位置づけることができるだろう。

第二に、今村はすでにこの段階で、福来との共同実験で得たデータの有意性に不安を抱いていた。「余等の千鶴子に就きて為せる実験手続きは猶物理学者及び化学者の方面より見て恐らく多大の欠点の存するある可く、此方面の人士に対しては殊に示教の労を取られんことを望むや切なり」とある。今村のこのコメントは、物理学者や化学者への、共同研究の呼びかけのようにも見える。

第三に注目すべきは、のちに丸亀で長尾郁子に対して今村がおこなった写真乾板による実験が、他の学者からのアドバイスに基づくものだったことが記されている点である。次のようにある。「四十三年六月一日京都帝国大学文科大学開催の講演に於て中澤博士は日光曝洒を施して未だ現像せざる写真乾板を目的物となして試験を行うこと及び補色を重ねたるものにて実験せば興味ある可しとの注意を与えられたり」。この中澤の助言が、郁子の「念写」実験に生かされたのではないか。また、今村が丸亀で乾板を用いた実験をおこなう際に、あらためて中澤に相談した可能性も否定できない。この助言者とは、当時京都帝国大学理工科大学長で、京都高等工芸学校（現・京都工芸繊維大学）初代校長を兼務していた化学者の中澤岩太と思われる。このあたりから今村の透視研究が、徐々に個人の単位から京都帝国大学内で広がりをみせていったのかもしれない。

以上確認してきたのは、今村「透視に就て」が作り上げた「千里眼」をめぐる認識フレームの存在である。心理学や精神病学では行き届かない、厳密な科学的実験を経たうえでの事実認識を判断基準とする枠組みである。そもそも「千里眼」とは仏教用語だが、今村の提示したフレームには宗教学や哲学からのアプローチは含まれていない。以後の千里眼事件は、基本的にこのフレームを遵守する形で展開される。言い換えれば千里眼事件は、この認識フレームを強化するかのように進行していったのである。この設定のもとに、事態は次の舞台へと移る。千鶴子の上京である。

## 2　千鶴子の透視実験と各学問ジャンルの対応の諸相

一九一〇年八月二十八日、御船千鶴子は義兄の清原猛雄、実母らとともに大阪入りした。二十九日に阪神電鉄主催の学術講演会に出席したのち、三十一日に京都に移動、一週間ほど滞在して、彼女たちが宿泊していた俵屋旅館で非公式の実験をおこなったあと、九月九日に上京。十四日、十五日、十七日に東京で透視実験を公開し、帰路には大阪でも二十四日、二十五日に透視実験をおこなった。

ただし、このときの上京の主な理由は、旧熊本藩主細川護立夫人博子が、結婚後四年を経て子宝に恵まれないことの理由を明らかにすること、および東京見物だったという（「千里眼婦人来る」「東京朝日新聞」一九一〇年九月十一日付）。あくまで熊本コネクションの関係で上京したにすぎず、たまたま千鶴子の体調がよければ透視実験をすることもあるというスタンスである。しかしこの報道は、鵜呑みにはできない。おそらくは、東京で千鶴子が実験をおこなわない場合の予防線だったと思われる。その理由は、千鶴子が京都で過ごした一週間の内実と関わる。

千鶴子の透視実験における最大の懸念は、今村が「透視に就て」で言及していた実験データをめぐる問題だった。この不安は、福来も共有していた。東京での学者立ち会いの公開実験の前に、千鶴子が京都で一週間滞在したのは、科学者たちの視線に耐えうる実験のための準備だったようだ。東京での公開実験の前に、福来は次のような発言をしている。「京都及び大阪に於ける実験は主として千鶴子が器物中の物を透視するに当り、其器物の封を開くや否や千鶴子が巧妙なる手段を以て其器物の封印を開封したりとすれば如何なる方法を以て其物を開封するや否やと云える点に就きて研究したのであって、千鶴子の有する無限の透視力には固より些の疑いも無い事実である」(「無限の心眼力」「東京日日新聞」一九一〇年九月十日付)。つまりは、千鶴子のトリックの可能性をチェックしていた訳だ。

この点について、福来は強力な対策を用意した。「先づ事実の正確であることを確めて而して研究しなければならぬ実験の方法に就てもいろいろ考えて何人が見ても疑う余地の無い方法で遣て居る即ち厚い鉛で字を書いた紙片を包み手の力では到底開くことの出来ぬ様にシッカリとハンダで継ぎ合わせる」「実験する際には其中から何れでも一つ取ってそれを黒い布で包み厚さ凡そ一寸もある錫の鉢へ入れ更にそれを木の箱に入れて封印するのだから方法としては如何にしても疑う余地はない」(「千鶴子の能力」「東京朝日新聞」一九一〇年九月十三日付)。

また、このとき福来は、物理学者へ向けたメッセージも用意していた。「千鶴子の透視力が暗示でもなく伝心でもなく、又何等技術に手段なしとすれば全く理学上に於ける何等かの線に作用せらるるものにあらずやと思わる、其の線が果して如何なるものなりやは今日の処説明し難いので、或は此の機会に千鶴子の透視が物理学者をして前代未知の線を発見せしむるの動機となるかも知れないのである」(「無限の心眼力」)。X線、ポロジウム、ラジウム、アルファ線、ベータ線、ガンマ線など、続々と未知の光線が発見されていたこの時期に、新たな光線発見への期待感は物理学界に強く存在していた。こうした関心が、山川健次郎や田中舘愛橘といった物理学者を実験に参加させたのかもしれない。

では、複数回にわたっておこなわれた実験に対して、参加した学者はいかなる反応を示したのか。

まず、九月十四日に大橋邸でおこなわれた実験は、うまくいかなかった。千鶴子が誤って、福来が練習用に与えていた鉛管の中身を透視したためである。実験におけるセッティングの不備については、長山靖生の指摘がある。ここで明らかになったのは、実験管理のずさんさであり、それゆえの実験の信憑性の低さである。[7] 今村も福来も、被験者とのあいだに信頼関係がないと能力が発現しないという点に縛られ、彼女たちの身体チェックなどを怠っていた。この問題は、のちの彼らの実験にも尾を引くこととなる。

実験終了後、医学者の大沢謙二は次のような提案をしている。「人体を透覚せしめたら好かろうと思う、之はX光線だの膀胱鏡だの言う物があって医者にも判る事であり且其手段方法等に関して疑念を挟むべき点が最も少いものだろうと思う」（「十博士と千鶴子」「東京朝日新聞」一九一〇年九月十六日付）。この大沢の提言は、大阪での実験で実行された。

また、この実験に対する山川の感想は「透覚実験の問題」（「東京朝日新聞」一九一〇年九月十七日付）で、次のように報じられた。「千鶴子は鉛で包んだ透覚物の実験に馴ないと云うのだから今まで遣った馴れて居る方法でしたら良かろうと思う。一体婦人は非常に感情の鋭敏なもので物理学者が其材料を取扱う様に此方法で出来るものなら他の方法で出来ぬ筈はないと云ても理屈通に行くものではない、殊に千鶴子の如きは吾々が見て何でもないと思うことでも精神統一に非常な障碍となるので一寸場所が変るとか実験する物の形が変るとかした為に巧く行かないというのは決して不当なことではあるまいと思う」。

千鶴子への理解を含む思いやりに満ちた発言ではあるが、一方で、センシティブな領域について、しかも女性を被験者として物理的な実験をおこなうことがいかに困難なことであるかをさりげなく強調している。千鶴子への実験に不備が生じるのはやむをえないとしても、彼女に対して同一条件下における複数の厳密な実験が不可能である以上、物理学からの検討は難しい、と語っているようにも思える。

次いで、九月十五日に千鶴子の投宿する関根屋でおこなわれた実験は、福来と今村が新聞記者を招いてセッティングしたもので、彼ら以外の学者は参加していない。このときは鉛管から、千鶴子が慣れ親しんでいた紙で封印した錫壺に装置が変更され、その結果「心神通」の透視に成功したという。この成功を受け、十七日に関根屋でおこなわれた再実験では、紙で封印した錫壺のなかの紙片を読み取る形に変更された。山川の提言した方法である。十数人の学者が集結し、このときは山川の書いた「道徳天」の透視に成功した。

多くの学者がコメントを残しているが、興味深いのは物理学者の田中舘愛橘の発言である。彼は言う。「成程見事な成功だ、併しエキザクト、サイエンスと言われるものは一度では奈何も合点が行かぬ、疑いはせんさ、併し僕は今一度試らして見たい、骰子を二つ取って恁うカラカラスポンと伏せたのを当て貰えば夫で満足だ」(「十四博士の驚嘆」「東京朝日新聞」一九一〇年九月十八日付)。では、なぜサイコロ実験なのか。「文字を記すことは記したる本人との中に感応的作用あるかの問題あり、賽は投ずるものも無意識なり、何等其所に特殊の感情なし公明無我なり」(「千里眼婦人最後の実験」「東京日日新聞」一九一〇年九月十八日付)。

つまり、誰かが紙片に文字を記した場合、その誰かの思考を読み取ったから的中したというケースも考えなくてはならなくなる。その点、サイコロならば無意識に転がしているので、思考感応の可能性を考えなくてもよくなる、という訳だ。シンプルで、しかも追試験が容易な実験方法の提言である。田中舘の言うとおり、今回の実験は単なる顔見せ興行にすぎない。ここから本格的な実験調査が始まる。では、それだけの価値があると物理学者たちは考えたかというと、微妙としか言いようがない。

この実験直後、実験心理学者の元良勇次郎は「千鶴子の透覚は熱の作用にて何等か或物が物体を透して一種の感覚を与うるものなるべし」という仮説を示し、山川も「千鶴子は五感以上に或るトランスの感覚ありて其作用なること勿論なり」と感想を漏らしたと報道されている(「千里眼婦人最後の実験」)。しかし彼らの本音は、例えば次のような元良の談話のなかに現れているのではないか。

当人に対しては失礼の言であるが何分にも活きたる人間を対手にしての試験故、例えば草臥れたと言われれば其れを強いてと云う訳にも行かず、又是迄の習慣に違うとあれば其れも背き難いと云う次第で、普通物体を取扱うが如くに自由勝手に試験を遂げ得ざる憾みあり（略）元来西洋にては此種の問題に対し何処迄も緻密なる科学の力によりて解釈を試みんと努力する傾向あるに反し由来東洋にては超然的に唯だ不思議として之れを押し付けんとする風あり即ち印度、支那、日本の全体に亘りて神通力とか天眼通とか不可思議力とか称する信仰が古くより発達し居りて之が各種の事物に対しての精密なる研究を阻害せし趣きあり（略）此の千里眼女清原千鶴子なるものが果して何れほど心理学研究に有力なる目的物となるかが疑問である何故かと言えば古来洋の東西に於て此の種の人間の出現は頗る多く其れに就ての研究は殆ど悉くが失敗して居る（略）私は千里眼女の如き心理学界に珍しからぬものを研究の目的としないで他の確実な方面から研究して見る考えです[8]

いわゆる千里眼が注目を集めた理由のひとつとして、仏教などを通じて馴染んでいた概念であるために、信仰のレベルではその実在に疑いを抱いていなかったという点がある。哲学者の井上哲次郎が「科学で之を説明することは到底出来ぬ私は哲学上の問題だろうと思うが然し哲学と云っても普通の哲学では到底説明する事は出来ぬ是等は超越的精神力であるから霊的方面に於いて説明するより外に道は無かろうと思う或は其結果は宗教に依って説明されるものかも知らぬ」と語っているのは（「透覚の研究（一）」「東京朝日新聞」一九一〇年九月十九日付）、おそらくこの点に関わる。

しかしそれは、実験対象に最初から先入観が入り込んでいるという点で、科学的な考察の対象にしにくいということでもある。その意味でも、元良が彼女の研究を忌避したことは納得できる。一九一〇年の十月ごろ、三浦恒助が元良のもとを訪問した際、透視のことが話題となり「考えの上では如何しても可能的の事とは思われぬ。兎に角今一層厳重に確める必要がある。今度は今少しかわった方面の側の人から実験されたらよかろう。やって見ては如何かと云う事で序に伊太利のエウザピアの瞞着を観破した話など」を元良から聞いたという[9]。

こうした元良の態度は、福来からすれば大きな痛手であり、誤算だったと思われる。元良は東京帝国大学文科大学にあって同じ心理学・倫理学・論理学第一講座の上司であり、なおかつ福来の恩師でもある。また元良は、催眠術によって生じる精神の異常現象にも理解を示し、福来とともに平井金三や松村介石が立ち上げた心霊現象研究会に参加したこともあった。その元良から、透視は心理学研究に適さないと断言されたのは、痛い。東京での実験前から懸念を抱いていたものの、鉛管のなかの紙片を透視するという方法を福来は元良に伝え、実際にその鉛管を見せて「之なら疑うことは出来ぬ」と言質を取っていただけに（「千鶴子の能力」）。しかし一方で、精神物理学から実験心理学へと歩を進め、日本で最初に心理学実験室を設立して心理学の科学化を推進していた元良から見れば、千鶴子の能力が科学的検証に耐えられないことは自明の理だったようだ。

では、今村と専門領域の重なる呉秀三はこの実験に参加して、いかなる感想を抱いたのか。呉は、今村の恩師でもある。まとまったコメントを残しているので、少々長くなるが全て引用する。

日本にも西洋にも従来之に類したことは随分あった　学者の研究を企てた者もあるが調べて見ると詐欺だったり贋物だったり或は逃げて終ったり立派に研究されたのは殆ど無い　今度の如く学者が多勢集って実験し透覚の事実を確め得たのは珍らしいのである　今後各方面から研究されるだろうが其研究は勿論心理学の方面であろうと思う　然し脳の組織に変った処でもあって研究されるならば心理学と共に医学の方面からも研究することが出来るし又下等動物などに人間の五感以外の感覚があってそれと似て居ると云うならば動物界の方面からも研究することが出来る　又ラヂユーム線とか写真線とか云うものの働きに関係があるならば物理学の方面からも研究しなければならぬ

要するに何故金属などに包まれた中の物が見えるのか少しも分らない　狐憑などが人の手に握って居るものを中てたり自分の後に在るものを中てたりすることは催眠術などで説明すると精神が其処へ許り集注して他の物は見えずそれのみ見えるのだと云い又厚い紙で字を書いて其裏から見えると云うのは紙は見えないと云う暗示を与えるから字が見えるのだと説明して居る　然し何故に紙が見えずに字が見えるのかそれは分ら

ない、或は千鶴子の如きは精神統一をすると平生働かない一種の不可思議な精神現象を呈して何か分らぬ光線の様なものが包んだ物体を透して目的のものと通ずるのではあるまいかとも思われる

又或は透覚しようと思う字なら字から一種の分らない光線の様なものが発してそれを観ずるのではあるまいか　何れにしても千鶴子の字を透覚する時は字が目に見える様に見えると云うのだから精神統一の際は余程視覚の中枢神経が鋭敏になるものと思われる(10)

呉はまず、透視に類する特殊な精神現象のほとんどが研究に値するものではなく、今回のように多くの学者が参加したケースはきわめて珍しいと言う。そして、透視の研究は心理学がおこなうべきであるとしつつも、医学、生物学、物理学からのアプローチも可能とする。ただし彼は、この現象の原理がまったく不明である点を強調する。いくつかの仮説を提示するものの、それはあくまで仮説にとどまる。要するに呉は、今回の実験を主導している福来と今村にエールを送りつつ、結局この実験が不毛に終わるのではないかと、遠回しに忠告しているようにも読み取れる。

千鶴子は東京での実験を終えたあと、九月二十四日に大阪で医学者たちが提案した実験をおこなっている。「佐多、安永両博士は医学上よりの透覚研究に専ら重きを置きて病原の診断、解剖の対照等臨床的実地研究をなし医術界に新紀元を開くべき希望を以て当日会場に動物を持ちゆき動物の透覚実験を行う都合なり」と「千里眼婦人の実験」（「大阪朝日新聞」一九一〇年九月二十四日付）にある。具体的には、木箱に入れた妊娠中の兎の子宮内を透視し、透視の内容に合致しているかどうかその場ですぐ解剖して確かめるというもの、および色インキで書いた文字とその色を透視する実験である。しかし前者は残酷だということで取りやめとなり、代わりに大阪病院に入院していた二人の妊婦が呼ばれ、彼女たちの体内の透視がおこなわれた（「大阪に於ける千里眼」「東京朝日新聞」一九一〇年九月二十六日付）。ともに結果は上々だったようだ。この実験結果について佐多は「曰く実に哲理上の大問題だ、今日斯く現に的中したことに依って僕はますます学術上を飛び離れて一種の興味を感じた」

「追って大阪病院へ請じて病理と千里眼研究をやる考えです」とコメントしている（「諸博士の意見」「大阪朝日新聞」一九一〇年九月二十五日付）。

明くる二十五日には「患者の病原透視」がおこなわれた。三人の患者の病症を透視するものである。立ち会った佐多は「多く適中せるも前日の妊婦透視とは異り医術上より的確に診断する事の難き病症なりしかば此研究は物体透視の如く適中と否とを明言する事能わず」とした（「大阪に於ける千里眼」「東京朝日新聞」一九一〇年九月二十七日付）。

実験やコメントの内容を見るかぎりでは、彼ら医学者の関心は治療に応用できるかどうかという、きわめて実践的・臨床的なものである。イメージとしては、X線透視の代用といったところだろうか。したがって、佐多が「学術上を飛び離れて」と言うとおり、学問的な厳密性という観点とは一線を引く必要がある。この佐多博士とは、当時府立大阪医学校校長で同病院長を兼務していた、佐多愛彦だと思われる。二十五日の実験には、高崎知事、古荘控訴院長、柿原大阪地方裁判所所長、山本検事正、植村市長など数十人が来席し、あたかも一大イベントショーのごとき装いだったようだ。

また、この二度にわたる医学関係の実験で、千鶴子の治療に関して全く触れていないことも興味深い。一九〇八年に施行された催眠術処罰令によって、催眠術を用いた治療が全面的に禁止されたことと関わっているのだろう。千鶴子の治療は、この法令に抵触する可能性が高い。「千里眼婦人来たる」（「名古屋新聞」一九一〇年九月九日付）には、次の一節がある。「女子の療法は唯、患者四五名を並べて、無我の境に入らしめ、患部の辺りを軽く触れんばかりにして、女子も又無我の境に入り、精神の統一から漸次治療するに至るものである、遠隔の治療法も、ある一定の時間を定めて、女子及び患者が同時間遠距離を離れながら、互いに瞑目し天地宇宙に合体して始めて其治療の意志を通ずるのである　此方法は成績が顕著で、目下各地に幾百人と受けて居るものがあるそうな」。

同記事によれば、名古屋でもこの時点で、名古屋屈指の旅館のひとつだった百春楼の主人や深野一三愛知県知事の令息の亮、繊維専門商社瀧定社長、二代目瀧定助の令息の弘三郎などが千鶴子の遠隔治療を受けており、さらに名古屋実業界の辣腕家として知られていた服部小十郎なども、彼女の治療を受けることになっているという。なお深野一三は、熊本出身である。ここでも、熊本コネクションが大きく関与している。

ともあれ、だからこそ福来は、千鶴子の透視を治療と切り離そうとしていた。福来は言う。「千鶴子の透視は医者が患者に投薬する以前其の患部に就いて診察するのに効があるので若し之れが医学上に用いて実際医師の診断し難い患部に就いて容易に之れを発見し得たならばそれは強ち無益な方法ではあるまいと思う、其故千鶴子の医術上に於ける透視は病気其ものを直ちに治療するではなく病気の治療を助けて多大の効があるのである」（「千里眼の治療」「東京日日新聞」一九一〇年九月十一日付）。

千里眼が巷で騒がれはじめた頃、透視による施術はふたたび危険視されつつあった。「千里眼の取締」（「東京日日新聞」一九一一年一月二十四日付）は、その模様を次のように伝えている。「御舟千鶴《ママ》が一たび透覚実験を発表せし以来所在に同種の施術者続出し最近丸亀の長尾郁子の透覚並に念射実験の能否に関しては学者の係争問題となり今尚お解決せざるも多数千里眼施術者中には修験道類似のものあり名を疾病済生に託し曖昧なる手術を施し不当の利益を貪る傾向あるより内務当局に於て学界の疑問解決を待ち司法当局と打合せの上果して世を害するものありと認め得る場合は相当の取締を為すに至る可しと云う」。

さて、このように異なる学問的な立場から多種多様な意見が新聞に掲載された訳だが、これらの記事を読み、自分の意見も新聞に掲載してほしいと申し込んだ学者がいる。日本における社会進化論の紹介者として知られる、法学者の加藤弘之である。加藤の主張は、透視の研究方法をめぐるものである。「井上（哲）博士の如きは哲学に依って或は宗教とか心霊とか云うもので説明しなければならぬと云って居た様であるが私は之に対しては何処迄も反対である　何となれば心霊論などは現在の学術から云うと一足飛の話で科学的に証明し得可きものではない　科学を基礎として次第に研究し然る後達したものなら好いが左うでない心霊などに依って解釈しようとするのは甚だ間違って居る」「之を研究する学者は分らぬからと云って直に分らない心霊や宗教に依って解釈せずに何処迄も科学的に一歩一歩研究する事が最も必要である」（「透覚研究の態度」「東京朝日新聞」一九一〇年九月三十日付）。

ここで加藤が「心霊」や「心霊論」にこだわっているのは、今村が提示した科学的なフレームを相対化する思想として、にわかに心霊学に関心が集まりはじめていたからである。例えば加藤の論考が「東京朝日新聞」に掲載された八日後には、静観廬主人「科学と超科学」（「東京日日新聞」一九一〇年十月八日付）が「方今の学界に二つの思潮流る、一は科学的精神、一は超科学的精神。論者相嘲りて帰一する所を知らず、吾等果して其孰れに与みす可き乎」と疑問を投げかけ「研究心の委縮は科学的精神を軽んず、今日の科学が学術的に千里眼を説明し得ざればとて、直ちに以て阿頼耶識なり心霊的なり等の放言を為し、以って研究の労と説明の難とを免れんとするが如きの輩は、到底学理研究上無能力者と見做さざる可らず」という木村鷹太郎の発言を紹介する一方で、「科学の隆盛、是れ固より歓迎す可き事なれども、或は其の価値を過信して科学以外に人間の智識の尊ぶ可きもの無きが如く考え、或は其の価値を妄信し、科学上の智識を以て確固不動なるものに考うるは、是れ即ち凡人の迷信で大に排斥す可き事である。蓋し科学は衆愚の哲学にして、哲学は天才の科学である、哲学の要は、五官以上に超越し現象の奥底に深入りするに在る」という河上肇の言及を取り上げている。

ここでは両極の議論を掲げたのちに、両者の「融合帰一」を良しとするのだが、こののちも、科学の相対化を図る言説は新聞紙上にたびたび登場する。例えば長梧子「神通力の研究」（「東京朝日新聞」一九一〇年十月二十八日付）は「自然科学、及び精神科学は泰西に於て十九世紀の初めから二十世紀にかけて非常に発達し、人類の幸福は一日も科学を離れて存在することが出来ぬものと思われて居る」が「宇宙に於るすべての現象を科学にのみ依って解釈することの出来ない限り、吾人は科学にのみ信頼し科学にのみ満足することは出来ないのである」と述べ、人格を根拠とし、人格の五感から超脱することのなかった科学は「心霊上の奇蹟や、精神上の不可思議現象があっても、斯くの如きは科学に疎き者の迷信のみとして排斥し更に顧みなかったのである」と、その頑迷さを激しく非難した。

こうした一般的な科学者の傾向に真っ向から立ち向かった学者として長梧子が称揚するのが、福来である。「数年前催眠術が勃興し民間に之を行う者が盛んに出て来た時学者の多くは之を詐欺的或は迷信的行為の如く思って学術的に研究す可き価値あるものだと云うことをさとる者は殆んど無かった　唯僅に福来博士一人のみに従って真面目に研究された許りである其後催眠術は次第に隆盛となり福来博士の努力に依って之が初めて組織的の学問となった時漸く他の学者も之を認める様になったのである。実在する催眠術の事実を見て尚且之を詐欺或は迷信として一瞥をも与えなかった学者も心理学の上から科学的に証明さるるに至っては最早之を承認しない訳には行かない　兎に角彼等は常に実在する事実を見てすら之を信ずることの出来ぬ程頑迷だったのだ」（「神通力の研究 二 排斥されたる迷信」「東京朝日新聞」一九一〇年十月二十九日付）。長梧子は福来を、柔軟な発想で不可思議な精神現象に切り込む理想的な科学者として位置づけてみせる。

同じく福来の存在を取り上げているのが、局外生「所謂新しき科学」（「東京日日新聞」一九一〇年十月十五日付）である。「心霊研究は輓近欧米学界に於ける注意の一焼《ママ》点となった。日本にも平井金三氏を中心とする心象研究の一団がある。その目的は矢張りサイキカル・レサーチャーと同一らしいが、科学的研究的態度が乏しいと云うので、多くの心理学者は信用を置いて居らない様である。と言って心理学者仲間から、顕著な研究の成果も示されて居ないらしいが、変態心理学のオーソリチーたる福来博士などは、先ず日本に於ける一箇のサイキカル・レサーチャーに数えらる可きであろう。死後の生活という方面に幾何研究の歩を進めて居るか知らんが、千里眼の実験に就いては、既に江湖の知悉する所である。兎も角も心霊現象の研究は、学界の一大興味である。之を名けて新しき科学と謂う」。

こうした論調に対する冷静な反論も、当時の新聞記事にある。「所謂『新科学』」（「万朝報」一九一〇年十一月三日付）は「今日の科学より外に別様なる新科学」が将来現れることはないと断言する。「科学は人間の知識欲の一部分を担当する者にして其範囲は人間の五官を基礎とし確実に実験し得べき事柄に止まる」ものであって「科学の範囲に入らざる知識をば不問に置く」。この「万朝報」の記事が主張する姿勢こそ、もともと今村が「透視に就て」で提示していた認識フレームだった。ならば、千里眼に関する実験については、現状にあってはこれ以上語ることはできないはずである。

その意味で、先の記事が示す福来のポジショニングは微妙なものとなる。西洋における心霊学の流行とリンクしつつ、既存の科学の相対化を図る革新的な研究者として語られているわけだが、しかし彼は透視実験に関しては、今村とともに科学的な認識フレームに則って振る舞うことを要請されていた。そうした立場と新聞記事が称揚する彼の姿は、明らかに矛盾する。にもかかわらず、福来自身が、自らの立ち位置を変えてしまうのである。

福来は「透覚の研究」（「心の友」一九一〇年十月号）で明言する。「私は透覚の如き五感で解する事の出来ぬ事実を五感を基とした心理学で説明することは全然不可能だと思う」「私は何処迄もメンタルポシビリチー（潜在精神）で解釈したいのである」。この発言は、当初設定されていたフレームから逸脱している。と同時に、当時主流となりつつあった実験心理学の否定でもある。さらに福来は言う。「要するに透覚は人格以上の能力である、だから人格を基礎として人格以外に出ぬ西洋の哲学で之を解釈するのは到底不可能である」「従って西洋の哲学のみに依って凝り固まった学者の頭から見れば、唯不可思議の事実として疑われる許りで到底何事も判るまいと思う」。

こうした福来の言説は、既存の科学的アプローチの全否定とも取れる。いわゆる新科学、心霊学の流行と連動する福来のこうした発言は、加藤の懸念が現実のものとなったことを示している。また同時に、この段階で福来はすでに、既存の科学的な探求に踏ん切りをつけていたことがわかる。すでに彼は、今村が提示したフレームのなかにいない。

さて、千里眼をめぐる諸説のなかで加藤がもっとも関心を示したのは、日本における進化論の紹介者として知られる、生物学者の丘浅次郎の説だった。加藤もまた、丘と同様の感想を抱いていたと言う。「元来人間の五感と云うものは精神的方面が発達すると共にだんだん退化して来た　即ち頭の方が発達すれば五感はそれ程鋭敏に働く必要が無いものと見える　然し時として耳の動く者や視覚や臭覚の非常に強い者の生れることがある」「千鶴子の透覚も或はズット以前に人間の持って居て何時しか退化して終った能力が再び現れたものではあるまいか」と加藤は推測してみせる。

丘の仮説とは、次のようなものだ。「千里眼の能力は恐らく本能的なもので、例えば馬尾蜂が樹幹中に棲む天牛《かみきりむし》の幼虫の体に、樹皮の上から其所在を透視して、彼の針上になっている長き産卵針で樹を刺し貫いて卵を生み附けると同じく、所謂御船千鶴子の千里眼とはコンナ本能的なものではあるまいか」（「千里眼を馬尾蜂で説明問題」「万朝報」一九一〇年十二月五日付）。はたして馬尾蜂が透視しているかどうかについては、札幌農学校の小熊稈《まもる》とのあいだで論争となったものの[11]、丘の仮説は今村と相通じ、先の加藤以外にも福来、石川千代松の賛同を得るなど好評だった。しかしそれは、仮説として味が好いという話にとどまる。加藤もまた、丘の説を支持しつつも「今俄に之を説明し断定することは出来ないが之を研究するに当っては想像や推察や心霊でなくて充分に研究す可き材料を集めそして徹頭徹尾科学的に研究しなければならぬ」と全体を結んでいる。

この加藤の言説は、最初に今村が提示した透視に対する認識フレームを、再度確認させてくれる。だからこそ、加藤の提言は重く響く。なぜならば、厳密な科学的プロセスをたどることができない対象に、科学者は手を出すべきではないからだ。また加藤が懸念したとおり、心霊学だけでなく、科学的な次元とは異なるレベルでの千里眼の解釈を提示するケースが現れはじめていた。例えば古神道の川面凡児による、千里眼を霊魂の発作と捉え「人間に霊魂がある以上は、其働きで知覚すべき透覚即ち千里眼が千鶴子一人の特有でなく、人類一般の通有性」と意味づける例を紹介した記事などである（「千里眼は通有性」「万朝報」一九一〇年九月二十三日付）。このように見た場合、東京での千鶴子の実験は明らかに失敗だったといえる。

透視の存在をアピールするという意味では、もちろん大成功である。千鶴子は一躍全国区のスターになり、模倣者が続出した。「千里眼」は時の流行語となり、一般社会での認知を得た。しかし、この実験のそもそもの目的はなんだったのか。それは今村「透視に就て」が明言していたとおり、精密な実験が可能な物理学者を取り込んで、透視に対する科学的な検証を進めるための足場を作ることではなかったのか。今村、福来だけでは実施しえない、より厳密な科学的実験を繰り返しおこなうことで、精度の高いデータを収集することができる。そのためには、専門家の参加が必須である。しかし東京での実験では、彼らの関心を惹くことはできなかった。東京帝国大学での合同チーム結成は、幻に終わった。

ただし、千鶴子の登場は新たな能力者の登場を促した。彼らの存在を、新聞メディアは次々に報道した。福来は新たな研究対象を求めて、彼らを積極的に訪ねている。結果、彼は逸材を発見する。四国丸亀の、長尾郁子である。福来は、今村との共同実験に着手した。

## 3　念写の登場と京大光線の発見

一九一〇年十一月十四日、郁子に実施した四回目の実験で、今村は「大学の助手に命じて造らしめたる写真の原板に文字を書かしめたるもの」を使用した。今村は「原板が毫も光線に触れざるに拘らず現像に際しガラス全部が光線に感じ居たるは実に不思議なることにて之が透視と関係あるか否や頗る研究を要すべし」と述べている（「驚く可き女の能力」「東京朝日新聞」一九一〇年十一月十七日付）。今村が「透視に就て」で触れていた、中澤博士からのアドバイスを実行に移したと思われる発言である。またこの実験には、透視する際に「透視物の現るるやさらりさらりと光となりて現るるは不思議なる現象なり」と郁子が語ったことが影響していると思われる（「百発百中の透視」「東京朝日新聞」一九一〇年十一月十四日付）。透視と光線の関係の暗示である。

この実験は、福来によっても実行されている。「完全なる透覚」（「東京朝日新聞」一九一〇年十二月十四日付）には「此程今村福来両博士連合実験の折今村博士が京都大学教授連の考察に成る学術上最も参考となるべき写真の現象せざる儘の乾板を箱に入れ置きたるものを今回福来博士より同乾板二箇を丸亀中学校教諭菊地文学士の手を経て送附し来り其後の進歩を試験することとなり」とある。ここで注目すべきは、「京都大学教授連の考察に成る」とあるとおり、今村の写真乾板実験の背後に、京都帝国大学の複数の学者の影が見えはじめることである。

写真乾板を用いた実験が、今村個人の営みから京都帝国大学とともに動きだしたという印象は、大阪に現れた新たな千里眼能力者・塩崎孝作に関する記事からもうかがえる。次の記事である。「京都大学の今村医学博士は樋口助手と共に十八日午後二時大阪朝日新聞社に来り彼の千里眼少年塩崎孝作に就て透視の実験を行わん事を望みたれば記者は直に南堀江一丁目なる孝作方に同伴したり、折柄同文科大学哲学科の三浦恒助氏も学長松本文学博士の命を受けて出張し共に二階六畳の間に於て実験を行いたり」（「少年千里眼の実験」「東京朝日新聞」一九一〇年十二月二十日付）。

それまでは今村と福来による個別の、また時に二人の共同作業として進行してきた透視研究に、ここで新たな人物が姿を現した。三浦恒助である。しかも彼は「学長松本文学博士の命」で動いているという。この松本とは、当時の京都帝国大学文科大学長・松本文三郎と思われる。彼はインド文化、仏教美術史が専門で、大学ではインド哲学史を教えていた。したがって井上哲次郎のケースと同じく、千里眼に関心を抱くのは仏教の文脈からいってわからないでもない。しかし、学長の命を受けて行動しているのが、なぜ一介の学生にすぎない三浦だったのか。

さらに三浦はこの直後、丸亀へ飛ぶ。「長尾いく子の能力に就き京都大学の教授連は今や全力を尽して研究中なるが同大学文科大学長松本博士及天谷、松本（亦）の諸博士は同文科大学哲学科生徒三浦恒助氏をして実験物を齎し数日間丸亀に派遣し種々の物品に依りいく子の能力を試験したるが中にも松本大学長の写真乾板は透視の結果、乾板現象に際し以前今村博士の試験の如く果して科学的変化を生じたるに於ては一問題ならんとの旨通知し来れり／其他天谷博士の専ら生理的方面よりの考察に成れる実験物の如きも透視の結果に依りては是亦生理学上の一問題を惹起するに至るべしと云えり尚三浦氏はエッキス《（マヽ）》光線の実験及び耳音機にていく子の透視中に於ける聴力を実験せるに驚くべき聴力にて耳音機の極度を聴けりと」（「有難い千里眼」「東京朝日新聞」一九一〇年十二月二十二日付）。

実は三浦は、ひと月前の十一月十九日、二十日、二十二日、二十三日の四日にわたって、すでに郁子の実験を単独でおこなっていたのだが[12]、先の「東京朝日新聞」の記事によれば、今村とは別系統の調査チームが立ち上げられ、そのチームから与えられた研究課題の実行役として動いていたようなのだ。しかも彼に権限を与えているのは、松本文三郎文科大学長らしい。そして、写真乾板に関する実験は、この松本大学長が統括しているようにみえる。先の今村「透視に就て」に従えば、この写真乾板実験の提案者は、京都帝国大学理工科大学長だった中澤岩太の可能性が高い。また天谷博士とは、おそらく京都帝国大学医科大学で生理学を担当していた天谷千松と思われる。そして松本（亦）とは、東京帝国大学で元良勇次郎に師事した、実験心理学者の松本亦太郎を指す。

だとすれば、三浦の背景には京都帝国大学の文科、医科、理工科にまたがる巨大な学際型総合研究プロジェクトが存在することになる。一介の学生だった三浦にそれほどの責務が与えられるとはにわかに信じ難いのだが、同様の記事は、先の記事の二日前にも登場していた。次の記事である。「京都大学文科にては過日同大学哲学科三年生三浦恒助氏を丸亀市に派遣し千里眼長尾いく子の能力を実験せしが其成績実に驚くべきものあるより今回同大学にては愈千里眼に対する根本的解決を与えんと松本文科大学長及び心理学専門の松本（亦）博士中心となり医科理工科両大学の諸博士よりも意見を徴し心理生理物理の各方面より参酌したる実験物を作成し三浦氏をして再び実験せしむることとなり同氏は二十一日丸亀に至り実験に着手したり」（「千里眼に関する研究」「東京朝日新聞」一九一〇年十二月二十日付）。

こうした報道が、丸亀で京都帝国大学文科大学を中心にした一大プロジェクトが動いているという印象を与えたことは間違いない。御船千鶴子に対する東京での実験では東京帝国大学の学者たちの不協和音が目立ったことを想起すれば、東京帝国大学でなしえなかった事業が動いていることとなる。また、京都帝国大学文科大学を軸とするプロジェクトが進行中であるかのような報道が許容されたのは、東京帝国大学に対するライバル意識や、文科大学に向けられていた当時の批判的なまなざしを意識していたためかもしれない。

京都帝国大学文科大学の「振わなさ過ぎる」状態に対して「世間は時には広告が必要である」と主張する赤門

陣人「文科大学不振論（下）」（「東京日日新聞」一九一〇年七月十九日付）は、松本文三郎をはじめ、相当の腕がある教授陣を揃えているのだろうが、あまりにも「現代に活動しないから、健在を疑われる。疑う者が悪いかも知れぬが、之が為に人気が立たないのが不振の原因となり、今年などは入学者の数が教師の人数より少くなるという始末になるのではあるまいか」と疑問を投げかけていた。三浦の動きは、こうした京都帝国大学文科大学に対する批判を一掃するものだっただろう。

この意味で三浦は、大学が期待していたであろう、世間へのアピールポイントがきわめて高い研究成果を公にした。十二月二十一日からおこなった実験の結果、郁子が透視をおこなう際に、彼女の人体、おそらくは頭脳から放射線が発せられていることを発見したというのだ。頭脳から放たれる放射線についてはフランスでも研究が進んでいるが、彼女の透視能力の研究によってこの問題が解決されるかもしれないと三浦は述べ、この解明のために「大学に向って早速教授一名の派遣を請求」したという（「透覚と光線の関係」「東京朝日新聞」一九一〇年十二月二十四日付）。こうして、物理学が狙っていた未知の光線が、丸亀で見いだされた。千鶴子の透視については確実な科学的実験が困難だったが、ここに至って物理学は、精密な実験の可能な、そして世界において今もっともホットな研究課題と遭遇したのである。

そして、さらに三浦は語ってしまった。「いく子の頭脳より一の光を放射し之が総ての障碍物を透徹して目的物に映じ即てその目的物の何なるかを意識するに至るならんとの新問題を発見し仮にその光を京大光線と称け」たというのだ（「神通自在の少年」「大阪朝日新聞」一九一〇年十二月二十六日付）。また「写真感光及びフォスコレッテンズ（蛍光）の二つの方法」から、さらに新放射線の存在を確かめるべく「デレクトトロメートル及びデレクトロスコープを用いて此放射線がラシオクヒービーを有するや否やを実験する」必要があるため「直に目下両機械の送付方を京都大学に請求したり」という（「透視実験の確定」「東京朝日新聞」一九一〇年十二月二十六日付）。

これらの報道は、三浦が京都帝国大学合同研究プロジェクトチームの一員として、最前線で働いているという印象を読者に与えたはずだ。よって彼がこの新光線を「京大光線」と命名したところで、違和感をもつ者はなかったろう。もしいたとすれば、それは三浦に先行して研究に着手していた今村と福来以外にない。そもそも二人は、京都帝国大学の中澤博士から示唆を受けた写真乾板による実験を、三浦よりも早くおこなっていた。しかしこの時、今村も福来も丸亀にはいなかった。報せを受けた福来は二十四日早朝に東京を出立、二十五日に丸亀に到着した。今村が丸亀に着いたのは、さらに遅れて二十七日になる。

写真乾板に反応する光線発見の経緯については、剣山生「『京大光線』（千里眼に関する新研究）」（「万朝報」一九一一年一月三日付）がまとめている。以下、引用する。

透視に際して人体より一種のエネルギーを発する事実は、今村博士が熊本の千里眼御船千鶴子の実験に於て、透視されたる写真乾板に一種の光を感じ居たる事実より、寧ろ偶然に発見したる所に係る、当時之を発表するには余りに実験不充分なりしを以て他日を期し便宜上その協同研究者たる福来博士に之を告げ、之に関する第一次の実験を丸亀の長尾夫人に就て行う手筈となしたり　然るに当時京都文科大学にも透視に関する研究熱興り、就中三浦恒助氏の如きは尤も熱心之に当りしが、事多く生理学にも関連する所あるより、去十一月十六日今村博士に就いてその意見を叩く所あり　博士はその発見に係る人体光線の事実より説き起し、仏国ナンシー派の首唱するN光線の事等を引援して説示し、三浦氏大に得る所あり、依て更に同理科大学に就いてその実験方法を究め、同月十九日両博士に先だちて丸亀に来り、長尾夫人に就て該人体光線の有無を実験し、愈よその写真試験に依りてその存在を確め、自ら直に之を京大光線と命名して世に公にしたり、或は之を以て三浦氏の京大光線発見と称す

この記事によれば、三浦は発見に先んじて今村から研究上の示唆を受けていたようだ。ならば今村にひと言あってもよさそうなものだが、待ちきれなかったのだろうか。このあたりから、三浦を取り巻く状況が変わりはじめる。まず、郁子の夫である長尾判事が三浦の実験を断った。「学術の為めの実験には喜んで之に応ずるも以前

実験したる事を幾度も繰返し根本の解決に努めず実験ばかりして居ては何時迄経ても不可解なり今後斯の如き事を幾度も繰返さるる事は御免を被るべし」と語ったというのだ（「透視界の新実験」「東京朝日新聞」一九一〇年十二月二十八日付）。しかし、実験は何度もおこなうものである。このあたりの理解が行き届いていないのか。または、ほかの断るべき理由があったのか。いずれにせよ、これで三浦は再実験ができなくなった。

一方福来は丸亀到着後、すぐに郁子の実験を再開し、精神線を発見したと発表した。「千里眼の研究」（「万朝報」一九一〇年十二月三十日付）によれば、福来は「郁子の脳髄より発する光りは精神線にて、本体は物理的（何なるかは物理学に譲る）なるも、心の作用にて自由に使い分ける点が余の発見なり」「心の観念の念ずる儘に光線を放射して写真に映すものなれば、観念次第何事にても写し得べく（観念の写真）やがては西洋に行わるる幽霊の写真なども説明し得べきか」と述べるとともに、三浦の実験には疑問を呈した。

乾板に写し込まれた像の透視実験において、乾板が感光しているという状況をどう判断するか。三浦はそれを、郁子の頭脳から発せられる光線が原因と考えた。のちに物理学者たちは、なにものかが事前に乾板を見ようとしたため、光が当たって感光したのだと主張した。しかし福来は、透視するために集中した郁子の精神エネルギーが、乾板を感光させたと考えたのだ。それは、精神が物質に影響を与えるという主張となる[13]。

「万朝報」記者は同記事で、両者の違いを「要するに博士の研究は、メンタルポッシビリチーなる仮定より演繹的に進むため、実験に於て足らざる嫌いあり、三浦氏のは帰納的なる丈実験精密なるも最後の断定は前途遼遠なり、精神線対京大光線は今や鎬を削れるも、其本質の物理的なる一点は共に認め、其働きに付き、福来博士は心にて之を支配し得となし、三浦氏は此点に至らずして寧ろ脳髄線として研究せるが如し」とまとめている。この論点整理に従えば、的確な物理実験抜きに、この議論がもはや進まなくなっていることは明らかだろう。福来に至っては、精神線の本体の解明は物理学に譲ると、丸投げする始末である。

このあと、三浦の立場はさらに怪しくなる。福来の精神線発見の報を聞き、松本文科大学長は次のように発言したという。「三浦氏より詳しき報告なき為め断言なし難し、されど人体より一種の光線出ずとは学者間に唱えらるるも物理学者は猶否定す、三浦氏は幾子より出ずる光線が乾板に現像する事疑なしと云うも、其光線が果して人体より出ずるや否、完全なる暗室の装置なき処にての実験なれば或は他に原因せる光線なるやも知れず、世間にては幾子の光線を既に京大光線と命名せるが如く伝うるも、京都大学にてさる名を附したる事なし、又三浦氏とても大学より派遣せしにあらず全く氏が単独にて熱心に研究する次第なり、要するに今回の事は形而上的に研究するは説明困難なるより主として物理的生理的の研究を三浦氏に注意したれば氏は目下此方面より研究中なり」(「福来氏の発見」「万朝報」一九一〇年十二月二十九日付)。

松本は、三浦は大学から派遣した訳ではなく、あくまで彼一個人の行動であるというのだ。同様の発言は「松本博士の意見」(「東京朝日新聞」一九一一年一月六日付)にも見られる。「東京朝日新聞」の電話取材に対して、松本は次のように答えたという。「御船千鶴子が世に現れて以来各地に千里眼が出来たが丸亀の長尾いく子大阪の塩崎孝作此二人は卓越して居る、いく子の方は京都文科大学の三浦君が実験して居るが同氏は千里眼に就て非常に趣味を持って居る人で態々研究の為め理工科大学の人とも相談して諸種の材料を携えて丸亀に赴いた、実験の結果はまだ判明して居らぬ　京大光線ですかアレはまだ京大光線と命名した訳でも何でもない唯三浦君が坐談に先ず京大光線とでも名ければ宣いと云うたのが端なくも伝えられたのだと同君の書面にも認めてあった、兎に角写真感光は不思議の現象であるが私は実験する暗室が完全のものであるか否かを疑う」「要するに今日の場合まだ纏まった意見とてはなく医科、理工科其他の人々とも談合して愈々研究した後でないと発表することが出来ぬ」。

京大光線の命名については、のちに三浦も「千里眼問題(八)」(「扶桑新聞」一九一一年二月十五日付)で次のように述べている。「この京大線は話しの後に座談に話した事が端なくも伝えられたので自分の意志で発表した者ではなかった、又元来新聞紙で実験の結果を発表すると云う事も初めからの意志ではなかった、今では致し方ないが元来未定の透視の様な事は学者が独りで静かに研究すればよい事で必しも社会の好奇心に委せて発表する必要はない、加之こんな事は甚だ危険であって百害有って一益ない事である事は好く承知して居る」。

とはいえ、なんとも奥歯にものの挟まったような松本の物言いである。三浦の個人プレイであることを強調しつつ、一方で松本は三浦から適宜連絡を受けているようだ。また三浦の実験に医科や理工科の研究者が関わっていることは否定していない。実際、三浦「透視の実験研究」（「芸文」第二年第一号、一九一一年一月）によれば、彼が丸亀で使用した実験物は、京都帝国大学理工科大学物理学教室の暗室内で木村正路助教授立ち会いのもとに作成していた。では、三浦はいきなりはしごを外されたのか。それとも、最初から全てが三浦の妄想だったのか。または、新聞報道が事実を誇張していたのか。

三浦が、この一件で大学から処分された形跡はない。さらに彼は、京都帝国大学文科大学内の京都文学会が刊行していた「芸文」に、二度にわたって執筆の機会を与えられている。「透視の実験研究」（前掲「芸文」第二年第一号）、および「余が実験したる所謂千里眼」（「芸文」第二年第四号、一九一一年四月）である。前者には「明治四十三年十二月七日稿」の一文があり、また冒頭に「此の実験を行うに当り理工科大学助教授木村正路氏は有益なる助言と助力とを与えられ長尾与吉氏及同夫人は多大の同情を以て実験に応ぜられたる事を茲に感謝す」とある。

したがって前者の論文は事態が紛糾する以前に、すでに投稿済みだったことになる。事実「透視界の新実験」（「東京朝日新聞」一九一〇年十二月二十八日付）に「三浦氏はいく子の頭脳より発する光線即ち放射線の存在を確実に認めたる次第にて同氏研究の顛末は文科大学の命に依り一月一日発行の雑誌「芸文」に発表さるべし」とある。しかし後者の論文は、一連の事態が落ち着いたあとに書かれたものである。もし前者が「文科大学の命」によって執筆されたのなら、後者も同じではなかったか。

いずれにせよ、京都帝国大学を主体とする新聞記事は、以後姿を消す。そして丸亀での問題は、正確かつ厳密な物理学実験の遂行という点に移行する。松本文三郎は「今回の事は形而上的に研究するは説明困難」と、暗に福来の仮説を批判していた。「物理的生理的の研究」を東京帝国大学の山川健次郎が長尾家に申し込み、それが受諾された旨が報道されたのは、松本の発言の前後である。山川らの実験グループがいかなる結論を出すのか、ある程度の予想はついていた。ならば、松本が判断を下すのは容易だったろう。結果的に松本の、もしくは京都帝国大学の判断は正しかった。「京大光線」の看板を早々と下ろしたことで、被害は最小限度に抑えられ、三浦もまた、それほどの被害を受けずにすんだ。

実は今村も、ほぼ無傷で懲罰などを免れている。全てをかぶったのは、福来である。千里眼事件直後、福来は世間を騒がせたということで馘首の危機にあったらしい。「学者迫害さる」（「東京朝日新聞」一九一一年三月五日付）に、次の一節がある。「博士が千里眼問題に於て理科大学教授連と説を異にするや博士は忽ち詐欺漢の称号を辱うし、遂に同博士の文科大学助教授を罷めしめんとする運動は始まれり、僅に井上（哲）博士が之を弁護するのみにて今や其運動効を奏せんとするに似たり」。

のちに福来は、かなり早い段階から大学当局の注意喚起を受けていた旨を公にしている。一九一〇年十一月、千鶴子や郁子の実験を終えて東京に戻った福来は坪井学長に呼び出され「君が大学の教員として透視や念写を研究すると迷信を喚起するからおおいに困る」と告げられ、さらに浜尾総長から「君が学者としておのれの信ずるところをあくまで主張するのもよいが、しかし事柄による」と言われたという。さらに一一年五月には元良に呼び出され「千里眼問題に対する君の考えは大学諸教授とは非常に相違しているから、それを研究するには一時学校から離れてやった方が君のためにも学校のためにもよい。君の今の研究は心理学者に同情がない」と告げられたという（「福来博士の告白」「万朝報」一九一三年十月三十日付）。

元良の「君の今の研究は心理学者に同情がない」という言葉は、非常に重い。精神や心という抽象概念を、実験によって定位する試みを悪戦苦闘しつつ切り開いてきた元良にとって、福来の主張は到底受け入れ難いものであり、しかも、心理学の今後の新たな展望を示すはずの実験心理学の未来を、一刀両断のもとに切り捨てる所業にみえたのではないか。すでに福来の千里眼研究は、従来の心理学に接続する術がない[14]。

さて、三浦の介入後、事態は急速に進展した。年が明けた一九一一年一月、山川健次郎の主導した丸亀での物理学実験は不可解な事態が生じて中断する。その後、実験に参加した研究者が「郁子の能力はペテンである」と記者会見で主張、その直後に御船千鶴子が自殺、さらに東京帝国大学物理学グループによる『千里眼実験録』が刊行され、長尾郁子も病死。年明けのわずか三カ月で、それまでの流行が嘘だったかのように「千里眼」騒動は収束した。よくも悪くも事態を沈静化させたのは、物理学である。そして福来の主張は、物理学的な認識とはかけ離れていた。と同時に、彼を守るべき心理学アカデミズムからみても、福来を斥ける必要性が生じていた。

## 4　千里眼は科学の分析対象たりうるか

東京帝国大学に心理学実験室が完成したのは一九〇三年、また哲学科中の一学科として心理学専攻生が誕生したのは〇四年である。この間、心理学を担当したのは、一八八八年九月にアメリカ留学から帰国した元良勇次郎だった。担当は精神物理学である。彼の精神物理学の講義が、日本における実験心理学の最初の講義だったとされている。この講義名にも明瞭なごとく、元良の心理学的な関心は、精神現象を物理法則で解明することにあった。この点について佐藤達哉は、当初は物理学の技術的な側面から精神にアプローチしていた元良が、晩年には思想としての物理学を援用することで心理学を構成しようと試みていたと指摘する。ただし、元良が後世に与えたもっとも大きな業績は、実証的な心理学の導入だったとする。(15)

東京帝国大学に先立って単独の心理学講座を開設したのは、一八九七年に創立した京都帝国大学だった。一九〇六年の文科大学設立とともに開設された京都帝国大学の心理学講座は、心理学の補助科目として生理学、精神病学、人類学、生物学などの講義も聴講することが可能となっており、学際的な心理学の研究を志向していた点が注目されている。三浦の研究は、こうした京都帝国大学心理学講座のありようと無縁ではなさそうだ。

講座の初代教授は、東京帝国大学で講師を務めていた松本亦太郎である。ほぼ同時に、東京帝国大学卒業生の野上俊夫が助手として赴任した。松本は東京帝国大学で元良を助けて心理学実験室を開設した経験を生かし、京都帝国大学にも心理学実験室を開設して実験研究を進めるとともに、講義ではヴィルヘルム・ヴントの著書を和訳して用いていた。三浦はこの松本（亦）研究室に所属し「色彩感情及色彩命名」について研究していたらしい[16]。

　帝国大学において心理学的な実験が可能な研究室の整備が進むことで、実験心理学の優位が確立した。その背景には、大学内において心理学が独立した講座や学科として自立するために、科学的な心理研究の成果が社会に、さらには国家政策として認められる必要があったという事情が存在する[17]。このように、日本の心理学アカデミズムは元良、松本（亦）に代表されるヴントの実験心理学の影響下に組み立てられた。先に紹介した三浦「透視の実験的研究」には「この実験は半ば年来の希望疑問とする処を試さんため半は《（ママ）》元良博士の慫慂に出でたのである」とある。三浦は、彼の直接の師が松本亦太郎であること、あわせて元良から示唆を得ていることを強調することで、自らの立ち位置を正統な心理学アカデミズム上に置いた。

　丸亀での二度目の実験において、三浦は写真乾板と鉛の十字架を用いた透視実験を試みていた。すると、長尾与吉に拒絶された。このとき長尾は、次のように説明したという。「その理学的の試験丈けは止めて欲しい。理学的の実験は必ずして呉れるなと云う事は呉れ々々今度（二三日前）福来博士が頼んで置いて行かれたから。其の理由は理学的の試験などしては大切な透視の能力を損ずる恐れがあるからと云う事であった。そして福来博士に向って今度京都大学からこれこれの人が見えてこれこれの事をいたしましたと云う事を話したらそんな事をしてはいかぬ。そんな理学めいた試験やなぞをするのは無益だ。そんなことは行って見んでも一寸考えたらわかる事だ。それに理学的の様な試験に応じたら折角の透視の能力を失うかも知れぬから決して応じてはいけませぬぞ」。

　三浦がわざわざ「透視の実験的研究」で、新聞報道とは内容の異なるエピソードを披露しているのも、彼の立ち位置と関わる。物理学的知見に基づく実験心理学の発想から、福来がいかに逸脱しているかをアピールできるからである。そして福来は、すでにこの三浦のエピソードを裏づけるかのごとく「透覚の研究」で「私は透覚の如き五感で解する事の出来ぬ事実を五感を基とした心理学で説明することは全然不可能だと思う」「私は何処迄もメンタルポシビリチー（潜在精神）で解釈したいのである」と語っていた。

また三浦は「透視の実験的研究」において、自らの厳密な実験のプロセスを強調しつつ「透視は事実であると云う事を茲に断言して憚らない」と宣言する。ただし、多様な学問ジャンルからのアプローチが必要であり、説明を急がず、あくまで事実の精査を第一とし、同様の現象があれば一致する点を比較するなどして慎重に結論を下すべきであるとして、さらに次のように述べる。

　僅かに一回の研究で半年立つや立たずに根本的の結論を与えて天下に吹聴するならば学者の態度としては甚だ軽率と云わねばならぬ。科学の研究には未知を説明するに未知を以てするならば何の益もない。例えば文学博士大学助教授福来友吉氏の如きは無限のメンタルポスビリテーが縁に触れて活躍するのであるとか根本識即識元の状態に復るのであるとか或は心眼だとか六大神通の一だとか乃至潜在的精神無我一念の状態に依るのであるとか説明を与えて居られる。こんな説明なら甚だ容易である。けれどもこんな独断的な仮定的な神秘的なことを云った処で宗教か芸術ならそれも好かろうが学問としてはあまり益がない。近年は一般社会が余程神秘的迷信的に傾いて来たと云う事は事実である。これは決して喜ぶ可き現象ではない。（略）学者の一挙一動は社会に影響する処が甚大であるから注意せねばならぬ。

このように三浦は、物理的な実験作法に基づく研究成果としての透視の実在を誇示しつつ、福来の主張と一線を画することを忘れない。この後、三浦の主張は同じ「芸文」誌上で修正されていった。まずは「透視の実験的研究」が掲載された翌月の「芸文」に掲載された、野上俊夫「透視の実験に就て」（「芸文」第二年第二号、一九一一年二月）に目を向けてみよう。

野上は透視の有無を判断する注意点として、まず第一に「新聞雑誌の報導《ママ》、又は他の学者若しくは実験者の述ぶる所を直ちに事実として信ず可からざること」をあげる。第二に注意すべきは「物に関する実験と、人に関する実験との差より起る実験難易の度の相違」である。人間に関する実験の場合、被験者の人格を尊重する必要があると同時に、人格を無視して自然研究の一部分とみなすことが必要不可欠となる。そしてこの二つの立場は、往々にして衝突し、矛盾を生じる。第三としては「其の実験及び実験の結果の判断に対する主観的感情若しくは私心の混入」という問題がある。さらに野上は第四の注意点として「透視を行う人、若しくは之れと関係ある人に於いて詐欺の行為が無きか否かという事」を問題とする。被験者と親しくなることで相手を信用してしまうゆえである。仮に詐欺がなかったとしても、被験者、または実験者やその周囲にいる人々の自己欺瞞が実験に誤謬をきたすと、野上は言う。

すでに指摘した報道の誤り、解釈の誤謬、詐欺といった問題と比較して、自己欺瞞は学者がもっとも陥りやすい誤謬である。今回の透視の研究においても、もっとも警戒し、注意すべきはこの点にある。よって、透視の実験にあたっては、学者はきわめて慎重な態度が必要であり、結論を急がぬことが肝要だと野上は主張する。同時に、透視によって科学が破壊され、新たな精神的学問に取って代わるなどということはないとする。科学は、新事実の発見によって更新されてきた。「在来の学説は破壊するけれども、科学は決して破壊せぬ」のである。

以上の野上の論考を経由する形で、三浦「余が実験したる所謂千里眼」（前掲「芸文」第二年第四号）が公にされた。副題として「余は未だ千里眼の事実を認めず。透視を認むと言いし前言を取消す」と付されている。またかっこ書きで「明治四十四年三月稿」とある。すでに千里眼問題が終焉しつつあるなか、この研究に預かった一人として責任態度を明らかにしておくため、筆を執ったと彼は言う。ではなぜ、一度認めた事実を翻すのか。それは後の研究で、実験の手続きに根本的な欠陥があり、また実験結果に怪しむべき点があって、透視の事実認定が軽信即断であったことを発見したためであると三浦は言う。

三浦は野上の指摘を踏まえつつ、次のように反省してみせる。「自分は或る程度まで先方の人格を認めて取り懸り、先方の要求する条件にも或る程度まで応じて而も是れならば普通には確かと思われる範囲で行った。然し思うに透視と云う事は若し有りとするも極めて非常な事である。この非常な事に対するには非常の覚悟と非常な準備が必要である。自分の実験に於ては意外の悪意に対する防御と云う点に於て根本的の手落ちがあった。この点に於いて山川博士はその実験に於て完全に、用意に於て周到であったと思う。以上の理由により余が是迄透視感光の事実を認むと云う発表は全部取り消す」。

かくして問題は三浦個人の見解のなかに収斂され、京都帝国大学という組織的な関与の影は跡形もなく消滅した。野上が言うごとく、新聞報道を鵜呑みにしてはいけないのである。また、透視に関する判断基準も明記された。あくまでそれは、厳密な実験によってのみ保証されるものである。しかも人間を研究対象とする心理学的な実験は、きわめてハードルが高くなる。野上が提示した条件設定をクリアできないという理由で、三浦は前言を翻したことになるだろう。

また一方で注目すべきは、三浦が福来に対して示す、露骨なほどの嫌悪感である。実験心理学を基盤に発展の途上にあった心理学アカデミズムにあって、福来の主張は受け入れられるものではない。学問の方法論のレベルで、福来の逸脱は強く印象づけられた。変態心理学というフレームが問題だったのではない。科学的な証明の手続きそのものを否定した福来の姿勢にこそ、問題は内包されていた。

今村は山川の実験後、「大阪朝日新聞」の取材に応じて次のように述べている。「従来の実験から見れば厳密なる意味に於て手落のある事を予自身は認めて居るが左りとて……」「此の際自分は力めて冷静の考えを以て事の闡明に盡さねばならぬ　昨今の状態を見れば信ずる者も疑う者も激せるの余り常軌を逸せんとする虞がある　此は注意すべき事であろうと思う」（「今村博士の談」「大阪朝日新聞」一九一一年一月十九日付）。今村は自らの戒めを守るがごとく、以後、沈黙した。

おわりに

山川らの実験が頓挫したのち、「東京朝日新聞」の記者は懇意の友人十四、五人と千里眼について激論を交わしたという。その詳細が漱仙「千里眼の疑問」(「東京朝日新聞」一九一一年一月十六日付)にまとめられている。議論の結果「今後幾度も極めて厳密なる学術的実験を経なければ有るとも無いとも断言することが出来ぬと云う論が大体に於て勝を制した」。そのなかで漱仙は、甲と乙の意見を取り上げる。乙は実験の不備を指摘するとともに、学者が研究する以上、徹底した疑念を抱いて実験をおこなわなければ「真正の事が分るものじゃない」と主張する。一方、甲の意見は次のとおりである。

自分は透視或は千里眼の如き能力が有り得可きものであるか有り得可からざるものであるかは知らぬ然し青山博士の如く実験もしない前から有り得可からざる事と断じて終うのは科学者の態度ではあるまいと思う従来は分つことが出来ないと信じられて居た原子が学術の進歩に依って分解された如く世の中には吾々の知って居る事実以外に何んなことがあるか分らない苟も科学者が科学万能などと信じて居る者はあるまいが現在の科学で分らないからと云って之を否定する理由は毫もない、何処までも事実が慥かであるか何うかを学術的に実験して見る必要がある、然し学者が之を実験する以上はあらゆる方面から観察して疑う可き点は何処迄も疑って実験せねばならぬのであるが今迄の実験だけでは仮に千里眼が有り得べき事実としても未だ学術的に証明するまでに進んで居らぬ

巷に巻き起こった千里眼ブームは、科学認識をめぐる本質的な議論へと発展していた。右の甲の主張は、科学

的な認知の階梯を踏んでいない対象については判断を保留するしかないという、きわめて穏当な結論を導き出している。甲の言うとおりであるならば、千里眼に関する研究は、東京での千鶴子の実験を契機に打ち切るべきだったのかもしれない。それが継続することになったのは、千里眼をめぐる一連の議論が時代の問題とリンクしたからである。

急速に進行する科学教育と、唯物論的な世界認識に疑問を抱く人々との落差。西欧の心霊学が流入することでにわかに活気づいた精神主義の主張。それと連動した催眠術ブームと、暗示療法に基づく霊術の発生。あわせて、三浦や野上が指摘している新聞報道の問題も大きい。日露戦争以後、急速に発展した新聞メディアは、三面記事を読者獲得の武器とした。千里眼事件は、新聞メディアによって膨張し、物語化した側面をもつ。

一九一三年八月、『透視と念写』（宝文館）を刊行して超常現象の実在を高らかに宣言した福来は、再度物理学者に実験を呼びかけるとともに、今村に参加を要請した。しかし今村は、応じなかった。物理学者もまた、誰一人手をあげなかった。再び福来と今村が顔を合わせたのは、一九二五年六月二十七日、京都に本部を置く霊術団体・日本心霊学会の創立十八周年記念講演会の席上である。講師を務めた二人は、福来が「無我一念精神統一の妙味」、今村が「強迫観念と恐怖心」という演題で講演をおこなった。

日本心霊学会は「固定せる心理及生理学を超越したる「力」としての観念、即所謂念力を基としたる呼吸式感応式治療法」に基づく実践的な心霊治療を特徴とする、霊術団体である(18)。東京帝国大学を離れた福来は、関西移住後日本心霊学会との関係を深め、同学会の機関紙「日本心霊」に多くの論考を寄せた。それらの論考は『観念は生物なり』（一九二五年）、『精神統一の心理』（一九二六年）などにまとめられ、日本心霊学会出版部から刊行されている。日本心霊学会もまた、福来が唱えた観念＝生物説を巧みに治療理論に取り入れていったため、福来は当学会の理論的な主柱のごとき様相を呈していた(19)。今村もまたこの団体との関係は深く、同じく日本心霊学会から『神経衰弱に就て』（一九二五年）を刊行している。同書は「日本心霊」に転載された先の講演筆記を、さらに改編したものである。また、日本心霊学会が出版社へ移行したときに、社名を「人文書院」と名づけたのは今村だった。
奇しくも千里眼事件から十五年後に、二人は再会する。このとき二人の間でなにが話されたのか。いまのところ、その内容はわかっていない。

注

(1) なお鈴木光司『リング』が知られるようになったのは、一九九八年の映画化が大きい。
(2) 例えば一柳廣孝『〈こっくりさん〉と〈千里眼〉——日本近代と心霊学』(「講談社選書メチエ」)、講談社、一九九四年)、寺沢龍『透視も念写も事実である——福来友吉と千里眼事件』(草思社、二〇〇四年)、長山靖生『千里眼事件——科学とオカルトの明治日本』(「平凡社新書」)、平凡社、二〇〇五年)など。
(3) 詳しくはアンリ・エレンベルガー『無意識の発見——力動精神医学発達史』上・下(弘文堂、一九八〇年)参照。
(4) 一柳廣孝『催眠術の日本近代』青弓社、一九九七年
(5) 前掲『〈こっくりさん〉と〈千里眼〉』
(6) 前掲『無意識の発見』下、四二三ページ
(7) 前掲『千里眼事件』
(8) 元良勇次郎「透視の実験と諸博士」「心の友」第六巻第十号、一九一〇年十月
(9) 三浦恒助「透視の実験研究」「芸文」第二年第四号、一九一一年一月
(10) 呉秀三「透覚の研究(一)」「東京朝日新聞」一九一〇年九月十九日付
(11) 小熊桿「千里眼を馬尾蜂にて説明するの愚」(「太陽」一九一〇年十二月号)、丘浅次郎「千里眼馬尾蜂問題」(「万朝報」一九一〇年十二月二十四日付)、同「千里眼と馬尾蜂(再論)」(「太陽」一九一一年四月号)など。
(12) 前掲「透視の実験研究」

（13）サトウタツヤ「心理学の中の論争」、西川泰夫／高砂美樹編著『改訂版 心理学史』所収、放送大学教育振興会、二〇一〇年

（14）ただし大泉溥は「明治教学としての心理学の形成」（心理科学研究会歴史研究部会編『日本心理学史の研究』所収、法政出版、一九九八年）において、福来の心理学について次のように指摘している。「彼の心理学は元良勇次郎のそれと対立するものではなく、むしろその精神物理学から出発して催眠心理を経て超心理の研究へと進んだものである。また、日常眼前の問題を科学的に解決しようとした点でも元良勇次郎の科学観を継承するものであった。いや、それだけではない。彼は元良勇次郎教授の葬儀で卒業生総代として弔辞を読んでおり、本来なら元良の跡を襲い教授となる立場にあった。その後の研究が世間を惑わすものであり、研究テーマとして不適当だと決めつけ「物議を醸した」として退職に追い込んだのは誰なのか。もちろん、元良勇次郎教授ではない。元良は当時すでに重い病床にあった。したがって、これは前東大総長で物理学界の重鎮だった山川健次郎までも動かすことが可能だったもの、すなわち明治の教学、帝国大学アカデミズムだったということになる」。

（15）佐藤達哉『日本における心理学の受容と展開』北大路書房、二〇〇二年

（16）佐藤達哉／溝口元編著『通史 日本の心理学』北大路書房、一九九七年

（17）前掲「明治教学としての心理学の形成」

（18）渡邊藤交『心霊治療秘書 改版』日本心霊学会、一九二四年

（19）一柳廣孝「田中守平と渡辺藤交――霊術家は〈変態〉か」、竹内瑞穂／「メタモ」研究会編『〈変態〉二十面相――もうひとつの近代日本精神史』所収、六花出版、二〇一六年

# 第2章　催眠術と霊術のあいだ

## はじめに

近代日本における催眠術の移入のプロセスを考えるにあたって、アカデミズム系の雑誌が果たした役割は看過できない。早い段階から海外の催眠研究の動向を注視していたのは「哲学雑誌」である。「哲学雑誌」の前身にあたる「哲学会雑誌」の創刊は一八八七年。「哲学雑誌」への改題は九二年。タイトルの「哲学」のみならず、歴史学、文学、心理学など、広く人文系の総合的な学術雑誌として機能した。その役割の一つが、海外における学問の展開の紹介である。「哲学雑誌」の関心は、催眠研究にまで及んでいた。

例えば「魔睡術検究の二学派」（一八八九年八月号）は「魔酔術は近来大に心理学者の考究する所となりたるは人の能く知るところなり、然れども、其現象の説明に至りては、学者間未だ一定の説なし」と述べ、催眠の機構を心理面から考察し、暗示の効果を研究の中心に据えたナンシー学派と、人格的な要素よりも物理的な因子を重要視し、催眠術を物理的刺激による身体的状態と定義することで医学の研究対象としたサルペトリエール学派の動向を伝えている。また「催眠術彙報」（一八八八年十月号）は、一八八〇年から八八年のあいだに欧米で刊行された催眠術書は実に七百冊、八六年の一年だけでも二百五十冊を数えると、欧米での研究の隆盛ぶりを報告していた。

この間には、一八八二年にアメリカで催眠とその治療への応用を研究するための心理研究会が組織され、八九年にはパリで国際実験・治療催眠学会議が開催されている。この会議にはシャルコー、ヴント、ヨーゼフ・ブロイエル、フロイト、プリンスらが参加した。さらに九一年にはイギリス医学会が催眠の治療的価値を研究する委員会を設立するなど、欧米の催眠研究はピークを迎える。ちなみにアーネスト・ハート著、夏目金之助（漱石）訳「催眠術」が「哲学会雑誌」に掲載されたのは、九二年の五月号である。

こうした海外の催眠研究を受けて、日本で唯一本格的な催眠研究を展開したのが福来友吉だったことはよく知られている。一九〇三年には日本にも空前の催眠術ブームが到来し、アカデミズムのみならず、巷間にも広く催眠術は喧伝された。しかし、心理学アカデミズムにおける最先端の学問対象だった催眠術のイメージは、一〇年から一一年の千里眼事件、一三年のいわゆる「透視と念写」騒動によって大きく傷つけられた。また〇八年に警察犯処罰令が公布され、みだりに催眠術をおこなう者が取り締まりの対象とされたことに象徴されるように、催眠術は犯罪を誘発する危険な「術」であるというイメージが世間にも広がりつつあった。欧米における催眠研究の退潮も相まって、日本のアカデミズムは催眠術から手を引き始める。

しかし、心理学アカデミズムの催眠術に対する関心が低下したからといって、民間の催眠術熱が衰えた訳ではない。こうした両者のズレは、雑誌「心理研究」の応答欄からうかがうことができる。「心理研究」は日本初の心理学専門誌であると同時に、一般社会への啓蒙活動を意識した、斬新な誌面構成を企図していた。その「心理研究」の啓蒙的な性格を反映していたのが、読者からの質問コーナーである応答欄である。この応答欄を通覧すると、「心理研究」の読者にとって、長きにわたり催眠術がきわめて魅力的なコンテンツだったことがよくわかる。だが、催眠術に関する読者からの質問に対して、「心理研究」側の反応は徐々に屈折していく。

本章では「心理研究」の応答欄に注目し、催眠術をめぐる読者と雑誌側とのやりとりを紹介するとともに、心理学アカデミズムの催眠術からの撤退戦の様相と、催眠術治療の看板替えとして登場する霊術への関心が世間で喚起するありさま、福来友吉のポジション移動などについて考察してみたい。

## 1　雑誌「心理研究」の位置

まず、雑誌「心理研究」について確認しておこう。「心理研究」は、日本初の心理学専門誌として一九一二年一月に刊行された。終刊は二三年末の第百六十五号である。学問の細分化と深化にともなって、総合的な学術雑誌だった「哲学雑誌」が次第に東京帝国大学哲学研究室を基盤とする哲学の専門誌へと変貌していったように、心理学もまた独自の専門誌を所持する必要に迫られていた。「心理研究」の創刊は、その意味で時宜にかなっていた。ただし、当初の「心理研究」は、いわゆる学術的な専門誌とは多分に性質が異なる。

元良勇次郎は第一号の巻頭に、七項目の「発刊の主旨」を掲げた。次のとおりである。「一　心理学に関する知識の普及並にその実際の応用に関する興味を促すこと」「二　教育・法律・芸術・精神修養其他精神生活の諸方面に、心理学的の解釈と応用とを試みること」「三　心理学を中心としたる種々の議論及び研究を発表すること」「四　海外に於ける新しき心理学的研究を紹介すること」「五　心理学に関係ある内外の時事問題を報道し且つ之を評論すること」「六　読者の質疑に対し責任ある学術上の答弁をなすこと」「七　精神科学に関する著書に対し責任ある批評紹介をなすこと」。

「心理研究」が、いわゆる学術専門誌とはイメージの異なる地点から出発していることがわかる。とくに「一」「四」「五」「六」の項目に顕著なように、「心理研究」は一般読者を強く意識しており、通俗的な要素も併せ持った情報誌、啓蒙誌の側面が強い。のちには「日本心理学雑誌」と合併する形で、一九二六年四月に「心理学研究」となった。(1)

さて、元良の「発刊の主旨」に応えるべく、「心理研究」には講話会での講話の内容を収録する「講話」、オリジナルの論文を収める「研究」といったコーナー以外に「論説」「紹介」「雑纂」といった内外の研究を紹介する欄、読者からの質問に識者が答える「応問」の欄が設定されていた。また、ここでいう講話会とは、心理学通俗講話会を指す。心理学アカデミズムが学術的知識を外部に発信しようとした試みの一つである。一九〇九年五月八日、東京帝大法医学教室で開催された第一回定期講話会は、開会予定一時間前に満員となる盛況だったという。その後も心理学通俗講話会には、少なくとも二百人、多いときには二千人もの聴衆が集まったらしい(2)。

以後毎月一回、三人前後の講話がおこなわれ、この講話のいくつかは「心理学通俗講話」にまとめられた。この冊子の売れ行きが好調だったため、大日本図書から月刊誌として刊行したいという申し出があり、「心理研究」は誕生した。編集・発行は心理学研究会だが、実質的な管理運営を担当していたのは上野陽一である(3)。以上の経緯からも、「心理研究」は当初から、心理学の知識を一般社会に啓蒙する意識を強く有していた雑誌だったと言える(4)。

## 2　「心理研究」応答欄と催眠術

「心理研究」には刊行当時から、多くの質問が掲載された。そのなかで、かなり長期にわたって取り上げられているのが催眠術に関する質問である。例えば第七号（一九一二年七月）に掲載された質問には「催眠術に関する心理学書及び研究書を邦文及び英文にて可成多く御知らせ下され度候」とある。この問いに答えているのは、福来友吉である。彼の回答は、次のとおり。「催眠術に関する心理学書は拙著催眠心理学を可とす。催眠術一般に関するものは村上文学士の催眠術講話（日本橋区通三丁目成美堂発行）が宜ろしい。其の他坊間に無数の催眠術書が有るけれども、吾人は学術書として推薦するを憚るのである。英文のものは沢山あるが、矢張り良いものは甚だ少い。其の内で次ぎの如きものが可なりであると思う。

1. Albert Moll:—Hypnotism.
2. Bramwell:—Hypnotism.
3. Lloyd Tuckey:—Treatment by hypnotism and Suggestion
4. Sidis:—Psychology of suggestion.
右の内で第三と第四とが一番宣しい。第二は通俗的である。第一は余り好きな書物とは思われぬけれども比較的に能く知れ亘りたるものである」。

一九一二年までに、日本では催眠術に関する書物が百冊前後刊行されている。[5] しかし、そのほとんどは通俗的な一般書にすぎないと福来はいう。邦文の学術書として彼が推薦するのはわずか二冊、自身の『催眠心理学』（成美堂、一九〇六年）と村上辰午郎の著書のみである。ただし、村上の著書名は間違っている。『催眠術講話』ではなく、おそらく『最新式催眠術』（成美堂、一九一二年）だろう。村上は倫理学と教育学、特に農業道徳、農業倫理、農業教育を専門とする研究者であり、多くの農学校で教えたが、大正から昭和初期にかけては催眠術の実践家として知られ、のちには村上式注意術を提唱して、教育・道徳分野への催眠術の応用を図った。[6]

この村上の『最新式催眠術』序には、次のように記されている。「余は心理学の専門研究家にあらず、又催眠術を以て業と為す者にあらずと雖も、教育上大に得る所あるを知りて、夙に此術を研究し、昨年八月在東京の教育家及び医家有志諸君が臨時に設けられたる講習会に於て、十日間此術に関する実験と講習とを為し、当時の速記を修正増補して一番に綴り、之を最新式催眠術と名づけ、以て世に公にすることとせり」。村上は自らを非専門家と称しているものの、福来の評価はきわめて高い。

このような、催眠術を学ぶうえでの入門書を教えてほしいという質問は、年に一回程度のペースで毎年取り上げられている。「催眠術の理論及び実際を研究するには如何なる書に依るべきか。信頼すべき書名著者及び発行所を御指教願上候」「催眠術に関し初学者に独習の良書有之候哉、著者定価等御教示を乞う」（ともに第十二号、一九一二年十二月）、「小生は心理学に興味を有するものに候が、初学者の催眠術研究の方法及び参考書御教示下され度候」「心理応用、催眠法を詳細に教えたる書籍名及び著者名」「催眠術治療並に矯正法を委しく教授せし書籍名及び著者名」「平易なる変態心理学の書名及び著者名」（ともに第二十七号、一九一四年三月）、「和文の心理学書中、最も精細なるもの数冊、発行所共」「催眠術研究に最も価値あるものと評せらるる書」（第四十二号、一九一五年六月）といった具合である。

これらの質問に対しては「本誌第七号の応問欄第四十四問に出て居る」（第十二号、一九一二年十二月）、「催眠術の参考書については、曾て本誌第七号の第四十四問に福来博士の答えたものがあります。今日でも左にそれを転載するの外はありません」（第二十七号、一九一四年三月）といった具合に、当初に引用した福来の解答を参照せよと指示されている。だが、最後の第四十二号の質問に対しては、次の書籍が示された。「福来博士　心理学審義　宝文館　上野学士　心理学通義　図書会社　福来博士　催眠心理学　成美堂　村上学士　村上式催眠術　大正婦女社会」。前回紹介された『催眠心理学』に加えて、新たに三冊が追加されている。福来友吉『心理学審義』（宝文館、一九一四年）、上野陽一『心理学通義』（大日本図書、一九一四年）、そして村上辰午郎『村上式催眠術』（大正婦女社会、一九一四年）である。これは、第四十二号の質問に「最も精細な」心理学書という一文があるため、心理学の概説書として福来と上野の書籍が加えられたと考えられる。催眠術の学術書としては、やはり福来と村上の著作があげられている。

毎年のように催眠術の教授書を尋ねる質問が取り上げられているのは、それだけ同種の質問が殺到していた証拠のようにも思われる。第四十五号（一九一五年九月）応問欄に付せられた次の但し書きは、催眠術に関心を抱く多くの読者に向けたメッセージだったろう。「催眠術に関する質問者へ　従来催眠術に関して種々の質疑を寄せられたる方は、次号より連載する筈の「催眠術と暗示」とを熟読せられたく、さらにその上にて御質問ありたし」。あまりに殺到する催眠術関連の質問に対応するため、新たに立ち上げられた企画が上野陽一訳「ヴント氏著　催眠術と暗示」（第四十七—第五十三号、一九一五年十一月—一六年五月）の連載であり、さらには高橋正熊「心理学的治療の原理及び研究範囲——モルトン、プリンス講」（第五十五—第五十六号、一九一六年七—八月）、村上辰午郎「村上式注意術と教育並に其実験」上・下（第五十六―第五十七号、一九一六年八―九月）などの掲載だったのではないか。

しかしこれらの連載も、たいした歯止めにはならなかったようだ。第五十六号（一九一六年八月）には、再度「催眠心理学並に催眠術に関する内外の参考書」を尋ねる質問が掲載されている。回答は、次のとおり。「邦人の著書少なからねど、参考するに足るものは文学博士福来友吉氏の『催眠心理学』、『催眠心理学講義』なり。後者には催眠術の歴史も略述しあり、暗示術に関する章もあり。ヴント氏の『催眠術及暗示』の書を上野文学士が訳述して本誌前々号までに連載せられたり、就いて見るべし。英書も亦甚だ多し。Sidis,B.: The Psychology of Suggestion and Psychotherapy 1906.（之の原著は独語なり）、Moll,A.: Hypnoyism（同上）、Hollander,B.: Hypnotism and Suggestion 1910; Wingfield,H.E.: An Introduction to the Study of Hypnotism 1910; Vincent,R.H.: The Elements of Hypnotism,1905. 等あり。孰れも三円内外の本なり、小冊子にてはAsh,E. Hypnotism and Suggestion 1912; Hutchinson,A.M.; Hypnotism and Self-Education あり。尚お、Binet.A, The Psychology of Reasoning は仏文よりの英訳にて、やや古けれど、氏の此の方面に於ける研究者は一読の要あり」。

なお、この回答には以前と異なる特徴が認められる。まず、催眠術関連の回答者が福来ではなくなったこと。本文には（香川）と記されている。おそらく香川鉄蔵かと思われる。香川は東京帝国大学で心理学を専攻するが、卒業直前の一九一一年に自主退学する。一九年から五〇年まで、主に大蔵省嘱託として勤務した。その間、福来友吉とともにW・ジェイムズ『自我と意識』（弘学堂書店、一九一七年）を共訳するとともに、セルマ・ラーゲルレーヴ『ニルスのふしぎな旅』（一九〇六―〇七年）を日本で初めて翻訳し、日本における最初期のスウェーデン文学の紹介者として知られた[7]。

次いで、それまでの催眠術教授書を尋ねる質問に対しては、第七号での福来の回答を踏まえるよう要請されるのが常道だったのだが、ここでは福来の回答に対する言及がなく、新たに書き直されている。先の福来の回答と香川のそれとを比較すれば、村上の著書が消えて、英書の充実が図られている点が目立つ。

以後、福来は催眠術関連の質問に登場しない。例えば「私事独学にて催眠術修学致し度右に関する著書並に参考書、基督教派に属する哲学書名著者発行所及定価御教示を乞う」という質問（第六十号、一九一六年十二月）に「催眠術独習を標榜したる書物多数刊行せられ居るも茲に責任を以て紹介するに足るものを見受けず。学者側の催眠心理に関する著述は今のところ屢々紹介せし福来友吉博士の「催眠心理学講義」及「催眠心理学」あるのみ洋書にて小冊子のものは Ash,E. Hypnotism and Suggestion; Atkinson: Suggestion and Auto-Suggestion; Hunt: A Manual of Hypnotism 等は孰れも最新のものなり Sidis: The Psychology of Suggestion は必読の書というべし」と答えているのは、香川である。

また「一、催眠術の応用並に暗示（治療の際の）の仕方などの研究参考書（邦人の著書）二、催眠術は如何なる程度迄治療の効果あるものか、其範囲其研究書の有無」という問いかけ（第六十二号、一九一七年二月）に「是の種の問に対しては本誌第五十七号の本欄で香川氏が答えられて居りますから、御参照被下い。然し同号及び五十六号所載の『村上式注意術と教育』なる講話は貴下の御問に最も適切に答えてあるものでしょう。其講話は近来稀れにみる様な有益な、適切な講話の様に惟います。催眠術や心理療法や又は広く教育なる者の意味や其本質が至極穏便に喝破され又示唆されてあります。同講話を御熟読の上よろしく大悟一番されてその後に、以上の著書や、本誌の第四十六号から五十三号に亘った付録『ヴント氏催眠と暗示』や又第五十五号と六号に亘った『心理的治療法の原理及び範囲』を御参考になさったらよろしかろうと惟います。治療の効果の範囲も以上の参考書に説明してあります」と答えたのは、小熊虎之助だった。

小熊虎之助は東京帝国大学で心理学を専攻したのち、雑誌「変態心理」を舞台にして、主に変態心理学の分野で業績を重ねていた。『夢の心理』（江原書店、一九一八年）、『心霊現象の問題』（心理学研究会出版部、一九一八年）、『変態心理学講話』（東京刊行社、一九二〇年）などの著書がある。一九一六年に宮城県立仙台第二中学校で職を得たのち、二〇年には盛岡高等農林学校教授、二二年には明治大学予科教授に迎えられた。また六八年に日本超心理学会が結成された際には、初代会長を務めている。(8)

香川と小熊の福来に対するポジションについてはのちに触れるとして、こうした催眠術の入門書などを尋ねる質問で併せて指摘しておきたいのは、一九一六年あたりから、信頼すべき術者から催眠術を直接学びたいので適任者を紹介してほしい、といった要請が出てくる点である。「催眠術研究致度候処初学者として如何なる書について学ぶべきか。また該方法を学ぶに適切なる師は何方に候哉」（第五十七号、一九一六年九月）については、香川が「邦書にては福来博士の『催眠心理学』、『催眠心理学講義』が宜し、尚お近頃岡田喜憲氏の『岡田催眠学』（神田斯文館価二円）あり、方法に就て直接指導を受くるには福来博士（小石川区大塚町七十番地）に就くか、博士の推薦する人に依るが安全なるべし」と答えている。

また第六十四号（一九一七年四月）では二人の質問者が、それぞれ「市内〔東京：引用者注〕に昼間催眠術を教授する所は有りませんでしょうか。若し有れば一二ヶ所御教えを願います」「小生は心理研究の愛読者に候が催眠術を研究致し度く依って吾国に於ける最も確実にして信用ある催眠術を教授する会ようのもの有之候わば何卒御一報を煩わし度く又参考書等も有之候わば御知らせ被下度候」と尋ねているが、これらの質問については小熊が「此の如き会は新聞紙上に絶えず広告がありますが信用するに足る可きものは殆ど無いと惟います。余は昨年九月号及び本年二月号の当欄を御参照被下い。但し福来博士の御住所は本郷区富士前町五に変りました」と述べている。

香川や小熊の回答は、信頼すべき催眠術の教授者としての福来という位置づけを明示する。その結果、次のような質問（第六十五号、一九一七年五月）が寄せられることになる。「催眠術を研究したし、催眠術のみ教授する所はなき乎。福来博士は誰れにても教授被下るるや」。この問いに、小熊は次のように答えている。「（一）村上式注意術講話を読む方適当なる可し。また後のことは博士に直接に御尋ねする方よろしからん」。はたして福来は、彼らのこの斡旋を承諾していたのだろうか。

一九一三年十月二十七日に東京帝国大学休職の辞令を受けた福来は、一五年十月二十六日に休職満期を迎え、大学を去っている。催眠術の直接指導に福来を推薦する「心理研究」の記述が現れるのは、その翌年にあたる。

また、福来が本格的に三田光一の念写実験に取りかかるのは一七年。東大を去って三田を見いだすまでの福来の足取りは、必ずしも明確ではない(9)。あるいはこの頃に、福来が市井の人々を募って催眠研究、ひいては千里眼、念写研究をおこなっているという噂が存在していたのかもしれない。

ちなみに、福来が「心理研究」に筆を執ったのは一九一四年三月までの、わずか五本にすぎない。そのうちの三本は講話、一本は弔辞である。以下の文章である。「講話 言わんとする心」（第八号、一九一二年八月）、「弔辞（元良勇次郎）」（第十四号、一九一三年二月）、「元良先生の心理研究に於ける一般的意向と其の結果」（第十六号、一九一三年四月）、「講話 産生道と教育」（第二十九号、一九一四年五月）、「産生道と教育（下）」（第三十号、一九一四年六月）。

## 3　隆盛する霊術へのまなざし

暗示を利用した「奇跡」の演出に対して注意を喚起する内容は、早くから「心理研究」の応答欄に現れていた。例えば「小生近所の僧にて焼け火箸をつかみて之をこき、又針を手掌にさし貫きて痛痒を感ぜずと申候、その心理的説明を願上候」（第九号、一九一二年九月）に対する「身体に針を刺して痛みを感ぜざるは、全く精神の持ち様で出来る。催眠術を応用すれば、暗示によりて此の事が易く実験出来る」という福来の回答は「奇跡」に対する科学的な解釈の提示になっている。

また「昨年頃大阪医会等に於て催眠術の害あることを報じ居り、又警察犯処罰令中にも之を禁じ居候所、私の経験にては心身に害を及したること無之候、御意見如何に候や」（第十号、一九一二年十月）という問いかけは、催眠術治療の有用性と危険性に関わる。警察犯処罰令が催眠術への危険を喚起していたことが、質問に反映している。この問いに対して、福来は次のように応じている。「催眠術に害ありや無きやの問題は術士の徳義と熟練の如何によることである。徳義を重んじ、熟練を積める術士が之を行えば害はない」。

同様の質問は、後年にもある。「竹内楠三先生の『催眠術の危険』という書を読みましたが、果してそういう危険があるものでしょうか」というものである（第四十二号、一九一五年六月）。竹内『催眠術の危険』（二松堂書店、一九一〇年）は「営業的催眠術家の我田引水的言説」に警鐘を鳴らし、彼らの言葉を盲信したがゆえに「其の心身を損傷する」危険を訴えていた。無記名の回答者は、この質問に対して次のように答えている。「その本はまだよみませんが、催眠術そのものに固有する危険というよりは、これが悪しき適用より生ずる危険といった方がいいであろうと思います」。

さらに詳しく、催眠術治療の有効性に対して、具体的に踏み込んだ質問もある。次のものである。「訥吃は生理的故障より起るものなりや或は精神作用より起るものなりや、またこは催眠術によって全治せしむることを得るものなりや御説明を煩わし度候」（第十号、一九一二年十月）。この問いに対して回答を寄せているのは、当時奈良女子高等師範学校で教鞭を執っていた本庄精次である。のちには教育測定法の研究で業績を重ねた[10]。

彼は次のように答えている。「どもりの人は大抵此の「自分は言葉がうまく話せない」という観念があって、それが如何にしても取去ることが出来ず。固定観念となって発音運動を障害するのである」「そこで其の療法は其の原因たる「自分は言語がうまく話せない」という固定観念を去るのが良法である。之を取去るには患者を催眠状態に置て暗示を与えるのがよい。然し是丈では猶十分でない、暗示を与える上に言語の練習をすることが必要で明瞭に高声に流暢に話し、且つ模範を示して練習させるのである。此の方法を用いたら随分直ることは直るが患者の軽重に由って暗示の効力が一時は現れても、其の内に消えて本の固定観念が再現して来ることがある。されば催眠術によって必らずしも全治することが出来るとはいえない」。

暗示療法の有効性とその限界について、適切な説明になっていると思われるが、この暗示療法の万能性を謳った催眠術教授団体や霊術団体の姿もまた、応答欄の質問に見られる。これらの質問は、同時代の霊術団体の活動状況を活写した貴重な報告と言える。例えば、次の質問（第四十号、一九一五年四月）。

此程熊本県人某なる人当地方へ参り、精神修養所なる道場を設け、幾多の病患者を集めて之に精神治療を施こし申候。某はすべての病患は或因縁によるものなれば之を退散せしむれば治癒するものなりと申し、治療の方法は幾多の病者を一堂に正座合掌せしめ置き、某なる人法華経を朗読致候えば、やがて病者は合掌せる手指のあたりに微痛（恰も微かなる電気に触れたるが如き）を感じ、尚自然に任せ置き候時は両手腕は様々の運動を始め申候。一回凡そ四十分位ずつにて、之を繰返し度の進むに従って運動は漸く激烈となり、遂には誰がどうせねば病気は直さぬなど様々に饒舌り出し候。某は之を公白と称し、因縁が病者の口を借りて因縁を告白するものなりとて、此時言を極めて之を叱して退け、之を以て施術の終と致候。之を受けたる或患者などは全治致せしやに聞及び候。さて右申候手指両腕の運動を起すこと及公白をなすは心理上如何なる作用のものに御座候や。而して手指両腕の運動は某が与うる一の暗示によるものに候わんか。

熊本県人吉で立ち上がりつつある霊術団体の様相と、そこでおこなわれている治療法が生々しく活写されている。無記名の回答者は「一種の精神治療なるべし。精神治療の種類は様々なれども、要は患者に治癒の確信を起さしむるを以て本義とす」「要するに、この種の施術は珍らしきものにあらず、坊間に屢々見受けらる」と冷静に答えているが、同様の状況は全国的に発生していた。次の質問は、大正期の代表的な霊術団体の一つ、健全哲学院に関するものである（第四十七号、一九一五年十一月）。「貴地帝国健全哲学館に於て哲理療法に依り盲、唖、跛、瘋癲、白痴、肺病、中風症等の不治病を恢復せしむる旨、或新聞紙上に広告ありしが、果して然りとせば、如何なる作用に基因すべきや、将た、畢竟誇大的の広告に属すべきや」。

鈴木隆司は、次のように応じている。「要するにこれ、精神治療法が効果あるかないかとの問題になるのですが、精神治療は必ずしも否定することは出来ません」「それらは西洋医術が万能であるが如くに思う説に反対する傾向であって、近来は珍らしくないほど、色々世間に流行して居る。或は禅理療法とか、心霊治療とか、静坐法とか呼吸術とかいうのは皆この系統に属するものです」「これらの広告は必ずしも誇大的のものではないと思う。しかし、実際上その人に効果があるかないかは、やって見なければ判らない、また、その人の熱心の程度による。而して第一に注意しなければならないことは、施術者の人格である、かかる治療法には往々にして山師的の人の多いものである。法螺吹の多いのはその通弊である」。

鈴木によるこの霊術批判を、より具体的に展開しているのが佐藤興一「大霊道、祈禱、催眠療法、静座法等の心理批判」（第九十号、一九一九年六月）である。ここで佐藤が主な批判の対象としたのは、大正期最大の霊術団体とみなされていた太霊道だった。太霊道の主宰者は、田中守平。彼は一九一六年、東京麴町に太霊道本院を開設し、霊術治療と霊術家の養成を本格的に開始した。新聞の一面を使った大々的な広告で世に知られる。田中によれば、太霊とは宇宙に遍在する第一の本義である。そして霊子は、太霊から生じる。生命とは霊子であり、霊子こそが生命の実体である。この霊子が発動することで、一面では肉体を構成し、一面では有機的精神を発現する。肉体も精神も霊子が発動した結果生じた現象にすぎず、生命の原因となる実体は霊子である。この霊子を発現する術が霊子術であるとする(11)。

こうした田中の主張に対して、佐藤は真っ向から反論する。「彼の霊子術の顕動作用でありますが、之は全く静座疑念等の運動現象や祈禱の際の中坐の運動現象と同一であります。大霊道では全く別物であると申して居りますが、何も根拠があって申すことではありません。之は皆心理学で申す自働現象でありまして、その原理は暗示と観念運動で説明が出来ます。別に霊子の運動などと申す必要はありません」「次にかの潜動作用でありますが、吾々の潜動作用が無生物に及んで顕動作用を起してその物体が動くと申すのは、勿論顕動作用即ち自働現象を起せる手が物体を動かすのであります」。

鈴木は、必ずしも精神治療を否定していない。彼が問題視していたのは、精神治療を実践していた霊術家たちの人格である。しかし佐藤にあっては、太霊道はそもそもその理念のレベルで間違っている。佐藤によれば、太霊道の理論は「心理学で申す自働現象」の悪用にすぎない。この霊術に対する認識の変化は、鈴木と佐藤という個人の見解の相違にとどまらない。むしろ、「心理研究」にとっても霊術が無視できない存在になりつつあったことを象徴していると取るべきだろう。

## 4　噴出する福来批判

さて、「心理研究」第六十三号（一九一七年三月）の応答欄に、次の質問がある。「催眠術をかけられたる者は未だ全く見聞したることなき人や又は地方の状況を暗示者に告げて実際の事実と大略相違なきことを見たり例えば被催眠者の知らざる地方又暗示者も知らざる地方の山川道路又家等にて質問すると実地と符合することあり之れは如何なる心理作用なるか何卒御教示下され度候」。いわゆる千里眼に関する質問である。この問いかけに対して、香川鉄蔵は次のように応じた。

そういうような種類の事柄を心霊の現象とか謂うて、いろいろ珍妙な臆説や、尤もらしい「説明」が臆面も無く出されて居る（略）現今でも食詰め者が催眠術なぞを昇ぎ廻って新聞に雑誌に誇大な広告を掲げたり、グルになってやる怪しげな「実験」をして見せたりして、お人のいい地方人や欲張った都会人なぞを引掛けたりして甚だよろしくない事をして居る者が少くない。「催眠術」に関する書物もやたらに出るが本研究会に厳密な批評を望んで寄贈して来るもの皆無なるを思えば如何に彼等が非学術的なまやかしものなるかを察するに足りよう（略）透視といい念写といい、余は彼等の説く如き方法と条件とにてなし得るを否定する一人である。従てこれに対する臆説に価値を見出すまでに至って居らぬ。先決問題は其の事の事実なるや否やに係って居る。余の知れる人に透視念写を研究し、その事実あるを主張して既に十年近くになる某氏がある。頃日上野学士と余との間に、其の人の研究につき偶々談のあったとき、学士は「某氏は千里眼の事を信じて居るのでしょう」と言うた時余は「否信じたいのでしょう」と答えた。近頃氏を訪うたとき透視の話も出、念写の写真も示されたが、余は然しいまだに上野学士に答えし所を変更するも要を見ないで居る（略）余は不幸にして貴下の報ずる事実を否定するものである。少くも其の実験は極めて条件が不充分であって心理学の研究となすに足らぬを断言するのである。

香川のいう「余の知れる人」が福来を指すのは間違いない。例えばこの香川の言説に、「東西文明国の思想界は今や物質科学に不満を抱きて神秘思想に赴かんとしつつある。此時に当りて、神秘思想の本場とも言うべき東洋の霊に哺《はぐく》まれて、一種独特にして世界無比の民族的発達を遂げたる吾が日本の如きは、五六十年間、襲われ来りたる物質主義の迷夢から覚めて自己本来の面目に帰り、深沈研究を重ねて斯道《しどう》の為め自家独特の貢献を為すべきである」という福来の主張を重ねてみれば[12]、香川が心理学の立場から福来を全否定せざるを得ないのは、よくわかる。

ちなみに『自我と意識』の付言には、次の一節がある。「訳者は現今世に「心理学」と称して居るアレが嫌いな男なのだから、吾々の現実経験して居る心の事柄を仰々しい語辞で言い表わして何んでも六ケ敷く言わねば気がすまない「心理学者」の真似はしたくないので、力めてありふれた言葉を使ったつもりである」。この付言は「訳者しるす」とあるのみで執筆者が明記されていないが、文体からいって、おそらく香川と思われる。同書に対して、福来は監修者の立場だったのだろう。心理学アカデミズムへの違和感という点では、香川と福来の距離は近い。

また一九一七年は、福来が新たな能力者として三田光一を見いだし、盛んに活動していた時期と重なる。雑報子「再燃しかけた念写問題」（第七十三号、一九一八年一月）は「念写の如きは手品たること明々白々、何等の研究に値せざること、大霊道、姓名判断と類を等うす、市井の些事、毫も顧みるに足らずと。福来博士たるもの、何を以て之に報いんとする乎」と、福来の行動を激しく非難した。

以降、「心理研究」には三田の念写実験をめぐる記事が集中的に登場する。東辰蔵「念写実見記」、佐藤富三郎「手品式の念写実験」（ともに第七十四号、一九一八年二月）、向井章「三田氏の念写問題に就いて」（第七十五号、一九一八年三月）、本田親二「三田光一氏の念写に就て」、大川定次郎「二月二十五日の念写実験について」、雑報子「念写問題の経過」（ともに第七十六号、一九一八年四月）、小熊虎之助「心霊現象に含まれし欺瞞」（第七十七号、一九一八年五月）、向井章「催眠術応用による透視可能の範囲に就て」（第七十八号、一九一八年六月）、小熊虎之助「心霊現象の問題の後に」（第八十五号、一九一九年一月）である。

なかでも、三田を「国宝」と認定した福来の責任を問うとともに、福来の三田国宝論を新年号の巻頭に掲げて三田の価値を保証したかに振る舞った「心理研究」の姉妹雑誌「変態心理」に対して「世の中を惑わした罪の幾パーセントを負わなければならぬ」と厳しく糾弾した「念写問題の経過」の論調は、その後の「変態心理」の編集方針にも大きな影響を与えたように思われる。(13)

## おわりに

警察犯処罰令、千里眼事件以降も、「心理研究」の読者にとって催眠術は関心の対象であり続けた。読者からの質問は、催眠術の信頼すべき参考書、教授者を問うものが多い。その解答ではほぼ共通して福来の著書を推薦し、ときには直接福来に教えを請うよう示唆している。しかしこうした傾向は、一九一七年二月号の応答欄で全面的な福来批判が掲載される頃から変化する。その原因として、前年の福来『心霊の現象』の刊行が考えられる。「心理研究」応答欄から催眠術関連の質問が消えるのも、この頃である。あるいはこれは、同年十月の雑誌「変態心理」創刊と関係しているかもしれない。翌年には三田光一の念写実験に関する批判的な記事が集中し、福来の名前は「心理研究」の誌面から消える。

一方、当初は比較的寛容だった霊術（精神治療）に対するまなざしも、厳しさを増していく。一九一八年前後を境界として催眠術、霊術はアカデミズムの周縁に追いやられていくが、それに反発するかのように、一般社会では霊術が活性化していった。このような催眠術をめぐる動きが、「心理研究」応答欄の言説には明瞭に刻まれているのである。

注

（1）以上の「心理研究」「日本心理学雑誌」に関する記述は、主に前掲『通史 日本の心理学』による。

（2）古澤聡司「日本における心理学者集団の形成」、前掲『日本心理学史の研究』所収

（3）前掲『通史 日本の心理学』

（4）本章の記述が、一柳廣孝『無意識という物語——近代日本と「心」の行方』（名古屋大学出版会、二〇一四年）の第一部第五章「「心理研究」とフロイト精神分析」と一部重複していることをお断りしておく。

（5）一柳廣孝「明治期催眠術書刊行目録・覚書」「名古屋近代文学研究」第十二号、一九九四年

（6）村上については、前掲『催眠術の日本近代』参照。

（7）香川については、香川鉄蔵先生追悼集刊行会編『香川鉄蔵』（香川鉄蔵先生追悼集刊行会、一九七一年）、香川節「父香川鉄蔵のこと」（「植民地文化研究——資料と分析」第二号、二〇〇三年）参照。

（8）小熊については、大泉溥編纂『日本心理学者事典』（クレス出版、二〇〇三年）の当該項目、および安齋順子「日本の「変態心理」と小熊虎之助——ユング著作の翻訳と開業心理療法活動の紹介」（「心理学史・心理学論」第三号、二〇〇一年）、小泉晋一「小熊虎之助と変態心理学」（前掲『〈変態〉二十面相』所収）など参照。

（9）中沢信午『超心理学者福来友吉の生涯』大陸書房、一九八六年

（10）本庄については、前掲『日本心理学者事典』の当該項目を参照。

（11）田中と太霊道の展開については、前掲「田中守平と渡辺藤交」参照。

(12) 福来友吉『心霊の現象』弘学館書店、一九一六年
(13) 一柳廣孝「大正期・心霊シーンのなかの『変態心理』」、小田晋／佐藤達哉／中村民男／栗原彬／曾根博義編『変態心理』と中村古峡——大正文化への新視角』所収、不二出版、二〇〇一年

# 第3章　「こっくりさん」の変容

## はじめに

「高知新聞」二〇〇五年二月五日付夕刊に「北京の女子中学生「こっくりさん」で殺人 懲役七年 占い仲間の同級生を」というショッキングな記事が掲載された。次のようなものである。

【北京5日共同】北京で、日本に伝わる「こっくりさん」によく似た占いにのめり込んだ女子中学生が、同学年の女子生徒を殺害したとして、懲役七年の実刑判決を言い渡された。中国紙、中国青年報が五日までに報じた。

この占いは「筆仙」（ペンに宿る仙人）と呼ばれる〝霊〟を呼び出し、自分たちの質問に答えてもらうというもの。女子中学生は、同じく占いに熱中した被害者の生徒が「つらい現世を離れ、今度は自分が筆仙になりたい」と訴えたため、求めに応じようと殺害、自らも別の女子生徒とともに自殺を図ったが死にきれなかったという。

「筆仙」は、中国の同名の恐怖小説を基にした占いとされる。同紙によると、加害者の女子中学生は試験で好成績が得られるかどうかを常に「筆仙」に尋ねていたという。
北京では最近、風水などの占いに熱中する子どもが増えており、市当局は迷信を信じ込ませるような雑誌やウェブサイトを厳しく取り締まるとしている。

この記事は、かつて日本で起きたいくつかの事件を想起させる。例えば「コックリさんのお告げでリンチ」（「朝日新聞」一九八〇年十二月十八日付）。中学二年の女子生徒四人が、「こっくりさん」をおこなう仲間から抜けた友人に対して、「彼女を憎む」という「こっくりさん」のお告げに従い、半月間にわたって暴力行為をおこなったというものである。このような女生徒と交霊術をめぐる事件は、現代の台湾でも発生している。「高一女生玩碟仙 8人哭叫異常」（「自由時報」二〇〇三年一月十八日付）によれば、高校の期末試験最終日、一年生の女子生徒八人が躁鬱状態になり、病院に運ばれた。その一昨日の深夜、彼女たちは碟仙《せっせん》をして何かに憑依されたと思い込み、情緒不安定になっていたという。[1] この「碟仙」は「筆仙《ひっせん》」と同じく「こっくりさん」に類似した遊びとされている。

このような交霊儀式によって引き起こされた事件の背景には、霊的な存在に対する受容者の心性の問題が隠されている。と同時に、霊的な存在を顕在化させるシステムの問題も気になる。これらの問題を考察するにあたって、まずは日本の「こっくりさん」の受容史をたどり、さらに筆仙や碟仙など、中国や台湾における「こっくりさん」的なるものの内実について、いささか言及してみたい。

## 1 「こっくりさん」の生成——一九七〇年代のブームまで

「こっくりさん」は、民間でおこなわれる占法の一つで、明治中期、欧米で流行していたテーブル・ターニングが移入され、日本的な変化を遂げたものと考えられている。(2) テーブル・ターニングとは、複数の人々が椅子に座ってテーブルのまわりを囲み、それぞれテーブルの上に手を置き、隣の人の手の上に自分の手を重ねて霊を呼び出すものである。霊が現れると、テーブルが大きく動きはじめる。そのとき、霊に対して「テーブルが右に傾いたらYES、左に傾いたらNO」などと取り決めをし、霊に質問する。すると霊は、質問の内容に応じてテーブルを傾けるという。

テーブル・ターニングのリアリティは、当時欧米で流行していたスピリチュアリズムに支えられていた。スピリチュアリズムとは、霊の実在、霊界と現界との通信が可能であることを認めたうえで、霊や霊界に対して哲学的・科学的に考察し、この世界を創造した神を信仰する思想体系である。一八四八年にアメリカで起きたハイズウェル事件を契機に、スピリチュアリズムは十九世紀末の欧米で広く喧伝され、大きな動きをみせていた。

しかし明治中期の日本では、テーブル・ターニングの思想的基盤をなすスピリチュアリズムはほとんど紹介されていなかった。テーブル・ターニングは霊を呼び出す装置としての外形的な部分だけが移入され、アメリカで流行している「遊び」としてのみ受け取られたのである。しかし、テーブル・ターニングが日本で受容されていくプロセスのなかで、いかなる存在がこの遊びによって呼び出されるのか、が問題になった。欧米のスピリチュアリズムの文脈に従えば、テーブル・ターニングによって現れるのは死者の霊である。しかし日本では、そうならなかった。

当時の日本では、テーブルも椅子も一般的でなかったため、代用の装置が考案された。生竹三本をひもで括り、その上に飯櫃の蓋やお盆を載せる。この蓋やお盆の上に複数の人間が手を置いて霊を呼び出す、というものである。「こっくりさん」という名称は、この蓋やお盆が「こっくりこっくり」傾くことから命名されたという。(3) つまり当初の「こっくりさん」は、単に動く様子を伝える便宜的な名称にすぎなかったわけだ。また、だからこそこの遊びは急速に普及したのだともいえる。ここに恐怖の要素は存在しない。

この遊びによって呼び出される霊はなにものなのか、という疑問に対して大方の支持を得たのは、狐狸説である。位の高い神霊が、明日の天気や個人の恋愛といった質問に答えるため、わざわざ一般家庭のお茶の間に来てくださるわけがない。こういう遊びの場に現れるのは、人をだましたくてウズウズしている狐狸の類いにちがいない、という理由である。ここには、江戸時代の「人を化かす動物」としての狐狸イメージが色濃く投影している。こうした理解は、やがて憑物信仰と結び付いていった。

憑物信仰とは、特定の動物霊、または生霊が人間に取り憑いて災いをなす、とするものである。「こっくり」という名称に狐、狗（犬）、狸という代表的な憑物の漢字をあてたことで、「こっくり（狐狗狸）さん」は恐怖の参入儀式に変容していったと考えられる。「こっくりさんをおこなうと、場合によっては動物霊などに憑依される」というリスクが強調されることで、「こっくりさん」はタブーの儀式となったのである。

この間、「こっくりさん」の装置もさまざまに変化していった。当初の生竹三本、その上に飯櫃の蓋やお盆というスタイルから、割り箸で作った三叉に指を置き、西洋数字と五十音、鳥居、はい、いいえなどを記した紙の上をその三叉が動くというスタイルへ、さらにこの三叉の代用品として杯が使われ、やがて杯から硬貨の使用へと変わっていく。戦後になると、ボールペンなどを何人かで握り、霊が降りてくるとこのボールペンが動いて文字をつづる、といったスタイルも登場する。戦時中の先がみえない不安な世相のなか、国内で、または海外で「こっくりさん」は盛んにおこなわれたという記録が残っている(4)。しかし、明治中期の導入期を除いて、「こっくりさん」が社会問題化したことはなかった。「こっくりさん」の弊害がメディアによって声高に訴えられるようになったのは、一九七〇年代以降である。

## 2 「こっくりさん」の変容

一九七三年から七四年にかけて、日本は空前のオカルトブームに襲われた。五島勉『ノストラダムスの大予言

――迫りくる1999年7の月、人類滅亡の日』(祥伝社)、小松左京『日本沈没』(〔カッパ・ノベルス〕、光文社)の刊行は七三年、ともに爆発的な売り上げを示し、ベストセラーとなった。映画『エクソシスト』(監督:ウィリアム・フリードキン)が日本で大ヒットしたのも七四年である。この間、UFO、心霊写真が話題になり、スプーン曲げなどの超能力がマスコミをにぎわせた。[5]なかでも世間を騒がせたのが、小・中学校を中心に大ブームとなった「こっくりさん」である。例えば「こどもが目の色変えた世界 教師の心配 スプーン曲げとコックリさん」(「朝日新聞」一九七四年五月二十六日付)などの記事が、当時の模様を生々しく伝えている。

「こっくりさん」ブームの先導役は、中岡俊哉『狐狗狸さんの秘密』(二見書房、一九七四年)の刊行と、つのだじろう『恐怖新聞』(「週刊少年チャンピオン」一九七三―七五年)、同『うしろの百太郎』(「週刊少年マガジン」一九七三―七六年)の連載だった。[6]のちに中岡自身が「二見書房の社屋ビルは、別名「『狐狗狸、コロンボ、チャタレイ』ビル」などといわれてるんですよ。あの本が二見書房のビル建設に貢献できたというのは幸せですね。『狐狗狸さんの秘密』という本は、トータルで一七〇万部以上売れたんです」と語っているように、[7]同書は戦後日本社会に「こっくりさん」を広めるうえで、大きな役割を果たした。

また、小・中学生を中心とする「こっくりさん」受容者層に大きくアピールしたのが、つのだの一連の漫画である。つのだの作品は心霊世界をリアルなタッチで描き、のちに「心霊漫画」と呼ばれるジャンルの先駆けとなった。なかでも『うしろの百太郎』は「心霊恐怖レポート」という副題が示すとおり、「いま、ここ」で生起している多様な心霊現象をクローズアップした。そのなかの一つが「こっくりさん」である。つのだは『うしろの百太郎』のなかで「こっくりさん」に関する歴史的な経緯を詳細に説明したうえで、「正しい」「こっくりさん」の仕方を紹介してみせた。

しかし、全国の小・中学生のあいだで「こっくりさん」が爆発的に流行しはじめると、「こっくりさん」をおこなって身体に異常が生じたと訴える者が続出した。こうした状況を受けて各種メディアが名指しでつのだを批判したため、つのだと「週刊少年マガジン」編集部は、その対応に苦慮することとなる。[8]

ちなみに講談社漫画文庫版『うしろの百太郎』（『うしろの百太郎——心霊恐怖レポート』全六巻、講談社、一九九六年）は、連載当初の内容から大幅に改変されている。「正しくやればこっくりさんは問題ない」という連載時の主張は覆され、現行版では「絶対にやってはいけない」という全面否定の論調に統一されている。こうした処置は、当時の反響の大きさゆえにおこなわれたと考えられよう。「こっくりさん」をおこなうと、場合によっては動物霊に憑依される、または死者の霊に取り憑かれる。このようなイメージが定着することで、あらためて「こっくりさん」は恐怖の参入儀式というイメージを確立していった。

しかし「こっくりさん」に内包された恐怖のイメージは、このあと徐々に変質していく。その変化がはっきり見られるのは、中岡『狐狗狸さんの秘密』の増補版（二見書房、一九八四年）である。初版では、例えば「こっくりさん」に死の予言をされてしまった北海道の女子中学生の話を具体例として取り上げるなど、恐怖の要素が強調されていた。しかし増補版の見出しに記されたキャッチコピーでは、強調するポイントが明らかに変化している。次の文言である。

恐るべき的中率を誇る謎の心霊現象　いろは四十八文字の上をあなたの指先が縦横に動いてコックリさんの『お告げ』を示す！　知りたいことわからないことに答えてくれる未来予知の超科学の不思議　誰にでも簡単にできて良く当たる！　恋人のことや入試など身近な問題ばかりでなく行方不明者の捜索や犯人捜しまでどんなことにも答えてくれる神秘の自動書記現象にキミも挑戦してみないか！

ここでの「こっくりさん」は「未来予知の超科学」である。それは不可知な世界と接触してしまうリスキーな儀式ではなく、むしろ普通に「挑戦」可能な心霊現象として意味づけられている。「超科学」「神秘の自動書記現象」とあるように、オカルティックな要素が完全に払拭されたわけではないが、この文言から土俗的な恐怖を読み取ることは難しい。こうした「こっくりさん」の変容の様態は、例えば美堀真利『コックリさんの不思議』

〔舵輪ブックス〕、日本文芸社、一九八四年）にくっきりと現れている。

まず表紙のイラストが違う。美しい女性の頭の上に、微笑を浮かべた狐が乗っている。「こっくりさん」にまとわりついていたおどろおどろしさは、すでに拡散している。さらに、この本のモチーフは「コックリさんで幸せに」である。カバーの折り込みには、次のように記されている。

私たちの身の回りには、常識では理解できない出来事がたくさんあります。でも、そういう不思議な体験は、だれにでも簡単にできるものではありません。

この本では、だれにでもできる「コックリさん」をメインにして、あらゆる交霊術の基礎をやさしく説明しています。どうぞ〝不思議の国〟へ、いらしてみませんか!?

この文言では「だれにでもできる」「不思議な体験」として「こっくりさん」を位置づけ、さらに「不思議の国」というメルヘンチックな表現を用いることで、従来の「こっくりさん」のイメージを反転させている。ただし、本文のなかでは交霊術の恐怖を強調してもいる。例えば「交霊術は、ふだん目に見えない霊と交信するわけですから、行なう時はそれなりに十分注意を払うことが必要です」といった具合に。しかし、すぐさま「十分な注意を払った上で行なった交霊術で、大変幸せになった人も、いままでにおおぜいいます。／ですから、みなさんも十分作法を把握した上で交霊術を行ない、幸せをつかんでほしいと思います」と記し、その効用を主張してもいる。

要するに「こっくりさん」のもつ恐怖を低下させ、占いの要素を強調することで、「こっくりさん」の換骨奪胎を図っているわけだ。同書のイラストやモチーフから浮かび上がってくるのは、ターゲットとしての「少女」たちである。いたずらに恐怖をあおるという手法から、幸せな未来を引き寄せるためのおまじないへ。かくして「こっくりさん」は、恐怖の参入儀式から、少女の戯れの道具へと変容する。では、このような変化を促した力とは何だったのか。おそらくそこには、一九八〇年代に注目を集めた「少女文化」の文脈が関係している。

## 3 少女文化としての「こっくりさん」

『コックリさんの不思議』から見えてくるのは、少女読者に特化した読者戦略である。少女を主な読者対象としたとき、「こっくりさん」はアク抜きされ、おどろおどろしい恐怖のイメージは脱色される。かくして「こっくりさん」は、少女にふさわしい遊戯へと変容する。

大塚英志は、〈かわいい空間〉〈無垢なる空間〉に自閉している少女たちにとって、唯一外部へとつながっている場が「異界」「霊的世界」であるとし、「少女が巫女であり、その体が霊界と交信する依代《よりしろ》であるというのは古代から変わらないが、現代社会でも少女たちはシャーマンの血を引いているようである。いや、少女たちは積極的に巫女となり、〈かわいい部屋〉に籠ることによって異界と交信しようとしているのだ」[9]と述べている。

少女たちが異界、霊界へのアクセスを希求する欲望は、例えば一九八〇年代後半に始まる、オカルトコミック雑誌の創刊ラッシュとして顕在化する。「ハロウィン」(一九八六―九五年)、「サスペリア」(一九八七―二〇〇一年)、「ホラーハウス」(一九八六―九二年)、「ホラーパーティ」(一九八八―九〇年)といった雑誌の読者層は、その大半が少女だった。

こうした雑誌群に集約される少女たちのまなざしは、一方では「前世ブーム」として記録されてもいる。よく知られているのは、日渡早紀『ぼくの地球を守って』(「花とゆめ」一九八六―九四年)をめぐる騒動である。転生をテーマにしたこの作品は、一部の読者から「事実」として受け止められた。彼女たちは自らの前世の仲間を探すため、「ムー」などの雑誌に投稿を繰り返した。その数は、編集部を一時的にパンクさせるほどのものだったという[10]。

結果、日渡は『ぼくの地球を守って』連載中に、この作品がフィクションであるという、ごく当たり前のことを宣言せざるを得なくなった。『ぼくの地球を守って』第八巻（〔花とゆめ comics〕、白泉社、一九八九年）には、次のような日渡のメッセージが記されている。「〝ぼくの地球を守って〟というマンガは、始めから最後まで、間違いなくバリバリの日渡の頭の中だけで組み立てられているフィクションです。実際に在る話をドラマ化したわけでも何でもありません」「なんでそんなことを書いたかと申しますと」「〝ぼく地球《（ママ）》〟のような特殊な世界の物語に刺激されて、実際にも体験出来るかもしれない……というようなちょっと危ない思い込みのお手紙が、日渡のもとに大変たくさん届くからです」。こうした事態は、やがて、自分の前世を知るために自殺を図るという、徳島での女子中学生集団自殺未遂事件（一九八九年八月）につながっていく。

霊界、異界に対して恐怖や反発を感じるよりも、むしろ親和感を抱いてしまう一群の少女たち。彼女たちにとっての「こっくりさん」は、タブーでもなんでもない。むしろそれは、自らが閉じ込められている出口のない空間を開き、〈外〉へと脱出させてくれる貴重な導き手ですらある。そしてこの〈外〉は、彼女たちを取り巻く不快な日常を吹き飛ばし、自分が本来あるべきだった姿＝「前世」にまで射程を伸ばすことさえ可能な、希望に満ちあふれた場所なのである。

このような彼女たちを近藤雅樹は「霊感少女」と呼び、その特徴を次のように指摘している。「「霊感少女」たちは、占いが大好きである。それも、占ってもらう方ではなくて「お告げ」を授ける方を好む。「お告げ」をするのは、霊的な存在を担っていることのあかしなのだから、当然である。彼女たちは、神がかりされる「よりまし」であると同時に、祈禱師としての、あるいは魔法使いとしての役割をも演じようとして、機会あるごとに特殊な能力のひけらかしをおこなう。だから、ときどき、頼みもしないのに「あなたの恋愛運を占ってあげる」などと言って近づいてくる[11]」。

気がつけば「こっくりさん」は「霊感少女」と同化し、一体化していた。その意味でも「こっくりさん」は、もはや恐怖の対象たりえない。それはすでに、彼女たちの属性の一部にすぎない。

## おわりに——筆仙・碟仙・「こっくりさん」

日本における「こっくりさん」の変容プロセスをこのように押さえたうえで、あらためて中国や台湾の事件に目を向けてみよう。まず筆仙《ひっせん》と碟仙《せっせん》だが、基本的に両者の実行方法は同一のものであり、使用する媒介物によって名称が異なるにすぎない。筆を使う場合を「筆仙」、皿を使う場合を「碟仙」、またコインを使う場合を「銭仙」と呼ぶ。(12)

例えば筆仙は、次のようにおこなわれる。まず紙に任意の漢字、数字、アルファベットを記し、次に二人が紙の前に並んで座り、それぞれが右手と左手を出して手を交差させ、手の甲で鉛筆を挟む。質問者は、右手を出す。そして「前世、前世、私は今世。もし縁が続いているならば、紙の上に丸を書いて」と唱え、鉛筆が動くまで念じ続ける。鉛筆が動き、「やってきましたか?」という質問に対して「是」となれば、質問を開始する。終わるときには「前世、前世、私は今世。鉛筆の先を紙面から離してください」と唱える。使用した紙は、必ず燃やして捨てなければならない。(13)

このように筆仙の実行方法を確認すると、そのスタイルは、たしかに「こっくりさん」に酷似している。ただし、呼び出す対象の相違には注意する必要があるだろう。筆仙の呼びかけの文言に従えば、この場に現れるのは「前世の私」のようだ。それは「私」の分身であり、その意味で、現れた対象に対して恐怖を感じる余地は少ないように見える。台湾では、筆仙で現れるのは自分の守護神、碟仙の場合は浮遊霊、つまり成仏できずさまよっている霊で、銭仙の場合は動物霊であると考えられている。このなかで筆仙をおこなうことが多いのは、恐怖の度合いが少ないためのようだ。(14)

中国や台湾における筆仙などのブームは、一九七〇年代の日本における「こっくりさん」ブームを想起させる。

伊藤龍平によれば、日本では霊的存在が見えない、感じないから信じないとする場合が多いが、台湾では見えない、感じない、でも信じるという反応が一般的だという。さらに台湾には「陰陽眼」をもつ人々が存在する。彼らは「鬼」が視えるという。一種の霊視能力の持ち主である。陰陽眼、さらには風水、八字といった中華圏の文化事象との関連から、伊藤は現代台湾の心霊シーンを活写しているのだが、(15)「鬼」が生々しく息づく世界にあっては、筆仙のような交霊の場は、きわめてリアルな恐怖の圏域を形成する。それは七〇年代の日本にもかろうじて生き残っていた、土俗的な恐怖の場を連想させる。

しかし一九八〇年代を経由した現代の日本では、「こっくりさん」から台湾に見られるような恐怖の触感を感受することは、もはや難しいのかもしれない。例えば「交番ポスター窃盗容疑で少女三人逮捕「占いに大きい紙欲しかった」」(「朝日新聞」〔名古屋版〕二〇〇五年六月二十三日付夕刊)の記事は、現代日本の「こっくりさん」の姿を象徴している。次の内容である。

愛知県警北署は二十三日、交番のポスターを盗んだとして、名古屋市北区の女子高校生ら十五、十六歳の少女三人を盗みの疑いで逮捕した。三人は占いゲームの「こっくりさん」をするためにポスターを盗んだと話しているという。

調べでは三人は二十三日午後0時ごろ、同区の味鋺交番に入り、窓ガラスなどに張ってあった防火を呼びかけるポスターなど二枚を盗んだ疑い。

二十三日午前一時ごろ、この交番から女性の声で「男にいたずらされた」と北署に通報があり、署員が駆けつけたところ、女性の姿はなくポスターの盗難に気づいたという。

その後、署員が近くの駐車場で盗まれたポスターを使って「こっくりさん」をしている少女二人を見つけ、事情を聴いたところ盗んだことを認めたため、すでに帰宅していたもう一人の少女とともに、三人を緊急逮捕した。三人は中学校時代の同級生だった。

盗まれたポスターのうち一枚は、縦七十センチ、横五十センチの大きさ。三人は「こっくりさんをするため、大きな紙が必要だった」と話している。北署は交番からの通報との関連についても調べている。

たしかに「こっくりさん」は、いまも日本のあちこちでおこなわれており、相変わらず恐怖の物語を再生産している。しかし一方で「こっくりさん」は、右の記事のような、どこかユーモラスな味わいを持つ「物語」も生み出している。「こっくりさん」をするために交番のポスターを盗むという発想には、神秘的な要素が感じ取れない。真夜中の退屈さを紛らわすための手慰みに「こっくりさん」でもしてみようか、というぐらいのポジションにまで、「こっくりさん」の位置は後退している。現代の中国、台湾に見られるような切実感、恐怖のリアリティは、すでに日本では薄れつつある。

東アジア全体にみられる「こっくりさん」はどのように変容していくのか。それを明らかにするためには、各国の歴史的・文化的・社会的な文脈を踏まえたアプローチが必要になるだろう。そしてそこからは、それぞれの文化が霊的存在をどのように意味づけているのか、そのダイナミックな動態が浮かび上がってくるはずである。

注

（1）伊藤龍平指導「台湾の「碟仙」と日本の「こっくりさん」――降霊術遊戯の台日比較」（南台科技大学応用日語系専題研究、卒業論文）、南台科技大学、二〇〇六年

（2）前掲『〈こっくりさん〉と〈千里眼〉』

（3）井上円了『妖怪玄談』哲学書院、一八八七年

（4）松谷みよ子『軍隊――徴兵検査・新兵のころ・歩哨と幽霊・戦争の残酷』（「現代民話考」第二巻）、立風書房、一九八五年

（5）一九七〇年代のオカルトブームについては、一柳廣孝編著『オカルトの帝国――1970年代の日本を読む』（青弓社、二〇〇六年）を参照。
（6）ただし、これらのテクストが登場する少し前から、すでに流行の兆しがあったという指摘もある。例えば中岡俊哉『狐狗狸さんの秘密』（二見書房、一九七四年）の「はじめに」には「「コックリさん」または「霊魂さん」とよばれる〝神秘的な占い〟が、今、中学生から大学生までの間で大変に流行しており、テレビ、ラジオでもとりあげられている」とある。また中岡自身、すでに『テレパシー入門――あなたが忘れているこの不思議な力』（〔ノン・ブック〕、祥伝社、一九七一年）のなかで「こっくりさん」を取り上げており、一九七三年以前に潜在的なブームが存在していた可能性はある。
（7）中岡俊哉『心霊大全――20世紀の超自然現象世界』ミリオン出版、二〇〇〇年
（8）『うしろの百太郎』『恐怖新聞』が同時代に与えたインパクトについては、一柳廣孝『怪異の表象空間――メディア・オカルト・サブカルチャー』（国書刊行会、二〇二〇年）参照。
（9）大塚英志『少女民俗学――世紀末の神話をつむぐ「巫女の末裔」』（カッパ・サイエンス）、光文社、一九八九年
（10）鈴木光司『リング』（〔角川ホラー文庫〕、角川書店、一九九三年）には、この時期にパニックに陥ったマスコミの様子が、生々しく描かれている。
（11）近藤雅樹『霊感少女論』河出書房新社、一九九七年
（12）これらに類似した占いとして、中華圏には「扶鸞《ふらん》」が存在する。志賀市子『中国のこっくりさん――扶鸞《ふらん》信仰と華人社会』（〔あじあブックス〕、大修館書店、二〇〇三年）によれば、扶鸞とは上から吊るした筆や手で支えた木の棒などを使用して、砂や線香の灰を敷いた盤の上に漢字や記号を描くもので、これを読み取って解釈し、神霊からのメッセージとする。明清時代には、扶鸞は身近な占いの手段であり、自宅や廟《びょう》、宗教結社のみならず、ときには役所や書院のような公的な場所においてさえ気軽におこなわれた。また扶鸞は占いとしてだけでなく、扶鸞を介して降りてきたおびただしい神仙たちの教えが「善書《ぜんしょ》」という形で広範な地域と階層に流布することによって、大衆的な宗教倫理観念の確立に大きな役割を果たしたという。同じく韓国には、ブンシンサバがある。アン・ビョンギ監督の映画『ブンシンサバ』（二〇〇五年）で、日本でも知られるようになった。

(13) 前掲「台湾の「碟仙」と日本の「こっくりさん」」
(14) 前掲「台湾の「碟仙」と日本の「こっくりさん」」
(15) 伊藤龍平/謝佳静『現代台湾鬼譚――海を渡った「学校の怪談」』青弓社、二〇一二年

# 初出一覧

第2部　その後の〈こっくりさん〉と〈千里眼〉

第1章　千里眼は科学の分析対象たり得るか――心理学の境界線をめぐる闘争
金森修編『明治・大正期の科学思想史』所収、勁草書房、二〇一七年

第2章　催眠術と霊術のあいだ――『心理研究』応答欄の分析を中心に
「催眠学研究」第五十七巻第一・二号、二〇一八年十月

第3章　「こっくりさん」の変容
横浜国立大学留学生センター編『国際日本学入門――トランスナショナルへの12章』所収、成文社、二〇〇九年

# 増補版あとがき

大学院生だった頃、ある先生が「最初の著作には気をつけなさい。一生縛られるから」と話していたことを覚えている。のほほんとした学究生活を地方で過ごしていた私は、著作なんて引退間近にまとめるのが関の山だろうから、自分には関係ない話だと聞き流していた。それから数年経たないうちに、最初の著書を世に問うことになるとは考えもしなかった。そしてこのたび、その著書が、青弓社から復刊されることになった。

第1部を読み返してみると、自分の身の丈も考えず、むやみやたらに射程を伸ばしている当時の自分が微笑ましい。しかし、おかげで今もこの本の後始末に四苦八苦している。三十年もつきあえるテーマを見つけたことは褒めてやってもいいが、背伸びもいいかげんにしてほしいものだ。本書の第2部に収めた論文は、その後始末の一部である。なるほど、これが処女作の祟りであったかと思い知った次第。

さて、第1部は、部分的に修正を施した第二版を底本にしている。今回本書に収めるにあたり、青弓社の執筆要領にしたがって全体を西暦に統一し、表記も部分的に改めた。ただし、内容には手を加えていない。参考文献も、一九九四年当時のものである。その後の研究の進展を踏まえて修正すべき点もあるが、歴史性に鑑みて内容の訂正は差し控えた。

また最初の著書は、「講談社選書メチエ」という発表媒体を意識して、分かりやすい表現を心がけている。それに対して第2部は論文をそのまま収録しているため、特に第1章と第2章の文章が硬い。第1部と第2部の文体の相違には、こうした事情がある。お許しいただきたい。

私の二冊目の著書である『催眠術の日本近代』の刊行から、はや二十年以上にわたってお世話になっている青弓社と矢野未知生さんには、ただただ感謝の言葉しかない。そして、解説をお願いした東雅夫さん、いつも多くの示唆をいただいている皆様に、あらためて厚く感謝申し上げます。

二〇二〇年十一月

一柳廣孝

# 解説　いま蘇る「一柳世界」の原点

東　雅夫

この原稿に着手する直前、朗報を耳にした。

一柳廣孝の最新刊である論考集『怪異の表象空間――メディア・オカルト・サブカルチャー』（国書刊行会、二〇二〇年）が、発売からさほど日を経ず重版が決まったという。学術書冬の時代どころか氷河期真只中の感もある当節、まことに嘉すべきことである。

しかしながら、こと同書に関しては、この快挙は決して偶然ではなく、むしろ当然のことではないかと私には思われる。

理由は明白。一柳の論考は、いたって単純に、読んで面白いし、タメになるのだ。彼が専門領域とする近現代の日本文学や文化史の研究者のみならず、われわれのような門外漢、一般の読者が、そこに鏤められた興味深い表題の数々――「怪異」「怪談」「心霊」「オカルト」「精神世界」「妖怪マンガ」「都市伝説」……等々に惹かれて、ひょいと覗き込んでも、たちまち虜になってしまうような筆のはこびが、そこには用意されているのである。

そこでまずは、そうした「一柳世界」の全容を見定めるために、簡単な略年表を提示してみたいと思う。

## 一柳廣孝／怪談心霊オカルト関連略年表

◆一九九四年（平成六年）
『〈こっくりさん〉と〈千里眼〉――日本近代と心霊学』（著書）、講談社
◆一九九七年（平成九年）
『催眠術の日本近代』（著書）、青弓社
◆二〇〇四年（平成十六年）
『近代日本心霊文学誌』（共編著）、つちのこ書房
『心霊写真は語る』（編著）、青弓社
※「幽」の「スポットライトは焼酎火」に登場、迫真の怪談を披露。

◆二〇〇五年（平成十七年）
『「学校の怪談」はささやく』（編著）、青弓社
「ナイトメア叢書」第一巻、『ホラー・ジャパネスクの現在』（共編著）、青弓社
『文化のなかのテクスト――カルチュラル・リーディングへの招待』（共編著）、双文社出版
◆二〇〇六年（平成十八年）
『オカルトの帝国――1970年代の日本を読む』（編著）、青弓社
「ナイトメア叢書」第二巻、『幻想文学、近代の魔界へ』（共編著）、青弓社
「ナイトメア叢書」第三巻、『妖怪は繁殖する』（共編著）、青弓社
◆二〇〇七年（平成十九年）
「ナイトメア叢書」第四巻、『映画の恐怖』（共編著）、青弓社
「ナイトメア叢書」第五巻、『霊はどこにいるのか』（共編著）、青弓社

「近代日本心霊文学セレクション」、『霊を読む』（共編）、蒼丘書林
◆二〇〇八年（平成二十年）
「ナイトメア叢書」第六巻、『女は変身する』（共編著）、青弓社
『知っておきたい世界の幽霊・妖怪・都市伝説』（監修）、西東社
◆二〇〇九年（平成二十一年）
『幕末明治 百物語』（共編）、国書刊行会
『ライトノベル研究序説』（共編著）、青弓社
※「幽」第十二号の「スポットライトは焼酎火」の座談会（東雅夫司会）に、近藤瑞木、谷口基とともに出席。
このときの東とのやりとりが、怪異怪談研究会発足につながる。
◆二〇一〇年（平成二十二年）
「ナイトメア叢書」第七巻、『闇のファンタジー』（共編著）、青弓社
◆二〇一二年（平成二十四年）
「ナイトメア叢書」第八巻、『天空のミステリー』（共編著）、青弓社
※「怪異怪談研究会」が発足（発起人に一柳廣孝、近藤瑞木、谷口基）。
◆二〇一三年（平成二十五年）
『ライトノベル・スタディーズ』（共編著）、青弓社
『怪談実話コンテスト傑作選』（共編）、MF文庫ダ・ヴィンチ、メディアファクトリー
◆二〇一四年（平成二十六年）
『無意識という物語――近代日本と「心」の行方』（著書）、名古屋大学出版会
「近代日本心霊文学セレクション」、『霊を知る』（共編）、蒼丘書林
◆二〇一六年（平成二十八年）

「怪異の時空」第一巻、『怪異を歩く』（監修）、青弓社
「怪異の時空」第二巻、『怪異を魅せる』（監修）、青弓社
「怪異の時空」第三巻、『怪異とは誰か』（監修）、青弓社

◆二〇二〇年（令和二年）
『怪異の表象空間――メディア・オカルト・サブカルチャー』（著書）、国書刊行会

以上、およそ四半世紀余にわたるその足どりを、単著、共著、監修書などに限って掲げてみた。

これらを一覧して何より印象的なのは、編著・監修書の多さと多彩さだろう。怪異・怪談や心霊、オカルト方面の興味深いテーマを、同輩・後輩の研究者たちを巻き込むようにして、幅広く展開させてゆく着眼と手腕には、ほぼリアルタイムでその動向を追いかけてきた一人として、大いに瞠目させられたものだ（ちなみに筆者は一柳より一歳上、ほぼ同世代である）。

とりわけ二〇〇五年から一二年にかけて、延べ八冊刊行された「ナイトメア叢書」の印象は、強烈だった。

これには実のところ、私自身の個人的な事情も関連している。

私は一九八二年から二〇〇三年まで、かれこれ二十一年間、季刊誌「幻想文学」の編集長を務めていた。いまでこそ複数の専門誌が新たに創刊され、復調への兆しが見えないでもないが（とはいえ部数的には、どこもかなり厳しいと聞くが……）、二〇〇〇年代初頭までの幻想文学研究・批評シーンはお寒いかぎりで、そもそもまともな原稿料を支払えるメディアすら、ろくに存在していない状況であった（まあ、そのあたりは昨今も、あまり改善されたとは云いがたいようだが……）。

私は翌二〇〇四年から、怪談専門誌「幽」の編集長に着任したが、こちらはエンターテインメント中心の誌面構成で、お堅い論文系の寄稿はごくごく僅かしか扱うことができなかった。

そんな状況下に旗揚げされた「ナイトメア叢書」は、毎号テーマ主義を掲げて、文学のみならず文化史全般に

わたる興味深い題材を、新進気鋭の論客たちが縦横に論じて異彩を放っていた。大いに頼もしく感じたものである。

こうした一柳の快挙を応援したい一心で、創刊まもない「幽」第二号（二〇〇四年十二月発行）の「スポットライトは焼酎火」コーナーでは、『心霊写真は語る』『近代日本心霊文学誌』を中心にインタビューをおこない、第十二号（二〇〇九年十二月発行）では、一柳と谷口基、近藤瑞木の三氏による鼎談を掲載した。

前者は、その過半を一柳自身の怪異体験談が占めるという異色の内容となり、後の「『幽』怪談実話コンテスト」審査員就任への布石となった。また後者の最後で、たまさか私が漏らした「怪談文学研究の分野でも、そういう枠を超えた取り組みが出てきてもいいんじゃないですか」という何気ない問いかけに、本気で応えるような形で、二〇一二年には「怪異怪談研究会」がスタート。右に名を挙げた一柳、谷口、近藤の三氏が中心メンバーとなり、積極的な活動を展開することとなる。二〇一六年に刊行された「怪異の時空」三部作は、同研究会による最初の目に見える形での成果となったが、これに続く企画も現在、若手研究者が中心となって、着々と準備が進められているという。

さて、こうした一柳による一連の活動の、まさしく原点となったのが、このほど青弓社から「増補版」として復刊された、本書『〈こっくりさん〉と〈千里眼〉――日本近代と心霊学』なのである。初刊は一九九四年、「講談社選書メチエ」というシリーズの一冊だった。この本が出たときのことは、よく憶えている。

いや、その前に、そもそも一九九四年とは、どんな年だったのか。

世間的には、オウム真理教による松本サリン事件が有名だろう。翌年に起きた地下鉄サリン事件への不気味な前奏曲となった事件だ。翌年には阪神淡路大震災も起きている。

怪異怪談ホラー方面では、角川書店で「日本ホラー小説大賞」がスタートし（ただし第一回は大賞受賞者ナシという厳しい結果に）、学習研究社から「学研ホラーノベルズ」が叢刊され、「幻想文学」という雑誌が第四十一号

（九四年七月発行）で「ホラー・ジャパネスク」という特集を編んでいる。目玉の十作家インタビューに登場したのは、皆川博子、田中文雄、竹本健治、森真沙子、小池真理子、大原まり子、朝松健、綾辻行人、篠田節子、坂東眞砂子（掲載順）。京極夏彦が『姑獲鳥の夏』でデビューし、宮部みゆきが『幻色江戸ごよみ』で、小野不由美が『東京異聞』で、恩田陸が『球形の季節』で、加門七海が『大江戸魔方陣』『東京魔方陣』で、それぞれ注目を集めた。約めて申せば、後に「怪談之怪」や「幽」として形を成す〈ホラーから怪談文芸へ〉という流れが、目に見える形で動き始めた時期といえるのではなかろうか。

そんななか、九四年の八月に出現した『〈こっくりさん〉と〈千里眼〉』は、それまでに類を見ないタイプの研究書として、心ある読者に衝撃を与えたとおぼしい。

何がそんなにユニークだったのか？

煎じ詰めれば、著者である一柳廣孝という人物が、オカルトや心霊方面にそそぐまなざしの冷静さ、もっと言えば、冷徹さである。

従来この種のテーマを扱う書物は、対象となる人物や書物、出来事に、多少なりともシンパシーを抱く書き手によって綴られることが多かった。「こっくりさん」にせよ「催眠術」にせよ「心霊学」にせよ、この分野にそもそも関心のない人々にとっては、真贋定かならぬ無用の長物であり、わざわざ当時の原典にさかのぼって調べるなど時間の無駄としか感じられない類の、いかがわしい事象に過ぎないからだ。

けれども一柳は、国文学の研究者という自身のスタンスから、この分野について、過去にどのような研究がなされてきたのか、虚心坦懐ともいうべき姿勢で、その実態を見定めようと努めている。

実はほぼ同時期に私もまた、まったく別の角度から、この分野に分け入ろうとしていたのだった。私の場合は「怪談文学」の興隆史――明治末から大正〜昭和初頭にかけて、泉鏡花や柳田國男、水野葉舟や芥川龍之介といった人々が中心となって、文壇の内外で怪談のブームが起きた、その間のあれこれを調べていたのだった。これまた関心のない人々にとっては、学問の名に価するとも思えないような領域であった。

そういう物好きな人間にとって、自分の関心と相近接した領域を、別の角度からコツコツ掘り下げた『〈こっくりさん〉と〈千里眼〉』という書物と、その著者の存在が、どれほど得がたく貴重な存在に思えたか……いま更めて省みても、多大なものであったというほかはない。

一柳は、本書に続く『催眠術の日本近代』（青弓社、一九九七年）や『無意識という物語――近代日本と「心」の行方』（名古屋大学出版会、二〇一四年）、そして最新の『怪異の表象空間』といった自らの著書において、『〈こっくりさん〉と〈千里眼〉』で提起されたさまざまな視点を、より深め、より拡げる作業に着手している。

それらの原点となった本書が、このほど増補版として蘇ることは、後続の研究者のみならず、私のような門外漢にとっても、たいそう嬉しく、意義あることに思える。

願わくは復活を遂げた本書が、さらに多くの若い読者を、魅力あふれる「一柳世界」へと誘わんことを！

（ひがし・まさお　アンソロジスト、文芸評論家）

本書は、講談社が一九九四年に刊行したものを増補した。

［著者略歴］
一柳廣孝（いちやなぎ ひろたか）
1959年、和歌山県生まれ
横浜国立大学教育学部教授
専攻は日本近現代文学・文化史
著書に『怪異の表象空間――メディア・オカルト・サブカルチャー』（国書刊行会）、『無意識という物語――近代日本と「心」の行方』（名古屋大学出版会）、『催眠術の日本近代』（青弓社）、監修に「怪異の時空」全3巻、編著に『オカルトの帝国――1970年代の日本を読む』『「学校の怪談」はささやく』『心霊写真は語る』（いずれも青弓社）など

青弓社ルネサンス7

〈こっくりさん〉と〈千里眼《せんりがん》〉・増補版《ぞうほばん》　日本近代と心霊学

発行――2021年1月8日　第1刷
定価――2800円＋税
著者――一柳廣孝
発行者――矢野恵二
発行所――株式会社青弓社
〒162-0801 東京都新宿区山吹町337
電話 03-3268-0381（代）
http://www.seikyusha.co.jp
印刷所――三松堂
製本所――三松堂

ISBN978-4-7872-9257-5　C0395

一柳廣孝 監修　今井秀和／大道晴香 編著

## 怪異を歩く

「怪異の時空」第1巻

評論家・東雅夫へのインタビューを筆頭に、『鬼太郎』、妖怪採集、イタコ、名古屋のオカルト、心霊スポット、タクシー幽霊など、土地と移動にまつわる怪異を掘り起こし、恐怖と快楽の間を縦横に歩き尽くす。　定価2000円＋税

一柳廣孝 監修　飯倉義之 編著

## 怪異を魅せる

「怪異の時空」第2巻

怪異はどう書き留められ、創作されてきたのか。円朝の怪談噺、超常能力表象、怪談実話、『刀剣乱舞』などから、怪異を魅せる／怪異に魅せられる心性を問う。小説家・峰守ひろかずへのインタビューも充実。　定価2000円＋税

一柳廣孝 監修　茂木謙之介 編著

## 怪異とは誰か

「怪異の時空」第3巻

芥川龍之介や三島由紀夫、村上春樹らの作品に現れる亡霊、ドラキュラ、出産などの分析をとおして、近代における文化規範が怪異と合わせ鏡であることを解き明かす。怪談作家・黒木あるじへのインタビューは必読。定価2000円＋税

清水 潤　怪異怪談研究会 編

## 鏡花と妖怪

大正期から昭和期の泉鏡花のテクストを読み解きながら、岡本綺堂、国枝史郎、水木しげるなどの多様なテクストに目を配り、希代の妖怪作家・鏡花と現代の怪異怪談文化を接続して、日本の怪奇幻想の系譜を紡ぎ出す。定価3000円＋税

伊藤龍平

## 何かが後をついてくる

妖怪と身体感覚

日本や台湾の説話や伝承、「恐い話」をひもとき、耳や鼻、感触、気配などによって立ち現れる原初的な妖怪を浮き彫りにする。ビジュアル化される前の妖怪＝闇への恐怖から、私たちの詩的想像力を取り戻す。　定価2000円＋税